U0617854

权威·前沿·原创

皮书系列为
"十二五""十三五""十四五"时期国家重点出版物出版专项规划项目

BLUE BOOK

智 库 成 果 出 版 与 传 播 平 台

城市轨道交通蓝皮书

BLUE BOOK OF URBAN RAIL TRANSIT

中国城市轨道交通运营发展报告

（2023~2024）

REPORT ON THE DEVELOPMENT OF URBAN RAIL

TRANSIT OPERATION IN CHINA（2023-2024）

组织编写／中国城市轨道交通协会运营管理专业委员会

社会科学文献出版社
SOCIAL SCIENCES ACADEMIC PRESS（CHINA）

图书在版编目（CIP）数据

中国城市轨道交通运营发展报告.2023~2024／中
国城市轨道交通协会运营管理专业委员会组织编写.
北京：社会科学文献出版社，2025.1.--（城市轨道
交通蓝皮书）.--ISBN 978-7-5228-4689-7

Ⅰ.U239.5

中国国家版本馆 CIP 数据核字第 2025D9J604 号

城市轨道交通蓝皮书

中国城市轨道交通运营发展报告（2023~2024）

组织编写／中国城市轨道交通协会运营管理专业委员会

出 版 人／冀祥德
责任编辑／宋　静
责任印制／王京美

出　　　版／社会科学文献出版社·皮书分社（010）59367127
　　　　　　地址：北京市北三环中路甲 29 号院华龙大厦　邮编：100029
　　　　　　网址：www.ssap.com.cn
发　　　行／社会科学文献出版社（010）59367028
印　　　装／三河市东方印刷有限公司

规　　　格／开 本：787mm×1092mm　1/16
　　　　　　印 张：21.75　字 数：324 千字
版　　　次／2025 年 1 月第 1 版　2025 年 1 月第 1 次印刷
书　　　号／ISBN 978-7-5228-4689-7
定　　　价／198.00 元

读者服务电话：4008918866

《中国城市轨道交通运营发展报告（2023~2024）》编委会

张大华　杭州市地铁集团有限责任公司副总经理

张凌翔　上海申通地铁集团有限公司副总裁

委　员　黄建辉　深圳地铁运营集团有限公司总工程师

李　君　北京市地铁运营有限公司运营管理部客运服务与品牌建设总监

李　祥　南京地铁运营有限责任公司党委副书记

刘国平　青岛地铁运营有限公司总经理

刘书浩　交通运输部科学研究院城市中心轨道交通室主任

卢剑鸿　西安市轨道交通集团有限公司运营分公司总经理

宋利明　广州地铁集团有限公司运营事业总部党委书记

殷　峻　上海申通地铁集团有限公司运营总监

《中国城市轨道交通运营发展报告（2023~2024）》编写组

主　编　王先进　卢剑鸿　杨新征

副主编　饶　咏　冯旭杰　刘书浩

成　员　（按姓氏拼音排序）

曹　晶	曹　琼	陈绍宽	陈　炜	陈　潇
陈悦勤	陈哲轩	崔建明	丁　波	富世慧
郭　岑	郭靖凡	韩　帅	何　方	胡雪霏
胡　湲	姜彦璘	蒋　果	李　丹	李国成
李　霄	李　状	梁　君	梁文佳	廖春婷
林瑞华	刘绍潇	刘泽君	陆杰钢	陆文学
马宇婷	马　羽	彭　行	钱曙杰	沈　颖
石梦彤	宋晓敏	宋雨洁	王　菲	王路路
王　尧	魏国静	魏　松	吴德鑫	吴高华
吴　可	吴沙沙	肖　迪	肖　琼	杨云娥
苑壮凌	岳晓辉	曾翠峰	张　波	张　弛
张　凯	张　琦	张享慧	张知青	周传钰
朱冰沁	朱　杰			

主要编撰者简介

王先进 博士，研究员，现任交通运输部科学研究院副院长兼总工程师、院学术委员会主任委员、《交通运输研究》主编，全国政协委员，中国城市轨道交通协会副会长兼运营管理专业委员会主任。主要从事交通运输发展战略规划、政策法规和交通文化研究。享受国务院政府特殊津贴专家。

卢剑鸿 正高级工程师，现任西安市轨道交通集团有限公司运营分公司总经理。教育部学位论文评估监测专家库专家、长安大学校外兼职硕士研究生导师、中国城市轨道交通协会运营管理专业委员会副秘书长、中国交通企业管理协会绿色智慧交通分会专家库专家、西安市科技专家库专家。长期从事轨道交通运营管理工作，在轨道交通运营管理、车辆管理、客运管理、企业管理等方面有丰富的管理实践经验，曾获省部级创新成果奖10余项，参编行业标准、地方标准3项，主持和参与编写专著7部，发表论文10余篇，获得国家发明专利、实用新型专利10余项。

杨新征 研究员，现任交通运输部科学研究院城市交通与轨道交通研究中心主任、城市公共交通智能化行业重点实验室主任、全国城市客运标准化技术委员会秘书长、新能源汽车国家大数据联盟理事会副理事长、中国城市轨道交通协会专家和学术委员会委员、中国公路学会青年专家学术委员会委员。参与城市轨道交通运营等行业顶层管理制度的设计与建立，主持和参与国家重点研发计划课题 3 项、省部级科研项目 40 项，获得中国公路学会（中国交通运输协会）科学进步奖特等奖 1 项、一等奖 2 项、二等奖 4 项，发表决策内参和学术论文 30 余篇，出版《城市轨道交通运营管理实务》等著作及译著 10 余部，主编和参编 10 余项国家和行业标准。

饶　咏　教授级高级工程师，现任成都轨道交通集团有限公司党委委员、副总经理。中国城市轨道交通协会运营管理专业委员会第三届副主任委员，四川省轨道交通标准化技术委员会第二届副主任委员。长期从事轨道交通运营管理工作，在轨道交通安全管控、设备运维、运营服务、企业管理等方面具有丰富的管理实践经验。主编和参编完成《城市轨道交通全自动运行线路运营指南》《城市轨道交通客运组织优化与实践》等著作 5 部；主持和参与完成"快速成网条件下城市轨道交通运营组织与风险管控关键技术及应用""动态计算机视觉技术在地铁运营巡检中的应用研究"等项目 10 余项；曾获评成都市劳动模范荣誉称号，获得发明专利及实用新型专利 5 项，获得"城市轨道交通科技进步奖""城市轨道交通技术创新推广项目""全国设备管理与技术创新成果"等奖项 10 余项。

冯旭杰　博士，副研究员，现任交通运输部科学研究院城市交通与轨道交通研究中心总工、"城市轨道交通智慧运营"创新团队领衔专家，兼任中国城市轨道交通协会运营管理专业委员会副主任兼秘书长、全国城市客运标准化技术委员会委员等职务。主要从事城市轨道交通运营管理方法研究与技术研发工作，承担及参与 10 余项国家级、省部级科技项目，研究成果支撑交通运输部出台多项制度，参与起草 10 余项标准规范，先后 5 次获得省部级科学技术奖。

刘书浩　副研究员，现任交通运输部科学研究院城市交通与轨道交通研究中心室主任、"城市轨道交通智慧运营"创新团队专家，兼任交通运输部城市轨道交通运营安全管理技术及装备研发中心主任、中国城市轨道交通协会运营管理专业委员会副秘书长等职务。主要从事城市轨道交通运营安全管理研究与技术研发工作，承担及参与了多项国家级、省部级科技项目，研究成果支撑交通运输部出台 10 余项制度，参与起草 9 项国家标准和行业标准，先后 5 次获得省部级科学技术奖。

序

2023 年 9 月 25 日，习近平主席向全球可持续交通高峰论坛致贺信指出，建设安全、便捷、高效、绿色、经济、包容、韧性的可持续交通体系，是支撑服务经济社会高质量发展、实现"人享其行、物畅其流"美好愿景的重要举措。我国城市轨道交通经过多年持续高速发展，已逐渐成为大城市人民群众日常出行的首选交通方式，是城市正常运行的重要保障。

服务是发展城市轨道交通的出发点和落脚点。2024 年我国城市轨道交通完成客运量预计将超过 300 亿人次，再创历史新高。坚持以人民为中心的发展思想，打造人民群众满意的城市轨道交通，不断提高人民群众城市轨道交通出行获得感、幸福感、安全感是永恒的价值追求。为进一步提升城市轨道交通运营服务水平，满足人民群众美好出行需要，推动城市轨道交通高质量发展，交通运输部 2024 年部署了打造城市轨道交通运营服务品牌线路相关工作，作为交通运输更贴近民生的实事推动落实。

本蓝皮书以城市轨道交通运营服务品牌为主题，梳理国内外城市轨道交通运营服务品牌创建的具体举措，分析运营服务质量提升的具体做法，总结国际运营服务品牌发展经验，组织对重点内容进行专题研究，为城市轨道交通的服务质量提升提供有益参考。

本蓝皮书由中国城市轨道交通协会运营管理专业委员会组织，交通运输部科学研究院牵头，西安市轨道交通集团有限公司运营分公司、天津轨道交通集团有限公司、上海申通地铁集团有限公司、杭州市地铁集团有限责任公司、成都轨道交通集团有限公司、苏州市轨道交通集团有限公司、北京交通大学、广州地铁集团有限公司、武汉地铁运营有限公司、南京地铁运营有限责任公司、重庆市轨道交通（集团）有限公司、青岛地铁运营有限公司、深圳地铁运营集团有限公司、长春市轨道交通集团有限公司、宁波市轨道交通集团有限公司、南宁轨道交通集团有限责任公司、北京市地铁运营有限公司等单位参与了具体章节的编写工作。在编写过程中，32 个委员单位回复了高质量的调查问卷，西安市轨道交通集团有限公司、成都轨道交通集团有限公司、宁波市轨道交通集团有限公司、苏州市轨道交通集团有限公司等单位以及仲建华、战明辉、毛保华、陈舸等专家给予了大力支持和细致指导，在此一并表示衷心感谢。本蓝皮书的主要观点根据城市轨道交通运营服务品牌创建专题调查成果提炼形成，不当之处，还请读者批评指正。

摘　要

　　《中国城市轨道交通运营发展报告（2023~2024）》以城市轨道交通服务为主线，共分为五个部分，包括总报告、服务品牌创建篇、服务质量提升篇、借鉴篇和专家观点篇。

　　2023 年全国城市轨道交通运营线路共 308 条，运营里程为 10158.6 公里，新增 604.0 公里。全年累计完成客运量 293.9 亿人次、进站量 177.2 亿人次，同比分别增长 52.2% 和 51.6%。城市轨道交通运营管理体系进一步健全，交通运输部发布了《城市轨道交通运营安全评估管理办法》等 6 项制度，实施了城市轨道交通运营管理 3 项国家标准、行业标准。武汉、洛阳等地建立健全本地城市轨道交通运营管理制度，北京、上海等城市发布实施了 28 项地方标准；各地围绕客运服务、行车组织、设施设备管理、可持续发展等方面持续创新，研究实践成果获得了多项科技奖励。一些城市逐渐形成了别具特色的服务品牌，如成都地铁"文明 365"、西安地铁"Ai 畅行"、青岛地铁"畅达幸福"等，居民对城市轨道交通服务的满意度不断提高。

　　对于运营单位来说，城市轨道交通经济效益是提升运营服务水平的重要保障，各地在城市轨道交通客流培育方面开展了很多探索和实践。实践表明，客流水平受社会经济发展、城市空间规划、沿线土地开发利用、车站可达性和运营管理服务水平等因素影响，培育客流需从匹配社会发展水平、协同城市空间结构、加快沿线土地开发建设、提升车站可达性、提升管理服务水平等方面综合施策。一些城市利用城市轨道交通线路富余运能开展了小件物流运输的探索和试点，但在大范围推广前仍需解决制度规范体系不完善、

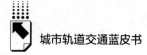
货运化改造成本高、物流配套衔接设施不健全等问题。

我国城市轨道交通在不断满足人民群众日益增长和逐渐提高的运输需求的同时，也存在一些问题。建立健全运营服务质量管理体系，以乘客需求为导向创新服务举措是解决问题的有效途径。服务质量管理体系涉及服务标准、监管机制、监测体系、乘客反馈机制、人员培训和服务宣传、技术支持和创新应用等关键要素，运营单位要从落实质量评价、重视乘客需求、开展服务创新、关注适老问题等方面持续改进和优化。特别是针对乘客需求，各地城市轨道交通运营单位开展了很多探索，如聚焦乘客出行全过程进行服务优化、匹配乘客需求调整运输组织、面向城市群内乘客出行探索轨道融合发展等。实践表明，进站、问询、安检是乘客出行全过程服务优化的重要方面，通过匹配交路和发车间隔、优化衔接、科学设置停站时间等措施可有效满足乘客集中通勤、快速直达、短时驳运、游玩出行等不同出行需求，而都市圈轨道交通融合发展需要从网络规划、设计施工、更新改造、服务标准等方面系统性谋划。

关键词： 城市轨道交通　服务品牌　服务质量　乘客需求　客流培育

目 录 ⟦⟧

I 总报告

B.1 2023年中国城市轨道交通运营发展报告

················ 王先进　陆文学　杨新征　刘书浩　吴　可 / 001

一　2023 年城市轨道交通发展 ················· / 002

二　城市轨道交通运行基本情况 ················· / 009

三　城市轨道交通运营服务情况 ················· / 014

四　城市轨道交通运营管理制度及标准化建设 ············· / 018

五　城市轨道交通运营创新 ··············· / 024

II 服务品牌创建篇

B.2 城市轨道交通运营服务面临的挑战与机遇

················ 钱曙杰　梁　君　丁　波　胡　湲　朱冰沁 / 034

B.3 城市轨道交通运营服务质量管理体系分析

——广州地铁实践案例 ············ 郭靖凡　宋雨洁　杨云娥 / 060

B.4 城市轨道交通运营服务品牌线路评价指标体系研究

················ 曾翠峰　马　羽　李国成　曹　琼　曹　晶 / 076

B.5 基于乘客出行过程的服务优化举措研究

······ 彭 行 王路路 李 霄 苑壮凌 李 状 / 091

B.6 城市轨道交通客流培育方法研究

······ 林瑞华 岳晓辉 崔建明 陈 炜 沈 颖 / 112

Ⅲ 服务质量提升篇

B.7 城市轨道交通换乘方式的比选与优化

······ 李 丹 张 琦 周传钰 姜彦璘 马宇婷 / 138

B.8 基于乘客需求的城市轨道交通运输组织优化

······ 城市轨道交通运输组织优化研究课题组 / 165

B.9 城市轨道交通无障碍服务实践

······ 城市轨道交通无障碍服务实践课题组 / 185

B.10 城市群都市圈轨道交通融合发展实践

······ 胡 湲 张知青 陈悦勤 朱 杰 陆杰钢 / 202

B.11 地铁利用富余运能开展小件物流运输的可行性与发展前景

······ 陈 潇 郭 岑 蒋 果 岳晓辉 崔建明 / 214

Ⅳ 借鉴篇

B.12 国际先进城市轨道交通运营服务品牌创建经验借鉴

······ 陈绍宽 陈哲轩 石梦彤 肖 迪 王 尧 / 233

Ⅴ 专家观点篇

B.13 城市轨道交通运营服务质量长效管理机制

······ 何 方 张 凯 / 273

B.14 构建可持续的城市轨道交通运营服务提升激励机制

················· 魏 松 魏国静 吴沙沙 吴德鑫 / 284

B.15 西安地铁服务品牌创建及实施路径研究

··························· 卢剑鸿 王 菲 / 296

Abstract ··· / 307

Contents ··· / 309

皮书数据库阅读**使用指南**

总 报 告

B.1

2023年中国城市轨道交通运营发展报告

王先进 陆文学 杨新征 刘书浩 吴可*

摘 要: 2023年,我国城市轨道交通运营规模持续增长,新增运营里程604公里,运营总里程达到10158.6公里,车站5923座,全年累计完成客运量293.9亿人次、进站量177.2亿人次,同比分别增长52.2%和51.6%。2023年,城市轨道交通运营管理体系不断完善,企业管理和技术创新成效不断显现。交通运输部组织发布了6项运营管理制度以及3项标准规范,地方出台多项运营管理制度和标准规范,进一步夯实了行业运营管理基础。运营单位围绕客运组织、行车组织、设施设备管理、可持续发展开展了多元探索实践,得到了乘客的广泛认可,获得了30余项科技奖励。

* 王先进,博士,研究员,现任交通运输部科学研究院副院长兼总工程师,主要从事交通运输发展战略规划、政策法规和交通文化研究;陆文学,高级工程师,现任苏州市轨道交通集团党委副书记、总经理,苏州轨道交通运营有限公司党委书记、董事长,主要从事城市轨道交通建设与运营管理工作;杨新征,研究员,现任交通运输部科学研究院城市交通与轨道交通研究中心主任,全国城市客运标准化技术委员会秘书长,主要从事城市轨道交通运营管理等方向研究;刘书浩,副研究员,现任交通运输部科学研究院城市交通与轨道交通研究中心轨道研究室主任,主要从事城市轨道交通运营安全管理研究与技术研发工作;吴可,交通运输部科学研究院助理工程师,主要从事城市轨道交通运营管理等方向研究。

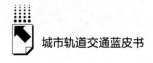

关键词： 城市轨道交通　运营服务　管理创新　技术创新

一　2023年城市轨道交通发展

（一）运营规模

据交通运输部统计，截至 2023 年底，全国（不包括港澳台地区，下同）城市轨道交通开通运营线路里程达 10158.6 公里①，线路为 308 条；新增运营里程 604.0 公里，增长率为 6.4%；开通城市轨道交通运营城市为 55 个，新增咸阳、红河 2 个城市，其中咸阳开通了地铁，红河开通了有轨电车。全国开通运营车站总数 5923 座（换乘站不重复计算）。

北京、上海、广州、成都、深圳、武汉、杭州 7 个城市的线网规模已达到 500 公里以上，其中北京和上海线网规模超过 800 公里，领跑全国。接下来，重庆、南京、青岛、西安 4 个城市线网规模超过 300 公里，全国共有 26 个城市的线网规模达到 100 公里以上（见图 1）。2023 年，重庆、沈阳、郑州新增运营里程位居全国前三，分别为 59.0 公里、45.5 公里和 44.6 公里。

（二）客运量和进站量

2023 年，全国城市轨道交通客运量为 293.9 亿人次，比 2022 年增加 100.8 亿人次，同比增长 52.2%。2023 年，客运量最大的 5 个城市分别为上海（36.6 亿人次）、北京（34.5 亿人次）、广州（31.4 亿人次）、深圳（27.1 亿人次）、成都（21.2 亿人次）（见图 2），这 5 个城市客运量占全国总客运量的比例为 51.3%。

与 2022 年相比，2023 年各城市客运量显著增长，7 个城市客运量增长率超过 100%，其中绍兴的客运量增长率最高，达到 404.0%；兰州、佛山、

---

① 据中国城市轨道交通协会统计，截至 2023 年底，我国（不包括港澳台地区）共有 59 个城市开通城市轨道交通运营线路 338 条，运营线路里程为 11224.54 公里，运营车站为 6239 座。

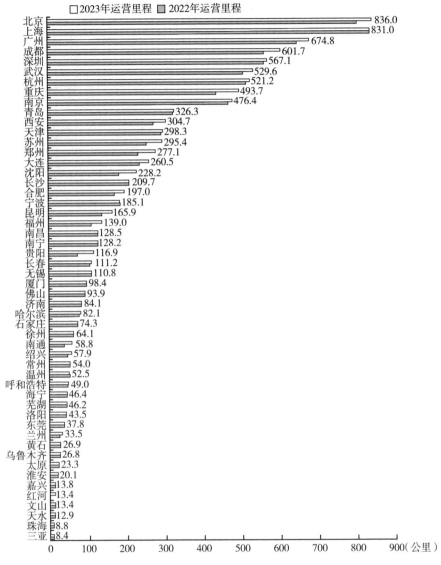

图1　2023年和2022年城市轨道交通运营里程

注：①上海地铁11号线、广佛线、南京地铁S6号线、西安地铁1号线（咸阳段）4条线路是跨越城市运行的城市轨道交通线路，其中，上海地铁11号线跨越上海市和江苏省昆山市，广佛线跨越广州市和佛山市，南京地铁S6号线跨越南京市和镇江市（句容市），西安地铁1号线（咸阳段）跨越西安市和咸阳。上述4条线路的运营里程不单独统计，已分别计入上海市、广州市、南京市和西安市。②2023年数据不包含与社会车辆完全混行的有轨电车。

资料来源：根据交通运输部统计数据整理。图2~图5、图8~图11、图13来源同此。

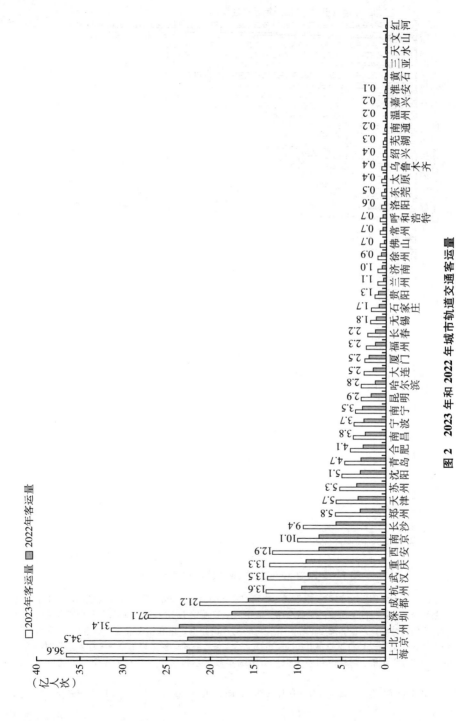

图2 2023年和2022年城市轨道交通客运量

乌鲁木齐、哈尔滨、呼和浩特、石家庄等 6 个城市客运量同比增长率处于 100%～200%。

2023 年，全国城市轨道交通完成进站量 177.2 亿人次，比 2022 年增加 60.3 亿人次，同比增长 51.6%。上海、北京、广州、深圳、成都完成进站量均超过 10 亿人次，分别为 20.3 亿人次、19.0 亿人次、17.2 亿人次、15.8 亿人次、12.0 亿人次（见图 3）。与 2022 年相比，各城市进站量均有不同程度增长，31 个城市进站量增长率超过 50%，其中南通和嘉兴增长率最高，分别为 1286.6% 和 1026.3%。

（三）运营车公里

2023 年，全国城市轨道交通完成运营 71.5 亿车公里，比上年增长 16.1%。其中，上海 7.8 亿车公里，全国最高，同比增长 23.8%；北京 7.5 亿车公里，同比增长 8.4%；深圳、广州、成都、杭州均超过 4 亿车公里；武汉、重庆、南京、西安均超过 2 亿车公里（见图 4）。

与 2022 年相比，2023 年，运营车公里增加最多的 3 个城市分别为上海、深圳和北京，新增运营车公里分别为 149.6 百万车公里、110.0 百万车公里和 57.5 百万车公里，总计 317.1 百万车公里，占全年新增运营车公里的 32.1%。

（四）配属列车数

2023 年，全国城市轨道交通共计配属列车 11476 列，比上年增加 742 列，增长 6.9%。配属列车数超过 1000 列的城市有 2 个，分别为北京（1223 列）和上海（1186 列），成都、深圳、广州、武汉配属列车数均超过 600 列，杭州、重庆配属列车数均超过 500 列，上述 8 个城市配属列车数占全国总数的 54.7%。

与 2022 年相比，2023 年，配属列车数增加最多的 3 个城市分别为重庆、沈阳和成都，新增配属列车数分别为 86 列、67 列和 45 列，合计占全年新增配属列车数的 26.7%。

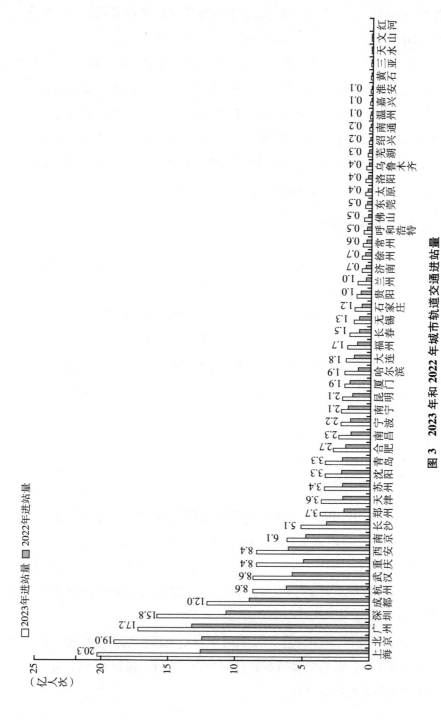

图 3　2023 年和 2022 年城市轨道交通进站量

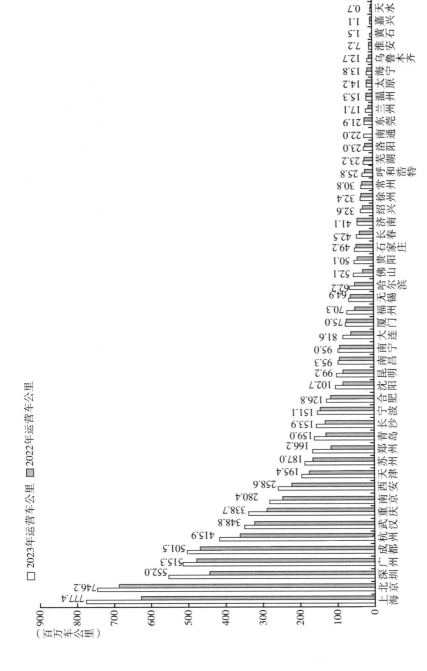

图 4　2023 年和 2022 年城市轨道交通运营营车公里

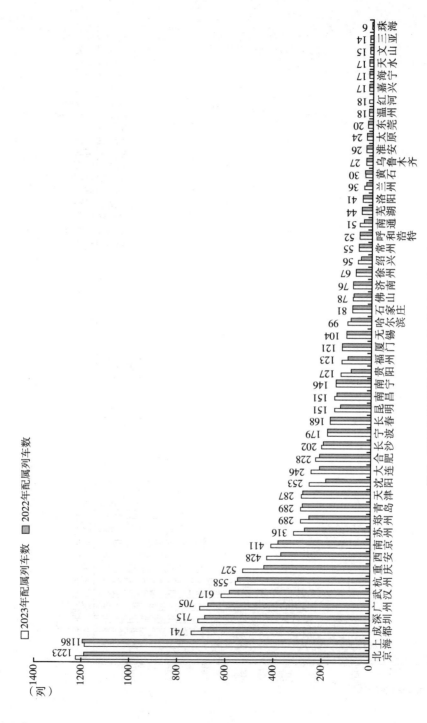

图 5 2023 年和 2022 年城市轨道交通配属列车数

二 城市轨道交通运行基本情况

（一）客运强度

2023 年，全国城市轨道交通平均客运强度为 0.79 万人次/公里日[①]。其中，地铁线路的平均客运强度为 0.89 万人次/公里日。客运强度大于等于 0.7 万人次/公里日的共有 124 条线路，占地铁线路总数的 50.8%；大于等于 0.4 万人次/公里日的共有 181 条线路，占地铁线路总数的 74.4%。客运强度最高的是广州地铁 1 号线（4.36 万人次/公里日），其后依次是广州地铁 2 号线（3.39 万人次/公里日）、广州地铁 5 号线（3.18 万人次/公里日）、西安地铁 2 号线（3.03 万人次/公里日）、广州地铁 8 号线（2.72 万人次/公里日）、广州地铁 3 号线及支线（2.68 万人次/公里日）、北京地铁 2 号线（2.67 万人次/公里日）、上海地铁 1 号线（2.63 万人次/公里日）、北京地铁 5 号线（2.55 万人次/公里日）、长沙地铁 2 号线（2.54 万人次/公里日）。

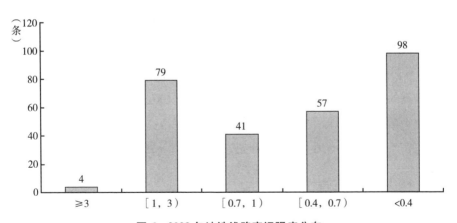

图 6　2023 年地铁线路客运强度分布

注：横轴数据单位为万人次/公里日。

资料来源：根据中国城市轨道交通协会统计数据整理，图 7、图 12 来源同此。

---

① 根据全国 281 条线路客运强度平均值计算得出，其他 2 条线路数据缺失。

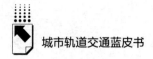

轻轨线路方面，2023 年平均客运强度为 0.21 万人次/公里日，其中最高的线路为长春轻轨 3 号线（0.38 万人次/公里日），最低的线路客运强度不足 0.05 万人次/公里日。有轨电车线路方面，2023 年平均客运强度为 0.07 万人次/公里日，其中最高的线路为北京西郊线（0.22 万人次/公里日），大部分线路客运强度不足 0.1 万人次/公里日。

（二）车站最大日乘降量

2023 年，石家庄、广州、南京、上海、深圳、长沙、西安、南昌、成都 9 个城市的车站最大日乘降量超过 50 万人次，其中石家庄新百广场站达到 100.78 万人次，居全国最高。与 2022 年相比，上海、西安、南昌、北京、郑州、重庆、杭州、青岛、苏州、呼和浩特、福州、昆明、兰州、贵阳、佛山、长春、温州、太原、乌鲁木齐 19 个城市最大日乘降量发生车站有所变化，其他城市均与 2022 年相同，以换乘站居多（见图 7）。车站最大日乘降量发生日期多出现为节假日期间或前一天。

（三）线路平均运距

2023 年，我国城市轨道交通平均运距为 8.7 公里，比 2022 年增加 0.4 公里。运营规模超过 500 公里的 7 个城市平均运距为 8.7 公里，其中最高的为北京（9.6 公里）；运营规模介于 300~500 公里的 4 个城市平均运距为 8.9 公里，其中最高的为青岛（10.5 公里）；运营规模介于 100~300 公里的 15 个城市平均运距为 7.2 公里，其中最高的为大连（10.4 公里）；运营规模小于 100 公里的 26 个城市平均运距为 9.6 公里，其中最高的为黄石（25.2 公里）（见图 8）。

（四）乘客平均出行距离

2023 年，我国城市轨道交通乘客平均出行距离为 11.9 公里，与 2022 年相比增加 0.7 公里。运营规模超过 500 公里的 7 个城市的乘客平均出行距离为 15.1 公里，其中最高的为北京（17.3 公里）；运营规模介于 300~500 公里的 4 个城市的乘客平均出行距离为 13.8 公里，其中最高的为青岛（15.0 公里）；运营规模介于 100~300 公里的 15 个城市的乘客平均出行距离为 10.9 公里，其中最高的为大连（14.7公里）；运营规模小于 100 公里的 26 个城市的乘客平均出行距离为 11.3 公里，其中最高的为黄石（25.2 公里）（见图 9）。

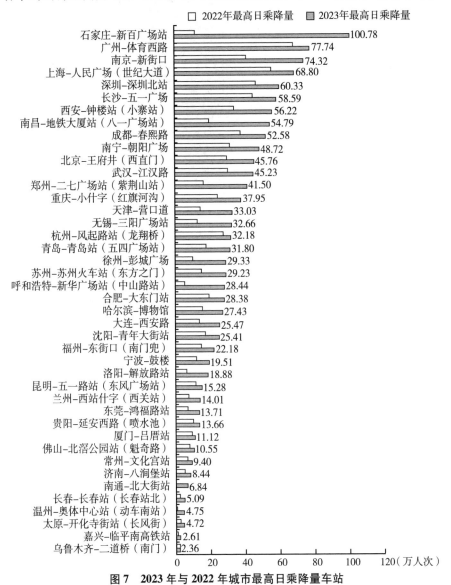

□ 2022年最高日乘降量　▨ 2023年最高日乘降量

- 石家庄-新百广场站　100.78
- 广州-体育西路　77.74
- 南京-新街口　74.32
- 上海-人民广场（世纪大道）　68.80
- 深圳-深圳北站　60.33
- 长沙-五一广场　58.59
- 西安-钟楼站（小寨站）　56.22
- 南昌-地铁大厦站（八一广场站）　54.79
- 成都-春熙路　52.58
- 南宁-朝阳广场　48.72
- 北京-王府井（西直门）　45.76
- 武汉-江汉路　45.23
- 郑州-二七广场站（紫荆山站）　41.50
- 重庆-小什字（红旗河沟）　37.95
- 天津-营口道　33.03
- 无锡-三阳广场站　32.66
- 杭州-凤起路站（龙翔桥）　32.18
- 青岛-青岛站（五四广场站）　31.80
- 徐州-彭城广场　29.33
- 苏州-苏州火车站（东方之门）　29.23
- 呼和浩特-新华广场站（中山路站）　28.44
- 合肥-大东门站　28.38
- 哈尔滨-博物馆　27.43
- 大连-西安路　25.47
- 沈阳-青年大街站　25.41
- 福州-东街口（南门兜）　22.18
- 宁波-鼓楼　19.51
- 洛阳-解放路站　18.88
- 昆明-五一路站（东风广场站）　15.28
- 兰州-西站什字（西关口）　14.01
- 东莞-鸿福路站　13.71
- 贵阳-延安西路（喷水池）　13.66
- 厦门-吕厝站　11.12
- 佛山-北滘公园站（魁奇路）　10.55
- 常州-文化宫站　9.40
- 济南-八涧堡站　8.44
- 南通-北大街站　6.84
- 长春-长春站（长春站北）　5.09
- 温州-奥体中心站（动车南站）　4.75
- 太原-开化寺街站（长风街）　4.72
- 嘉兴-临平南高铁站　2.61
- 乌鲁木齐-二道桥（南门）　2.36

0　20　40　60　80　100　120（万人次）

图 7　2023 年与 2022 年城市最高日乘降量车站

注：①图中括号前为 2023 年、括号中为 2022 年城市最高日乘降量发生车站，若 2023 年与 2022 年相比最高日乘降量发生车站未变化，图中未进行特别标注。②乘降量指城市轨道交通运营车站为乘客提供进站、换乘、出站服务的总人次。

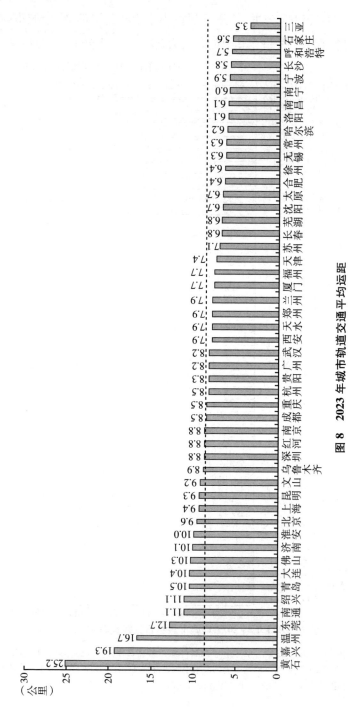

图 8 2023 年城市轨道交通平均运距

注：①按照《城市轨道交通运营指标体系》（GB/T 38374—2019），平均运距指客运周转量与客运量的比值。②全国城市轨道交通平均运距为各城市平均运距的算术平均值。

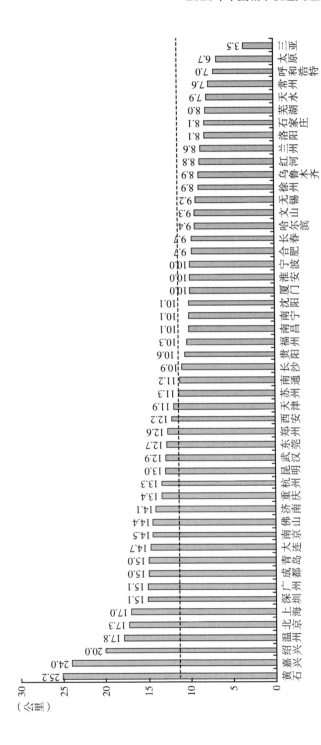

图 9　2023 年城市轨道交通乘客平均出行距离

注：①平均运距指客运周转量与进站量的比值。②全国城市轨道交通乘客平均出行距离为各城市乘客平均出行距离的算术平均值。

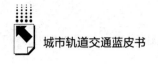

三 城市轨道交通运营服务情况

（一）最小发车间隔

2023 年，全国城市轨道交通线路高峰小时最小发车间隔平均为 287 秒，同比减少 5 秒。西安、上海、北京、南京、苏州、广州、深圳、成都 8 个城市最小发车间隔在 120 秒（含）以内，杭州、青岛、武汉、重庆、厦门、郑州、天津 7 个城市最小发车间隔在 180 秒（含）以内。2023 年，西安、广州、厦门、沈阳、长沙、合肥、南昌、福州、温州、绍兴、芜湖、东莞、太原、济南 14 个城市最小发车间隔有所缩短（见图 10），其中温州最小发车间隔缩短了 300 秒。

（二）换乘系数

2023 年，我国城市轨道交通平均换乘系数为 1.40，与 2022 年的 1.37 相比略有增加。在运营规模超过 500 公里的 7 个城市中，换乘系数从大到小依次是广州 1.83、北京 1.81、上海 1.80、成都 1.77、深圳 1.71、杭州 1.58 和武汉 1.58，7 个城市的平均换乘系数为 1.73；运营规模介于 300~500 公里的 4 个城市换乘系数分别是南京 1.65、重庆 1.58、西安 1.54、青岛 1.43，4 个城市的平均换乘系数为 1.55；在运营规模介于 100~300 公里的 15 个城市中，换乘系数排名靠前的为长沙 1.87、宁波 1.68、南昌 1.67 和南宁 1.67，最小的 3 个城市为贵阳（1.28）、福州（1.35）、昆明（1.39）（见图 11），15 个城市的平均换乘系数为 1.53。

（三）平均旅行速度

2023 年，我国城市轨道交通线路平均旅行速度为 40.32 公里/小时，与 2022 年相比明显提升（见图 12）。其中，广州 3 号线（91.77 公里/小时）、广州 14 号线（89.76 公里/小时）、成都 18 号线（83.99 公里/小时）、广州

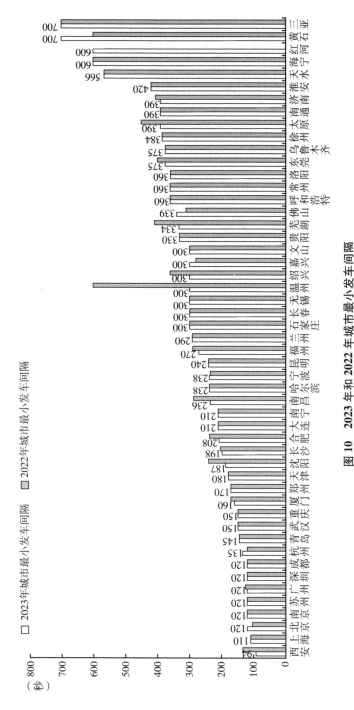

图 10 2023 年和 2022 年城市最小发车间隔

注：①最小发车间隔平均值计算方法为各城市最小发车间隔取平均值。②按照《城市轨道交通运营指标体系》（GB/T 38374-2019），最小发车间隔指正常运营情况下同一线路的相邻两列同向列车驶离起点站的时间间隔的最小值。

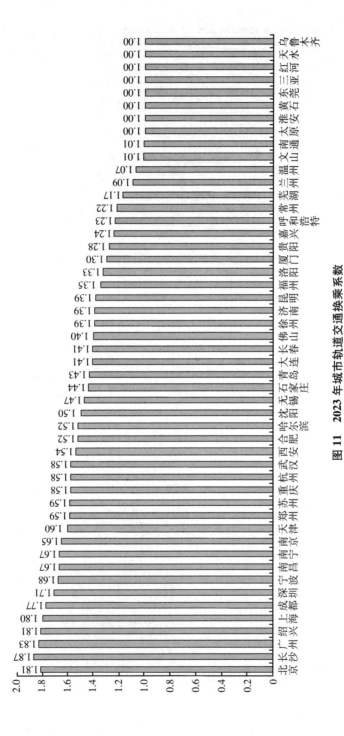

图 11　2023 年城市轨道交通换乘系数

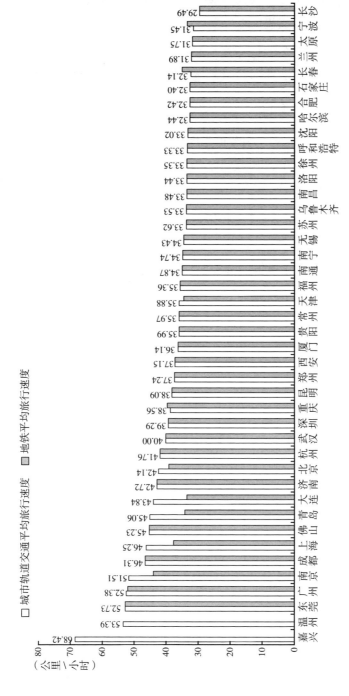

□ 城市轨道交通平均旅行速度　■ 地铁平均旅行速度

城市	数值
嘉兴	68.42
温州	53.39
东莞	52.73
广州	52.38
南京	51.51
成都	46.31
上海	46.25
佛山	45.23
青岛	45.06
大连	43.84
济南	42.72
北京	42.14
杭州	41.76
武汉	40.00
深圳	39.29
重庆	38.56
昆明	38.09
郑州	37.24
西安	37.15
厦门	36.14
贵阳	35.99
常州	35.97
天津	35.88
福州	35.36
南通	34.87
南宁	34.74
无锡	34.43
苏州	33.62
乌鲁木齐	33.53
南昌	33.48
洛阳	33.44
徐州	33.35
呼和浩特	33.33
沈阳	33.02
哈尔滨	32.44
合肥	32.42
石家庄	32.40
长春	32.14
兰州	31.89
太原	31.75
宁波	31.45
长沙	29.49

图 12　2023 年城市轨道交通和地铁平均旅行速度

18 号线（83.29 公里/小时）、南京市域快轨 S9 线（78.6 公里/小时）位列前 5（上海磁浮线、北京大兴机场线未计入）。在地铁线路中，东莞（53.7 公里/小时）、广州（51.8 公里/小时）、南宁（43.9 公里/小时）、成都（46.3 公里/小时）、上海（37.7 公里/小时）分列城市地铁平均旅行速度的前 5 位。

（四）列车服务可靠度

2023 年，有 8 个城市列车服务可靠度大于等于 50 百万车公里/件（见图 13），8 个城市列车服务可靠度不足 1 百万车公里/件。分运营规模来看，运营里程大于等于 500 公里的 7 个城市中，较大的 3 个城市为杭州、成都和广州；运营里程在 300~500 公里的 4 个城市中，较大的为青岛；运营里程在 100~300 公里的 13 个城市中，较大的为无锡、合肥，均超过 50 百万车公里/件；运营里程小于 100 公里的 21 个城市，较大的 3 个城市为宁波、昆明和长沙。

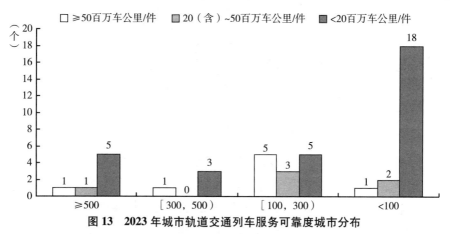

图 13　2023 年城市轨道交通列车服务可靠度城市分布

注：横轴数据的单位为公里。

四　城市轨道交通运营管理制度及标准化建设

（一）国家层面

1. 制度方面

一是逐步完善运营安全评估管理体系。2023 年 8 月 22 日，交通运输部印发《城市轨道交通运营安全评估管理办法》,① 对《城市轨道交通初期运营前安全评估管理暂行办法》和《城市轨道交通正式运营前和运营期间安全评估管理暂行办法》进行修订整合,吸取近年来发生的城市轨道交通运营险性事件教训,结合行业发展新形势、新需求,以及相关法律法规、强制性标准实施等要求,进一步完善安全评估前提条件及相关要求,进一步强化安全评估工作要求,进一步规范对第三方安全评估机构和专家的要求。9月22日,交通运输部印发《城市轨道交通初期运营前安全评估规范》②、《城市轨道交通正式运营前安全评估规范》③ 和《城市轨道交通运营期间安全评估规范》。④《城市轨道交通初期运营前安全评估规范》主要修订完善评估前提条件、补充防洪涝相关要求、完善关键设施设备功能要求、进一步强化应急能力要求。《城市轨道交通正式运营前安全评估规范》主要修订完善评估前提条件、补充淹水倒灌风险管控要求。《城市轨道交通运营期间安全评估规范》主要修订补充"两类人员"考核要求、完善运营安全相关要求。

二是进一步提升关键设备系统本质安全水平和服务保障能力。2023年11月23日,交通运输部印发《城市轨道交通通信系统运营技术规范(试行)》,⑤ 明确通信系统构成,提出系统总体技术要求,并从运营需求的角度,对传输、支撑、有线调度通信、无线调度通信、乘客信息、广播、视频监视等 7 个子系统提出性能和功能的具体要求。针对城市轨道交通网络化运营、智能运维等新形势,对支持网络化运营的通信系统从功能、接口、设备配置、系统整合、新技术应用等方面提出要求。该文件的发布进一步提升了

---

① 中华人民共和国交通运输部:《关于印发〈城市轨道交通运营安全评估管理办法〉的通知》,https: //xxgk. mot. gov. cn/2020/jigou/ysfws/202308/t20230828_ 3901763. html。
② 中华人民共和国交通运输部:《关于印发〈城市轨道交通初期运营前安全评估规范〉的通知》, https: //xxgk. mot. gov. cn/2020/jigou/ysfws/202308/t20230828_ 3901763. html。
③ 中华人民共和国交通运输部:《关于印发〈城市轨道交通正式运营前安全评估规范〉的通知》, https: //xxgk. mot. gov. cn/2020/jigou/ysfws/202310/t20231010_ 3925484. html。
④ 中华人民共和国交通运输部:《关于印发〈城市轨道交通运营期间安全评估规范〉的通知》, https: //xxgk. mot. gov. cn/2020/jigou/ysfws/202310/t20231010_ 3925485. html。
⑤ 中华人民共和国交通运输部:《关于印发〈城市轨道交通通信系统运营技术规范(试行)〉的通知》, https: //xxgk. mot. gov. cn/2020/jigou/ysfws/202312/t20231207_ 3963839. html。

城市轨道交通通信系统安全水平、服务质量和运营效率，夯实了行业运营安全管理基础，有利于提高系统的可靠性、可用性、可维护性和安全性，规范行业发展。

三是指导行业开展安全生产重大事故隐患排查治理。2023年9月13日，《道路运输企业和城市客运企业安全生产重大事故隐患判定标准（试行）》① 印发，明确了城市轨道交通运营安全生产重大事故隐患判定标准，指导城市轨道交通运营主管部门和运营单位开展重大事故隐患的识别、排查和治理工作。

表1 2023年交通运输部发布的运营管理政策

序号	发布时间	文件名称	文号
1	2023-08-22	《城市轨道交通运营安全评估管理办法》	交运规〔2023〕3号
2	2023-09-13	《道路运输企业和城市客运企业安全生产重大事故隐患判定标准(试行)》	交办运〔2023〕52号
3	2023-09-22	《城市轨道交通初期运营前安全评估规范》	交办运〔2023〕56号
4	2023-09-22	《城市轨道交通正式运营前安全评估规范》	交办运〔2023〕57号
5	2023-09-22	《城市轨道交通运营期间安全评估规范》	交办运〔2023〕58号
6	2023-11-23	《城市轨道交通通信系统运营技术规范（试行）》	交办运〔2023〕67号

资料来源：根据交通运输部官网资料整理。

2. 标准方面

标准方面，全国城市客运标准化技术委员会组织完成《城市轨道交通运营安全评估规范第1部分：地铁和轻轨》（GB/T 52334.1-2023）1项国家标准，以及《城市轨道交通运营安全隐患排查规范》（JT/T 1456-2023）、《城市轨道交通运力负荷评估规范》（JT/T 1469-2023）2项行业标准发布实施。

（二）地方层面

制度方面，2023年，天津、哈尔滨、洛阳等城市出台城市轨道交通运

---

① 中华人民共和国交通运输部：《关于印发〈道路运输企业和城市客运企业安全生产重大事故隐患判定标准（试行）〉的通知》，https：//xxgk.mot.gov.cn/2020/jigou/ysfws/202309/t20230919_3921539.html。

营管理相关政策和管理制度文件 13 项，包括运营线路安全、风险分级管控和隐患排查治理、运营服务等方面，具体见表 2。

表 2　2023 年地方发布的城市轨道交通运营领域政策

序号	文号	城市	文件名称	发布时间	实施时间
1	武汉市人民政府令第 316 号	武汉市	《武汉市轨道交通运营线路安全保护区管理办法》	2023-03-17	2023-05-01
2	佛山市第十六届人民代表大会常务委员会公告（第 7 号）	佛山市	《佛山市城市轨道交通管理条例》	2023-06-25	2023-07-01
3	哈尔滨市第十六届人民代表大会常务委员会公告（第 5 号）	哈尔滨市	《哈尔滨市城市轨道交通管理条例》	2023-06-28	2023-10-01
4	洛市交〔2023〕141 号	洛阳市	《关于建立洛阳市城市轨道交通保护区安全监管联席会议制度的通知》	2023-09-07	2023-09-07
5	咸政发〔2023〕16 号	咸阳市	《咸阳市城市轨道交通管理办法》	2023-09-16	2023-09-16
6	济南市人民代表大会常务委员会公告〔十八届〕第 7 号	济南市	《济南市城市轨道交通条例》	2023-09-27	2023-12-01
7	厦交轨道〔2023〕13 号	厦门市	《厦门市城市轨道交通运营服务规范》	2023-10-20	2023-12-01
8	成交发〔2023〕42 号	成都市	《成都市城市轨道交通运营服务规范》	2023-10-27	2024-01-01
9	津公规〔2023〕1 号	天津市	《天津市轨道交通安全检查操作规范》	2023-11-16	2023-11-30
10	广州市第十六届人民代表大会常务委员会公告（第 29 号）	广州市	《广州市城市轨道交通管理条例》	2023-11-23	2024-01-01
11	成都市第十八届人民代表大会常务委员会公告（第 7 号）	成都市	《成都市城市轨道交通管理条例》	2023-12-05	2024-02-01

续表

序号	文号	城市	文件名称	发布时间	实施时间
12	洛政办〔2023〕49号	洛阳市	《洛阳市城市轨道交通场站及周边土地综合开发管理办法（试行）》	2023-12-26	2023-12-26
13	厦交轨道〔2023〕17号	厦门市	《厦门市城市轨道交通运营安全风险分级管控和隐患排查治理管理办法》	2023-12-26	2023-12-26

资料来源：根据各地人民政府和城市轨道交通运营主管部门官方网站资料整理。

标准方面，2023年，北京、天津、河北等省、自治区和直辖市出台城市轨道交通运营管理相关地方标准28项，涵盖客流预测、全自动运行线路技术规范、公共信息标志等内容，具体见表3。

表3　2023年地方发布的城市轨道交通运营领域标准

序号	标准编号	地区	标准名称	发布时间	实施时间
1	DB34/T 4395-2023	安徽省	《城市轨道交通运营服务规范》	2023-03-01	2023-04-01
2	DB61/T 1655-2023	陕西省	《城市轨道交通安检作业规范》	2023-03-15	2023-04-15
3	DB37/T 4585-2023	山东省	《城市轨道交通线网无线统一调度系统建设规范》	2023-03-29	2023-04-29
4	DB12/T 602-2023	天津市	《城市轨道交通运营安全管理规范》	2023-04-07	2023-05-07
5	DB12/T 1215-2023	天津市	《轨道交通综合票务服务终端技术要求》	2023-05-09	2023-06-15
6	DB42/T 2015-2023	湖北省	《城市轨道交通站场物业服务规范》	2023-05-16	2023-07-16
7	DB5201/T 131-2023	贵州省	《城市轨道交通运营安全标志设置规范》	2023-07-28	2023-10-01

续表

序号	标准编号	地区	标准名称	发布时间	实施时间
8	DB5201/T 130-2023	贵州省	《城市轨道交通客运服务标志设置规范》	2023-07-28	2023-10-01
9	DB37/T 4632-2023	山东省	《城市轨道交通公共信息导向系统设计规范》	2023-08-03	2023-09-03
10	DBJ/T15-257-2023	广东省	《有轨电车设施安全保护技术标准》	2023-08-04	2024-03-01
11	DB31/T 1418-2023	上海市	《城市轨道交通消防安全管理基本要求》	2023-08-21	2023-12-01
12	DB15/T3145-2023	内蒙古自治区	《城市轨道交通信号系统维护规程》	2023-08-31	2023-11-01
13	DB15/T3146-2023	内蒙古自治区	《城市轨道专用通信系统维护规程》	2023-08-31	2023-11-01
14	DB12/T 1261-2023	天津市	《地下轨道交通卫生管理规范》	2023-09-06	2023-10-10
15	DB12/T 1260-2023	天津市	《城市轨道交通全自动运行线路技术规范》	2023-09-06	2023-10-10
16	DB1501/T0041-2023	内蒙古自治区	《轨道交通自动售检票系统规范》	2023-09-19	2023-10-19
17	DB11/T 1164.6-2023	北京市	《城市轨道交通自动售检票系统技术规范 第6部分:票卡》	2023-09-25	2024-01-01
18	DB11/T 1164.5-2023	北京市	《城市轨道交通自动售检票系统技术规范 第5部分:车票处理单元》	2023-09-25	2024-01-01
19	DB11/T 1164.4-2023	北京市	《城市轨道交通自动售检票系统技术规范 第4部分:操作界面》	2023-09-25	2024-01-01
20	DB21/T 2573-2023	辽宁省	《城市轨道交通公共信息标志》	2023-09-30	2023-10-30
21	DB13/T 5833-2023	河北省	《城市轨道交通导向标识系统设计规范》	2023-10-25	2023-11-25
22	DB12/T 454.2-2023	天津市	《公共交通信息导向标志系统设置要求第2部分:城市轨道交通》	2023-11-07	2023-12-08

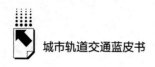

续表

序号	标准编号	地区	标准名称	发布时间	实施时间
23	DB4501/T 0020—2023	广西壮族自治区	《城市轨道交通通信智能运维系统数据接入规范》	2023-11-15	2023-12-15
24	DB3401/T296-2023	安徽省	《城市轨道交通运营施工检修作业规范》	2023-12-15	2023-12-15
25	DB41/T 2566-2023	河南省	《城市轨道交通全自动运行联动功能规范》	2023-12-15	2024-03-12
26	DB32/T 4626-2023	江苏省	《城市轨道交通隧道结构服役性能评定技术规程》	2023-12-18	2024-06-18
27	DB11/T 786-2023	北京市	《城市轨道交通线路客流预测规范》	2023-12-25	2024-04-01
28	DB11/T 2233-2023	北京市	《绿色城市轨道交通车站评价标准》	2023-12-26	2024-04-01

资料来源：根据各地人民政府和城市轨道交通运营主管部门官方网站资料整理。

五　城市轨道交通运营创新

2023 年，我国城市轨道交通企业在客运服务、行车组织、设施设备管理和可持续发展方面进行了多元化实践和探索，在互联互通、智慧运营、智能运维、绿色节能、安全管理等方面获得了多项省、部级和社会力量设立的社会科技奖励。

（一）客运服务

1. 提升适老化无障碍服务水平

2023 年 4 月，交通运输部印发《2023 年持续提升适老化无障碍交通出行服务工作方案》①，要求开展城市轨道交通"爱心预约"乘车服务，通过

---

① 《交通运输部办公厅关于印发 2023 年持续提升适老化无障碍交通出行服务等 5 件更贴近民生实事工作方案的通知》，2023 年 4 月 11 日。

微信公众号、小程序等渠道为老年人、残疾人等乘客提供预约服务。各地在开通"爱心预约"乘车服务的基础上开展了形式多样的探索。

广州地铁上线了官方App"关怀版",设置了大字体、内容朗读、语音辅助等功能,注重老年人的使用体验。大字体的设计使老年人可以更加轻松地浏览地铁线路、时刻表等相关信息,避免了视力不佳而导致的困扰。内容朗读功能可以帮助老年人更加方便地获取最新的地铁资讯和公告。语音辅助功能可为老年人提供更加便捷的操作方式,只需通过简单的语音指令即可实现购票、查询、客服等多项功能,使老年人在使用地铁服务时更加轻松愉悦。

哈尔滨地铁通过官方App"METRO冰城行"、微信官方公众号以及车站现场预约等途径,开展"爱心预约"乘车服务。此外,为持续向老年群体提供便利的出行条件,线网车站均设置了特殊乘客优先通道、爱心座椅、爱心服务台、电话预约小卡片等,全面助力敬老爱老服务。

宁波地铁采取微信官方平台推文、车站发放"服务卡""爱心预约卡"等形式不断拓展"爱心预约"的广度,并采用"车站结对"的形式将日常使用爱心预约频率高的乘客纳入台账管理。

2. 创新多元服务举措

洛阳地铁创建了一支由优秀青年员工组成的"娜娜服务先锋队",通过多元化服务、无障碍专项服务、精准志愿服务等方式,打通服务群众的"最后一公里"。多元化服务方面,队伍在地铁全线设置了34个志愿者服务站,提供应急药品、饮用水、针线等多种便民服务。同时,推出便民如厕卡、爱心预约卡、无障碍渡板等创新服务,方便乘客的出行。针对残疾人群体的特殊需求,队伍提供无障碍专项志愿服务,确保残障人士能够顺利、安全地乘坐地铁。精准志愿服务方面,队伍结合重要时间节点和重大节假日,定期组织开展志愿服务活动,如爱心助考、夏送清凉、新春送春联等,为乘客提供贴心服务。

成都地铁创新推行"文明365"服务长效机制,构建大线网运营背景下可执行、可持续的服务标准及服务质量评价体系,推出"列车分区控温""春运暖程""两考保障"等惠民服务,开展"绿色织网""碳惠交通""异地城市互联互通"等低碳行动,打造"儿童乘车体验馆""儿童友好主题车站""地铁母婴室"等特色服务区域,常态化推广每月11日"文明乘车日",通过"请进来、走出去"等方式联合学校、社区、企业等单位开展形式多样的文明乘车活动,以品牌效能引领提升文明服务水平。

青岛地铁开放车站公共区域,打造"地铁城市幸福空间",满足乘客及外卖配送员、快递员等城市新兴就业群体休息需求。"地铁城市幸福空间"通过协调、聚合地铁现有资源,将充电宝、自动售卖机等商业便民设备调整至同一区域,在提供临时休息、医疗应急、女性关怀、手机充电等车站便民服务基础之上,提供绿波畅达、行李打包等特色服务,满足市民的多样化服务需求。在此基础上,挑选多座客流量大、乘客需求多的换乘车站,采取特色装饰上墙、定制座椅投放、设置绿植等措施,营造温馨氛围,提高整体舒适度。同时为方便广大市民游客,青岛地铁在高德地图上将车站标记为"岛城暖心驿站",对外公布营业时间、电话及服务内容,以"地铁城市幸福空间"为载体,面向社会开放资源,提高人民出行幸福感。

3."地铁+文旅"助力客流提升

2021年底,武汉首条全自动运行地铁线路5号线开通,线路途经千年名楼黄鹤楼。武汉地铁因地制宜做足"地铁+文旅"功课,在黄鹤楼最佳拍摄点修建一面高2米、长20米的青瓦红墙,因与名楼完美同框快速破圈出阵,全网话题总阅读量约20亿次。为服务好日益剧增的赏景乘客,武汉地铁在红墙附近增设照明灯具,实现夜间观景安全性、舒适度双提升;车站新增14组闸机,持续优化乘客通行流线、升级客流组织预案。截至2024年7月,该站集散量总计2911万人次,单日历史最大集散量由红墙打造前的9.85万人次突破21.55万人次,其中打卡红墙青瓦黄鹤楼的乘客占比接近九成。该站人气大增吸引了众多商家入驻,一年来,车站周边新增商铺近百家。

(二)行车组织

1.地铁、公交无缝衔接

宁波轨道交通贯彻"大运营"理念,全年共开辟与轨道接驳公交线路

22条，新辟8条地铁接驳线，采用"地铁一到，公交即发"模式，通过将公交行车间隔与轨道进行匹配，强化与轨道站点的换乘接驳，缩短市民候车时间。通过建设接驳微枢纽、迁改原有公交站位、优化在建地铁线路接驳站点、研究轨道线网末端"B+R"（Bus+Rail Transit）接驳方案等措施，提高公交与地铁接驳的便捷性，实现地铁和公交无缝衔接、一体化发展，进一步提升公共交通运营效率。

2. 开行直达列车

成都地铁18号线、19号线作为机场与市区之间的市域快线，在共线运营的基础上采用了"直达车定点开行+普线"的运营模式，兼顾满足机场客流的快速通达和通勤客流的出行需要，其中18号线直达车实现07：00～23：00整点双向开行，并在首班车前05：55组织开行一对直达车，有效满足市民早间乘机需要；19号线直达车则于平低峰时段在双流机场、天府机场双机场之间开行。

天津轻轨9号线是津滨双城的重要走廊，每日服务近3.6万人次津滨双城通勤人群。自2021年7月12日起，轻轨9号线试行早间塘沽站开往天津站、晚间天津站开往塘沽站的直达快车服务。自2023年3月15日起，为扩大服务范围，每日提供4列次直达快车服务，实现天津站、塘沽站对发快车。直达快车单程运行时间仅需42分钟，较普通列车减少10分钟，选择直达快车的乘客可节约20%左右的地铁乘车时间，出行更加便捷。在延长运营时间方面，早间快车较首班普通列车提早3～5分钟发车，晚间快车较普通末班车延后30分钟发车，有效延长双城轨道交通服务时长，加速构建"京津滨"交通带。

3. 节假日延时运营

为满足节假日期间乘客出行需求，重庆地铁结合线网客流规律、当期客流现状等因素制定线网差异化延时方案，具体体现为差异化延时天数、差异化延时运营、差异化延时线路或区段。差异化延时天数方面，根据不同节假日放假时长、节日习俗等相关因素确定线网延时天数，一般3天节假日延时节日前2天，5天节假日延时节日前3天，7天节假日延时节日前5天。差

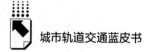

异化延时时长方面,"五一"、中秋、国庆等节假日,线网在23:00末班车的基础上延时运营1小时;针对跨年夜,由于市民参与跨年活动,出行时间延长至次日凌晨,线网一般在23:00末班车的基础上延时运营3小时。差异化延时线路或区段方面,日常节假日期间延时线路主要以观音桥、解放碑等商圈客流向外围区疏散为导向。延时1号线朝天门至璧山、2号线较场口至天堂堡、3号线鱼洞至江北机场段、6号线上新街至北碚、10号线兰花路至江北机场T2航站楼及环线全程。若遇节日期间龙兴足球场或其他场所举办大型音乐节等活动,则同步延长衔接此类区域的轨道线路运营时间。

为满足跨年夜乘客出行需求,呼和浩特地铁提前对跨年夜客流进行分析预测,研究提出跨年夜通宵运营方案,实现了跨年夜40小时不间断运营。在2023年12月31日6:00~10:00发车间隔为10分钟,10:00~14:00发车间隔为8分钟,14:00至次日1:00发车间隔为6分钟,次日1:00~6:00发车间隔不超过30分钟,与次日首班车完成接续。在深夜大间隔时段地铁1号线、2号线上下行列车在换乘站新华广场站同时到站并大幅延长站停时间,等待所有乘客双向换乘完毕后发车,为乘客省去换乘等待时间,极大地提高了出行效率。

(三)设施设备管理

1. 智能运维系统改造

为提高供电系统运行维护质量和效率,苏州市轨道交通针对1号线、2号线75座变电所、跟随所、主变电所,以及1个控制中心主机房开展了智能运维系统改造。改造后的供电智能运维系统配备智能巡检机器人、温湿度传感器、有线特高频传感器、有线空间特高频传感器、可通讯功能表、球形摄像机、小型摄像机、智能采集机柜等智能化设备,能够实现智能巡检、故障识别预警决策、电度量采集分析等80余项子功能。改造后智能运维系统提高了供电设备巡视的准确性和有效性,提升了供电设备故障应急处置效率,有效地降低了运营维护成本。

2. 试点智能巡检设备

天津地铁 4 号线南段在金街站试点应用多项智能巡检设备，可实现 3D 可视化场景、拥挤度实时监测、一键开关等功能。3D 可视化场景方面，车控室智慧大屏上可以实现对车站运营模式、环境监测、设备总览等数据信息全息感知，提升了车站管理人员工作效率。拥挤度实时监测方面，系统在对环境和客流监测的基础上，设定不同阈值，将客流密度科学划分拥挤度，为大客流应急处置提前预警。一键开关站方面，可以自动和人工结合，执行开关站前巡检任务，结合视频分析技术，人工远程视频巡查确保电扶梯、卷帘门等关键设备关键区域的安全，将耗时约 30 分钟的工作降至一键 10 分钟内完成，缩短车站开站、关站时间。

3. 防汛防台一体化信息系统

面对近年来频繁发生的极端天气事件，尤其是暴雨、洪水、台风等自然灾害带来的严峻挑战，南通地铁构建了融合监测预警、指挥调度、应急响应与数据分析四大核心功能的防汛防台一体化信息系统。高精度智能监测网络在地铁线路、车站、隧道等关键区域广泛部署高精度风速仪、水浸监测装置等设备，实现对现场风力、水位等关键参数的实时监测以及实时上传。综合气象服务平台通过与气象部门深度合作，构建定制化气象服务平台，实现线网各站点气象信息的实时显示，包括天气预警、未来多时段降水预报、温度、风力等关键信息，并提供历史数据与未来数据的对比分析功能，以支撑调度指挥调整。高效防汛应急指挥平台构建集调度指挥、现场响应、物资管理于一体的应急指挥平台，实现应急预警信息的快速发布、现场人员的即时响应与签到确认、防汛防台物资的调配与跟踪。数据分析与决策支持系统通过可视化报表与智能报告对监测数据、应急响应记录、历史灾害案例等进行深度挖掘与分析，揭示潜在规律与趋势，为系统优化与未来决策提供科学依据。

（四）可持续发展

1. 全自动运行线路牵引节能研究

为践行"节能降耗"生产理念，济南地铁针对 2 号线全自动运行电客车 FAM 驾驶模式和 AM 驾驶模式下牵引能耗偏高的问题，开展节能专项研究。经过大量的列车运行仿真分析和现场列车运行试验，确定增加巡航阶段惰行工况、减少牵引次数的优化方向，并对信号系统进行升级，优化 ATO 控车曲线，从而达到降低列车牵引能耗的目的。经验证，该线路车公里牵引能耗下降了约 10%，实现了较好的节能降耗效果。

2. 风水联动节能改造

为进一步挖掘运营节能潜力，厦门地铁在 1 号线、2 号线、3 号线实施了风水联动变频节能改造项目。不同于传统的 PID 控制，风水联动智能调节系统采用多变量协同和模拟预测控制技术，将系统控制参数协同动态优化，在保证环境舒适度的前提下按照实际制冷需求制定能耗最低的智能控制策略，使风、水系统高效耦合协作，避免因系统滞后性产生多余浪费，提高能源使用效率。经 2023 年厦门地铁实际运营数据测算，线网通风空调用电节能量约为 440 万千瓦时，节能率超过 25%。

3. 培育光伏新能源产业

2023 年 7 月，呼和浩特地铁 1 号线利用车辆段联合检修库屋顶建设分布式光伏，总装机规模 2.262MW，实现全额自发自用，2023 年下半年减少向地方供电公司购电约 220 万千瓦时。2024 年 5 月 10 日，2 号线塔利停车场"地铁+光伏"柔性光伏组件示范项目正式发电，共安装 2460 块 380Wp 单晶硅轻质柔性太阳能光伏板，装机容量 0.93 兆瓦，年发电量约 131.71 万千瓦时，可节约标准煤约 397.13 吨，每年可减少二氧化碳排放量约 1040.54 吨、二氧化硫排放量约 7.56 吨、氮氧化物排放量约 11.35 吨。目前白塔停车场、喇嘛营车辆段的光伏项目已建设完成，投产后预计每年可向地铁供电 1304.78 万千瓦时。

（五）科技奖励情况

2023 年，我国城市轨道交通行业获得多项省级、部级和社会力量设立的社会科技奖励，主要集中在互联互通、智能运维、运行安全等方面，具体如表 4 所示。

表4　2023年城市轨道交通运营领域科技奖励获奖情况

序号	项目名称	奖励名称	奖励级别	颁奖单位	第一获奖单位
1	轨道交通全自动列控系统互联互通的关键技术与装备产业化	上海市科技进步奖	二等奖	上海市人民政府	上海申通地铁集团有限公司
2	上海轨道交通车辆智能运维系统	城市轨道交通科技进步奖	特等奖	中国城市轨道交通协会	上海申通地铁集团有限公司
3	城市轨道交通在线灵活编组关键技术研究及应用	城市轨道交通科技进步奖	特等奖	中国城市轨道交通协会	上海申通地铁集团有限公司
4	磁悬浮直膨式地铁车站智能通风空调系统关键技术自主创新及应用	城市轨道交通科技进步奖	一等奖	中国城市轨道交通协会	洛阳市轨道交通集团有限责任公司
5	面向线网融合的多制式兼容型信号系统研制及应用	城市轨道交通科技进步奖	一等奖	中国城市轨道交通协会	长春市轨道交通集团有限公司
6	城市轨道交通地下基础设施运行安全综合监测关键技术及示范应用	城市轨道交通科技进步奖	一等奖	中国城市轨道交通协会	深圳市地铁集团有限公司
7	人机料法耦合的信号系统精准运维体系关键技术研究与应用	城市轨道交通科技进步奖	一等奖	中国城市轨道交通协会	南宁市轨道交通集团有限责任公司
8	动态客流需求驱动的城市轨道交通能耗精细化管控关键技术与应用	城市轨道交通科技进步奖	一等奖	中国城市轨道交通协会	北京交通大学
9	轨道交通综合开发空间协同决策支持关键技术研究及应用	城市轨道交通科技进步奖	一等奖	中国城市轨道交通协会	北京交通大学
10	基于大数据应用的城市轨道交通线网智慧电力调度系统	城市轨道交通科技进步奖	一等奖	中国城市轨道交通协会	南京地铁集团有限公司
11	面向全自动运行的城市轨道交通站-车通信系统智能化关键技术	中国交通运输协会科技进步奖	一等奖	中国交通运输协会	中国铁道科学研究院集团有限公司

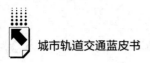

续表

序号	项目名称	奖励名称	奖励级别	颁奖单位	第一获奖单位
12	数据驱动的城市轨道交通实施效果与改造规划评估关键技术应用	中国交通运输协会科技进步奖	一等奖	中国交通运输协会	北京城建交通设计研究院有限公司
13	城轨交通视频压缩传输与智能分析关键技术研究	城市轨道交通科技进步奖	二等奖	中国城市轨道交通协会	北京交通大学
14	城市轨道交通通信系统运营管理智能化提升关键技术及示范应用	城市轨道交通科技进步奖	二等奖	中国城市轨道交通协会	北京市轨道交通建设管理有限公司
15	城市轨道交通太赫兹智慧安检系统装备自主化技术研究与应用	城市轨道交通科技进步奖	二等奖	中国城市轨道交通协会	广州地铁集团有限公司
16	智慧城轨与全自动运行系统关键技术及应用	城市轨道交通科技进步奖	二等奖	中国城市轨道交通协会	中铁第一勘察设计院集团有限公司
17	基于数字孪生的地铁保护区安全智慧管控技术研发与应用	城市轨道交通科技进步奖	二等奖	中国城市轨道交通协会	交通运输部科学研究院
18	城市轨道交通云边缘计算平台关键技术研究与示范应用	城市轨道交通科技进步奖	二等奖	中国城市轨道交通协会	北京和利时系统工程有限公司
19	新一代的智能调度和智能运行系统——"众合智飞"智能调度运行系统	城市轨道交通科技进步奖	二等奖	中国城市轨道交通协会	浙江众合科技股份有限公司
20	面向大客流的全自动线路运营组织及维护保障关键技术的应用与研究	城市轨道交通科技进步奖	二等奖	中国城市轨道交通协会	上海申通地铁集团有限公司
21	基于数据通信的轨道交通地下车站超高效低碳智能环控系统	城市轨道交通科技进步奖	二等奖	中国城市轨道交通协会	南京福加自动化科技有限公司
22	大规模复杂线网安检及票务融合技术创新与应用	城市轨道交通科技进步奖	二等奖	中国城市轨道交通协会	成都轨道交通集团有限公司
23	路域地下空区灾源绿色精准处置关键技术与应用	中国交通运输协会科学技术奖	二等奖	中国交通运输协会	山东大学

续表

序号	项目名称	奖励名称	奖励级别	颁奖单位	第一获奖单位
24	高安全高效能智能化城市轨道交通调度指挥系统研发与应用	中国交通运输协会科技进步奖	二等奖	中国交通运输协会	卡斯柯信号有限公司
25	复杂环境下城市轨道交通运营安全预警与应急处置关键技术及应用	中国交通运输协会科技进步奖	二等奖	中国交通运输协会	北京交通大学
26	新型机场旅客捷运运输控制系统关键技术研究与应用	中国智能交通协会科技进步奖	三等奖	中国智能交通协会	北京和利时系统工程有限公司
27	基于城轨云脑的智慧乘客出行服务关键技术研究与应用	中国智能交通协会科技进步奖	三等奖	中国智能交通协会	中国铁道科学研究院集团有限公司
28	基于 BIM 应用的轨道交通智慧运维与节能系统	中国智能交通协会科技进步奖	三等奖	中国智能交通协会	济南轨道交通集团有限公司

资料来源：根据各运营单位调研问卷反馈内容，以及中国城市轨道交通协会、中国智能交通协会、中国交通运输协会发布的科技奖励信息整理。

服务品牌创建篇

B.2
城市轨道交通运营服务面临的挑战与机遇

钱曙杰　梁君　丁波　胡溪　朱冰沁*

摘　要：　2023年，我国城市轨道交通运营服务质量呈现稳中有升态势。通过对调研问卷进行梳理，对基于文旅融合、站城融合、功能融合与业务融合，全面提升乘客便利度、体验度、感受度与响应度效果进行了分析。面对影响运营服务质量的众多不确定性挑战，对高速发展与运营服务主体内部短板进行了识别，提出了相应的建议。展望未来，数字化赋能仍然是城市轨道交通高质量发展的主线。以苏州轨道交通数字化转型为例，介绍了运营服务高质量发展探索方式，提出了全域重塑运营服务核心竞争力的相关举措，助

---

* 钱曙杰，教授级高级工程师，现任苏州市轨道交通集团党组成员、副总经理，苏州轨道交通运营有限公司党委副书记、总经理，主要从事城市轨道交通建设与运营管理工作；梁君，高级工程师，现任苏州轨道交通运营有限公司技术部（创新研究分院）总经理、科技创新研究院有限公司（科技创新中心）副总经理，主要从事城市轨道交通建设与运营管理工作；丁波，高级工程师，现任苏州轨道交通运营有限公司技术部（创新研究分院）高级主管，苏州苏合智行交通技术有限公司副总工程师、系统解决方案部经理，主要从事城市轨道交通数字化转型、智能化与信息化系统实施、管理与研究等相关工作；胡溪，高级工程师，现任上海申通地铁集团有限公司运营管理部副部长，主要从事轨道交通运营管理工作；朱冰沁，上海申通地铁集团有限公司运营管理部工程师，主要从事轨道交通运营管理工作。

力运营服务治理水平提升。

关键词： 城市轨道交通 运营服务 服务数字化转型

一 轨道交通行业运营服务特征与成果

2023 年，我国城市轨道交通运输总量、服务设备可靠度、乘客满意度、乘客体验感与获得感都呈现稳中有升的态势。创新服务举措、信息服务、服务交互、车站微社区建设也呈现深度融合的趋势。智能服务设施与智慧服务手段在乘客出行链中被广泛应用，人性化与差异化服务覆盖范围更加广泛，服务的便利化、舒适化与智能化水平得到全方位、多维度提升。

（一）城市轨道交通行业运营服务措施梳理及主要发现

车站作为城市综合性活动空间，功能正在被逐步重新定义。城市轨道交通主体单位，积极调整自身定位，强化链接，通过车站与周边城市融合，为后续客流向商流转化奠定基础。在旅游资源较多的城市，文旅融合实现了不同程度的自我突破。重塑后的空间与所在区域人员的需求匹配程度更高，多元化业务持续展开，在安全、体验、包容、多样化服务、绿色等方面将全面领先。

1. 推动文旅融合发展，提升出游便利度

通过对文化与旅游乘客需求的精准识别，有针对性地推出系列新举措，让出行者体验与出游便利性大幅提升。如天津、苏州、徐州、青岛、厦门、杭州、济南等城市推出了行李寄存服务。深圳推出"city walk"城市旅行卡片。重庆、苏州等城市向境外人员提供多元化支付服务。青岛在交通枢纽站推出"绿波畅达"系列服务，通过工作人员提前规划、安排人员接站、开放边门等措施，协助乘客以尽可能短的时间赶上乘坐的高铁或飞机。南京、苏州等城市推出彩虹便签条、出行无忧小贴士，让游客快速获得目的路线

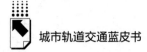
指引。苏州轨道交通面向国内旅客推出口袋书"乘着地铁游苏州·她的名字很江南";面向外国游客推出英文版出游秘籍,指引外籍游客观赏苏州古今风貌;与公交联合开行 20 条赏梅、扫墓等季节性专线。

2. 推动站城融合发展,提升车站体验度

车站因城市而繁,城市因车站而兴。通过融合发展,构建站城协同共生的"15 分钟生活圈"已成为各地车站发展的新标配。高可达性与可穿越性,已不再是车站的全部功能。在"源于交通,超越交通"基本理念下,构建"高复合、可逗留、更低碳、有韧性"的功能体,已成为站城融合发展的突破点。苏州、南宁、重庆、厦门、合肥、杭州、南通等城市,在车站设置纳凉区、读书角,供市民免费休息乘凉。通过免费进出本站服务,强化与周边人员(如环卫工人、交警、外卖员、游客等)共享站内资源;在站厅醒目位置增设"会合点"标识,推动城市轨道交通车站与城市区域功能深度融合。

积极发挥"窗口效应",完善城市功能与空间布局,构建基层治理新格局,已成为新时代城市基层治理能力提升与高质量发展的基石。在青岛董家口火车站推出系列"蔬"送服务:在安检点设置"蔬"送通道,安检人员使用手持探测仪对菜农及其携带菜品进行安全检查,方便菜农通行,打通菜农出行的"最后一公里"。针对车站出入口出行环境,广州市交通局和广州地铁集团共建三级联动治理机制,制定《地铁口周边环境治理评价标准》。从四人小组响应度、停放秩序、停车区域设置、禁停区域设置、影响时长五个维度对违停、违放、围站等现象进行量化。

3. 推动功能融合发展,提升乘客感受度

车站不再只是提供单一运营功能的"孤岛"。众多颠覆性的技术和多元化乘客需求正在加速车站的变革。未来,车站既是集工作、生活、文化于一体的空间,更是高密度人群环境下的一种生活方式。提升乘客感受度,正在成为车站运营模式转变的加速器。为适应不同类型乘客的需求变化,正在对车站价值链进行重塑,车厢分区调温、特殊节日延长运营时间、改善卫生间服务质量、增加无障碍设施、扩大母婴室覆盖范围等几乎成为行业标配。通

过客流特征分析，适时优化换乘与交路。在提升特殊乘客应急响应方面，各城市还在主动扩大自动体外除颤仪（简称"AED"）覆盖范围。苏州、杭州（一线站务人员应急救护员持证率达100%）已实现所有车站全覆盖，南宁覆盖率约为86%；北京太平桥站，通过客流特征驱动电扶梯方向的主动改变，大幅减少排队等待时间；石家庄联合肯德基品牌推出便民早餐；杭州推出了盲文版《盲人乘坐指导手册》；南京推出了手语服务，增配了盲人引导棍；厦门、南通、苏州、天津等城市通过引入自助借还爱心雨伞，在解决乘客出行困难的同时，实现对城市轨道交通服务品牌认同的增强；广州通过"全程为你"和"全龄友好"强化出行空间打造，仅2023年就对7个站便民坡道进行了改造，调整了73个站190张座椅，在18个站新增43张座椅，在天河公园等3个站营造"全龄友好示范站""儿童友好出行空间"。推广"无陪暖心服务"，推出老年人特殊线路图，推广专用电梯优先使用标识等多项界面创新应用。①

4. 推动业务融合发展，提升服务响应度

毫无疑问，提升服务软实力就是实现城市轨道交通突破发展的关键因素。优化线上服务，强化主动服务，是未来高质量发展的核心。在苏州、天津、沈阳等城市，乘客可以通过网上、电话或App等途径预约"一对一"的个性化主动服务，强化"被需求"者的价值可感知；在宁波，同一手机号不同渠道的交易系统将进行智能匹配，从源头上规避不同渠道混合支付造成的投诉；在苏州、南京、成都等城市，可使用碳积分兑换乘车票服务。各城市结合实际情况，对退役军人、抚恤对象、无偿献血或捐献干细胞人群等定向人群，开通免费乘车服务或优惠乘车特殊渠道。部分城市在枢纽车站，通过增强一体化智能导向或强化导向的识别性和延伸性，大幅提升换乘通畅度。

（二）运营服务品牌 IP 化建设情况

随着我国城市轨道交通从高速增长向高质量发展转变，乘客出行需求

---

① 《广州地铁"友好"升级》，https：//ep.ycwb.com/epaper/xkb/resfile/2023 - 10 - 31/A06/xkb20231031A06.pdf。

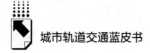

和特征分化、通行距离增长、持续提升乘客感受与确保城市轨道交通可持续发展等新挑战接踵而来。在此背景下，城市轨道交通企业纷纷谋划变革，这不仅是为了提升服务品牌的核心竞争力，更是为了寻找新的增长途径。

IP 与品牌是两个不同的初始概念，但因互联网发展，两者紧密相连。品牌 IP 化的本质就是借鉴商业 IP 的运营思路，将品牌营销中所有的传播手段、信息载体、内部进行改造，建立特定的视觉形象（人物角色或形象），形成可持续的经营内容产品。传统城市轨道交通与乘客的体验接触点都在线下。传统运营服务品牌建设已取得一定的成果。如西安提出的"Ai 畅行"、杭州创立的"彩虹"、福州打造的"茉莉"、苏州围绕"江南雅韵、精致服务"构建的"1+N"多元化品牌，在所在城市均获得了良好的认同度。

要全面提升乘客体验，就需要强化新的关系连接，重构线上、线下融合的交互空间。调研显示，我国运营服务品牌 IP 化尚处于起步阶段，约有12%的企业已经推出跨界文创产品；约24%的企业在运营服务阶段或主题营销活动中引入 IP 品牌，提升辨识度和美誉度；约36%的企业计划在未来三年内让自己的 IP 品牌与文创产品或服务深度融合。从调研结果来看，细分客户、推动品牌文创产品化、构建更多的服务触点、推动跨界营销深度整合已经成为服务品牌升级转型的前奏。

通过运营服务品牌 IP 化，除了提升知名度和影响力之外，还强化了轨道交通企业与乘客（消费者）之间构建联通的桥梁。IP 化品牌向乘客提供了更多精神依附，实现了情感共鸣，持续提升乘客黏性。让 IP 自带流量、自带话题，赢得越来越多的粉丝和商业变现能力。部分已采取行动的城市已取得一定的成绩。如洛阳将运营服务 IP 化融入对外宣传内容，在牡丹文化节推出了专属的文旅手卡；无锡推出了福宝玩偶，并与艺术家、企业等联合发售联名票卡和纪念日票卡，通过"纵贯经纬"品牌，持续将艺术与商业、艺术与科技、艺术与文化融合，在无形中传递了地铁文化的魅力，不仅在社会上获得了积极的反响，也取得了显著的经济效益，为地铁文化的传播与商业价值的挖掘开辟了新的途径；南通已推出多款 IP 形象化的毛绒玩具及手办；呼和浩特推出的小青马"飞飞"，已增加非票务收入 300 万元左右。

二 轨道交通运营服务发展趋势与相关影响要素

多元融合是城市轨道交通高质量服务发展的基本趋势。确保每一位乘客或消费者的需求都能得到快速、高质量满足，并收获一份跨时空的最佳体验，同时为城市轨道交通企业带来更高价值的回报，还只是一种愿景。只有让更多内容服务商参与到乘客服务链中，才能发挥平台的作用，利用乘客需求引导城市轨道交通行业服务发展。

推动城市轨道交通与城市形成相互融合、相互驱动的发展关系，构建以出行场景为平台、以出行服务为内核、能够满足乘客需求的"运输服务+出行产品"生态承载体是城市轨道交通高质量发展的必然趋势。

建议所有城市轨道交通业主单位，谨慎审视传统的票务收入+政府补贴的发展模式。应尽快告别传统、高度同质化、挤压式转型，而转向培育和发展新业态、新动能、新优势的新模式，加速构建与新质生产力相适应的发展新体系。企业利润水平与乘客服务质量之间有着必然的关系。当城市轨道交通进入公共交通默认首选阶段后，就应更多地考虑如何将城市"流量"转为轨道交通"留量"。

要实现高质量、超值的运营服务与发展，还必须回归乘客体验与关注点，并持续提升企业利润。应以平台为引擎、以数据为驱动，通过优质资源不断整合衍生出新业务，打造出一个边界开放、共生共融的服务新生态。随着时间的推移、多要素的持续叠加，各个城市轨道交通业主间在创新服务模式与乘客认同度上的差距将会逐步拉大。结合各城市轨道交通企业调研报告，对运营服务特征进行精准识别，对面临的挑战进行研判，是谋划未来高质量服务发展的基础性工作。

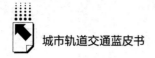

（一）高速发展下的运营短板正在逐步暴露

在过去运营里程高速增长时期，运营服务发展总体呈现老线硬件环境差、新线基础硬件好、旅行舒适度伴随线路客流特征差异大、仅能满足运输单一需求、差异化需求不被重视等特征。随着新线建设速度的放缓、运营补贴不确定性程度的提高，高速扩张期的短板正在逐步暴露。

1. 运营主体定位与服务边界模糊

当前，我国城市轨道交通运营服务公益性与市场化服务边界不清，主体性质认定的标准不一，这导致运营服务的范围、定价、投资、能源消耗类型与收益关系等不清。轨道交通在提供运输服务的同时，还承担着重大的公益责任和社会责任，但用电被划归到"一般工商业用电"。当城市轨道交通微利运营，电力、人工成本支出项与市场同步改变幅度调整而自身票务定价或指导价不能与市场同步调整，这将直接导致"收不抵支"的财务危机。各运营主体需要在社会责任、独立法人财务、可持续发展、环境与员工等多要素之间寻求平衡点。各个城市运营主体单位也只能因地制宜提出短期方案。

局部针对性服务增强的内容、产品与乘客需求、期望及体验之间还存在较大的差距。建议各个城市运营主体单位与相关主管部门之间建立更为广泛的沟通机制。以政府统计的数据为基础，对运营"生产力因素"进行更加透明、客观、公开的评估，形成与利润挂钩的发展机制。如香港地铁"服务表现回馈"账户累计满 2500 万港元时，将于特定周末安排一天"答谢日"回馈乘客；单一事故直接累计满 5000 万港元，还将安排特定的周六、周日连续两天的"答谢日"回馈。[①]

2. 建设与改造过度依赖单一投资

当前城市轨道交通建设与运营改造过度依赖单一投资渠道，运营财务可持续风险偏大。在城市轨道交通高速投资期，城市轨道交通属于重点投资领

---

① 《二○二三年港铁票价调整机制的检讨结果》，https：//www.tlb.gov.hk/sc/psp/pressreleases/transport/2023/20230321b.html。

域，资金来源充分，部分运营增强的内容可以利用建设资金做到短暂的再平衡。一旦出现传统的投资主体无法提供足够的保障资金，就会对后续服务水平再提升形成制约，这将直接导致设备可靠性或乘车体验性的降低。

为了应对城市轨道交通行业对跨康波周期能力不足的难题，建议各个城市运营主体单位有序推动融资模式拓展创新，适度探索不动产投资信托基金（Real Estate Investment Trusts，REITs）应用试点，提升资产流动性。主管部门统筹考虑，因地制宜引入不同类型战略伙伴，强化关联投资与协同增长；持续优化运营单位内部组织结构，适度构建或培育混改公司，反哺运营主业。

（二）运营服务主体内部能力短板正在被放大

传统的运营管理模式相对封闭，更强调半军事化管理与标准的执行能力，在外部特征变化不大时，对运营业务能力、管理能力与战略保障能力要求不高。面对客流规模、乘客特征与需求的快速变化，其与运营服务主体不具备大规模快速响应之间的矛盾，正在被高质量的服务体验诉求所放大。

1. 运输组织能力与运输韧性还有待提升

客流特征是城市活力的体现。当前城市轨道交通运输组织一般都依据时段断面客流预测，合理安排一定数量列车，按照固定的交路，间隔均匀循环运行。为了规避城市活动或突发事件造成的客流特征剧烈变化，必然需要确保一定数量的列车在线运营。既要降低无效运营带来的成本支出，又要规避运输秩序可能出现的紊乱情况，这对现在的运输组织提出了很高的要求。本质上这种有计划服务与无计划需求之间的矛盾，需要运营主体具备更科学、更灵活的组织能力。乘客出行更安全、更舒适与更节约化的成本支出间无最优解是脆弱性的表现之一。

在从服务经济向体验经济转变的今天，通过提升运输组织韧性来提升乘客获得感、满意度与收获丰富且难忘的体验是关键。建议各个城市轨道交通运营主体单位适度加强数字化基础设施建设，在数据管理、体验度量、洞察

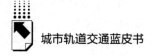

分析、业务改进等相关领域进行专项攻关，逐步构建符合所在城市客流特征的运输体验管理模型。

2. 营销服务能力与需求响应速度还有待提升

乘客结构与需求每天都发生或多或少的变化。将有限的资源有效分布到各服务末端非常艰巨。在不确定的环境下，运营主体要确保服务资源与乘客需求始终保持一致，并针对这些变化作出快速或成规模的响应，对整个行业都是挑战。首先，高质量的城市轨道交通服务体系建设不仅非常复杂，还需要很长周期。服务企业在经营中可利用的生产能力相对固定，受限于自身能力与需求波动，针对平衡点快速作出决策。一旦决策与预测耦合性不强，就会形成资源的错配。其次，适老化服务、国际化服务、旅行者服务与传统车站建设目标和定位存在巨大差异。"重运输服务、轻用户感受，重规模扩张、轻乘客需求"的无差异化、粗放式管理与精细化管理、个性化服务在经营管理理念上也存在巨大的鸿沟。

建议各个城市轨道交通运营主体单位推动自身结构与产业优化升级，构建起现代服务业体系。在商业模式、服务方式和管理方法上寻求突破，提升服务供给效率。逐步将多层级管理结构，深化为以区域协同为主的扁平化服务体系。贴近现实的乘客需求，末端服务资源向重点车站倾斜，在区域站设置备班驻点。充分发挥区域资源快速响应优势，构建动态运营资源调度策略，让供给能力适应快速变化的需求，从而形成新的服务响应平衡点。

三 中国城市轨道交通运营未来服务高质量发展道路

服务质量与范围的变迁，就是时代发展与变化的缩影。今天的中国，综合国力持续跃升，内生动力更加强劲，发展活力更为充沛。特别是新质生产力的快速发展也为城市轨道交通可持续高质量发展带来了新的机遇与挑战。面对新一轮科技革命与产业变革，应把握时代发展大势，抓住历史变革时机，破除传统约束，激发创造热情。

面对运营服务发展新征程，只有再扬帆，才能打开发展新天地。

（一）推动运营服务数字化转型的驱动因素

2023 年 9 月，习近平总书记在黑龙江考察调研期间提到"新质生产力，[①] 并强调，要整合科技创新资源，引领发展战略性新兴产业和未来产业，加快形成新质生产力。2023 年 12 月召开的中央经济工作会议也明确提出，要以科技创新推动产业创新，特别是以颠覆性技术和前沿技术催生新产业、新模式、新动能，发展新质生产力。

当前形势已经发生巨大的变化，推动运营服务数字化转型已成为构建新发展格局的一部分。当前谁能抓住发展主动权，未来谁就有可能成为新标杆。改革开放能取得巨大成就，原因就在于通过不断调整生产关系激发社会生产力发展活力，通过不断完善上层建筑适应经济基础发展要求。新征程需要进一步解放思想、解放和增强社会活力，正确认识：创新是主导作用，摆脱传统经济增长方式、生产力发展路径，具有高科技、高效能、高质量特征，符合新发展的先进生产力质态；由技术革命性突破、生产要素创新性配置、产业深度转型升级而催生；以全要素生产率大幅提升为核心标志，特点是创新，关键在质优，本质是先进生产力；以劳动者、劳动资料、劳动对象及其优化组合的跃升为基本内涵；[②] 科技创新能够催生新产业、新模式、新动能，是发展新质生产力的核心要素；发展新质生产力，必须进一步全面深化改革，形成与之相适应的新型生产关系。

1.国家层面

2022 年 1 月，国务院印发《"十四五"数字经济发展规划》，明确了"十四五"期间推动数字经济健康发展的指导思想、基本原则、发展目标、重点任务和保障措施。强调有序推进基础设施智能升级。稳步构建智能高效

[①] 《习近平主持召开新时代推动东北全面振兴座谈会强调牢牢把握东北的重要使命奋力谱写东北全面振兴新篇章》，《人民日报》2023 年 9 月 10 日；《习近平在黑龙江考察时强调 牢牢把握在国家发展大局中的战略定位 奋力开创黑龙江高质量发展新局面》，《人民日报》2023 年 9 月 9 日。

[②] 《习近平在中共中央政治局第十一次集体学习时强调加快发展新质生产力扎实推进高质量发展》，《人民日报》2024 年 2 月 2 日。

的融合基础设施，提升基础设施网络化、智能化、服务化、协同化水平。加快推进能源、交通运输、水利、物流、环保等领域基础设施数字化改造。推动新型城市基础设施建设，提升市政公用设施和建筑智能化水平。构建先进普惠、智能协同的生活服务数字化融合设施。在基础设施智能升级过程中，充分满足老年人等群体的特殊需求，打造智慧共享、和睦共治的新型数字生活环境。

2023 年 5 月，中国社会科学院财经战略研究院发布《平台社会经济价值研究报告》，深入分析了互联网平台在助力服务业数字化中对挖掘内需市场、拉动消费的带动作用。首次提出"中国式服务业数字化"理论概念及实践路径，在强调商家、服务商、平台、消费者四方共创模式，重视互联网平台助推器作用的同时，还呼吁市场推出更多"普惠型"数字化解决方案，以弥合商家在数字化领域的"新型数字鸿沟"。该报告认为，互联网平台已经成为服务消费的基础设施和内需增长的重要支撑，通过发挥链接效应、信任效应、赋能效应和创新效应，平台可以促成商家与消费者供需双方之间的高效循环，以杠杆效应持续带动消费。

2023 年 12 月，商务部等 12 部门联合印发《关于加快生活服务数字化赋能的指导意见》，围绕丰富应用场景、补齐发展短板等 5 个方面提出 19 项具体任务举措，指导推进生活服务业数字化转型升级，实现高质量发展。

2. 行业层面

2020 年 3 月，中国城市轨道交通协会发布了《中国城市轨道交通智慧城轨发展纲要》，在智慧乘客服务方向提出了 2025 年目标：智能售检票的实名制乘车、生物识别、无感支付、语音购票等普遍采用，各城市间乘车畅行无阻，智能票、检合一的新模式普遍应用；智慧车站的自动开关站、语音问询、信息服务、动态引导、环境调控等服务功能齐全；智能列车的信息服务温馨实用，个性化需求多样完善；紧急情况下智能管理、引导与应急疏散客流，乘客服务安全有序；智能线网运力服务精准匹配、安全、快捷、高效。

2022 年 8 月，中国城市轨道交通协会发布了《中国城市轨道交通绿色城轨发展行动方案》，明确提出分三步走。第一步：2025 年，城轨交通绿色转型初见成效，初步建立绿色低碳发展体系，成为全国绿色交通先行官。第二步：2030 年，城轨交通绿色转型取得显著成效，基本建成绿色低碳发展体系，碳排放强度持续下降，碳排放总量经平台期稳中有降，绿色城轨初步建成，跻身世界先进行列。第三步：2060 年，全面完成城轨交通绿色转型，全面建成绿色低碳发展体系，全行业实现碳中和，高水平建成近零排放的绿色城轨，成为全球绿色交通引领者。

2024 年 6 月，中国城市轨道交通协会发布了《中国城市轨道交通多元融合发展指南》，明确提出以下内容，第一阶段（至 2030 年），初步建立城轨交通多元融合发展体系。九元融合工作全面展开，新建线融合度指数均有提升，乘客反映强烈的断点、堵点、绕点和糟心点明显减少，一批融合示范项目建成，一批地方政府和企业制定实施各自的《融合城轨发展行动方案》；城轨交通效能评价全面展开，5 个可持续发展均有所突破。第二阶段（至 2035 年），全面建成城轨交通多元融合发展体系。城轨与各类交通方式、新型基础设施实现功能上的深度融合，网络韧性与通达性大幅提升，服务大城市能级和乘客满意度明显提升。九元融合的融合度指数有显著提升，5 个可持续发展形成成熟、良性的新发展模式。

3. 地方层面

地方政府的认识与管理水平决定了城市公共服务质量与治理水平。随着国家数字经济战略与布局的逐步深化，各地区都在积极整合资源形成合力，以切实可行的政策措施推动协同发展。借助数字基础体系建设，优化城市公共服务模式，改善人民生活质量，已经成为公共服务发展的重要推动力。部分领先城市已出台相关政策，从体系上对组织方式、数字服务建设标准、服务能力、责任主体及瓶颈进行了规范。试图通过一系列的手段，持续推动产业数字化和数字产业化发展。如上海发布了《上海交通数字化转型实施意见》，制定了交通数字化转型顶层设计规划，并对"上海交通数字化转型架构体系"进行了明确（见图 1）。

4. 企业层面

企业是城市轨道交通高质量服务提供的主体。通过主动公开战略发展规

图 1　上海交通数字化转型架构体系

资料来源:《上海交通数字化转型实施意见（2024—2026 年）》。

划,打破企业内部框架,推动各层级、各部门融合创新,进一步强化服务高质量发展与行动的执行力。

2020 年 11 月,北京地铁发布了《首都智慧地铁发展白皮书（2020版）》。用"探路、拓路、引路"等篇章分别描绘了首都智慧地铁发展背景与新时代使命、开拓新时代首都地铁运营新模式的目标与设计规划、引领轨道交通行业高质量发展的路径与阶段任务等,并构建了首都智慧地铁高质量发展指标体系、应用场景及保障体系。

2020 年,上海申通地铁集团发布了《上海智慧地铁建设与发展纲要》,提出"以集团实施新一轮企业转型发展战略为导向,对标国际最高标准、最高水平,全面推进国内领先、国际一流智慧地铁建设"。推动地铁运营管理手段由"人工+传统装备模式"向"智能感知+智慧联动"转变、管理模式由"业务驱动"向"数据驱动"转变、服务模式由"单一乘车模式"向"多样化生态体验"转变,实现世界同行领先的超大规模地铁网络运营建设管理新模式。2021 年，上海申通地铁集团有限公司发布了《数字化转型发展实施意见》，明确了集团数字化转型发展的基本原则、行动路线，制定了七大类 19 项数字化转型任务，发布了《集团数字化转型实施的三年行动规划》。

2019 年 8 月，广州地铁集团发布了《新时代城市轨道交通创新与发展》白皮书，构建"1+6"的新时代轨道交通架构体系，即 1 个智慧平台、6 项关键技术，涵盖客运服务、用能配置、车站管理、设备运维、安防系统和绿色环保 6 个方面。2019 年，广州地铁集团与腾讯公司启动战略合作，共建穗腾联合实验室，联合打造可迭代升级的轨道交通智慧操作系统——穗腾OS。同年 9 月，穗腾 OS 1.0 在广州地铁广州塔站正式发布并应用。2021 年9 月，广州地铁集团与腾讯公司又联合发布了穗腾 OS 2.0，并在广州地铁18 号线、22 号线上线运营。2023 年 1 月，集团出台了《集团公司数字化转型发展三年行动计划（2023—2025 年）》。

深铁集团自 2020 年开始，编制完成《数字化转型规划》《中长期科技创新规划》《"十四五"科技创新规划》等系列顶层指导方案以及配套科技管理制度。《数字化转型规划》锚定建设世界一流地铁发展目标，明确了深铁集团数字化转型发展的基本原则、行动路线，制定了五大类 105 项数字化转型任务。计划到 2035 年，全面实现数字化转型，建成"智慧地铁"，引领城轨行业智慧化建设，实现规模化的行业数字经济发展，形成产业链生态价值共创，助力深圳打造具有全球影响力的国际数字之都。

2018 年 10 月，重庆轨道集团启动了《轨道集团智慧轨道信息化规划》项目，并于 2019 年通过专家评审会会评审。《轨道集团智慧轨道信息化规划》通过深入研究重庆轨道交通智慧轨道战略与业务目标，明确适应的智慧轨道IT 发展战略，借鉴行业先进经验，在传统信息化的基础上结合人工智能、大数据、云计算、物联网、区块链等 IT 新技术，提出的具有重庆轨道交通特色的智慧管控、智慧建设、智慧运营、智慧经营等方面的管理规划，推动智慧轨道交通建设，意味着重庆智慧轨道建设工作正式进入试点实施阶段。2020 年 8 月，"5G+智慧轨道交通联合创新实验室"在重庆揭牌，标志着重

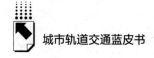

庆轨道交通向 5G 时代跨出重要一步。

2021 年 4 月，宁波市轨道交通集团发布了《宁波轨道交通智慧城轨顶层设计规划》，明确在宁波地铁第三期建设规划中进行全面落实和推进。依照 "1-3-5-8-N" 智慧城轨发展蓝图，通过搭建 1 个宁波轨道交通云平台，创建智慧乘客服务、智能能源系统、智能列车运行等八大体系，实现 N 个智慧化应用，统筹推进新兴信息技术与轨道交通业务的深度融合。2023 年 5 月，宁波发布了《宁波轨道交通绿色城轨发展行动方案》，明确了建设绿色城轨的目标任务、行动方针。以绿色可持续、高质量发展为引领，方案描画了一张 "1-6-6-1" 蓝图，即系统性地探索提出了一条具有本地特色的绿色发展路线，重点实施绿色规划引领行动、绿色节能降碳行动、绿色出行提升行动、能源结构优化行动、绿色产业转型行动、绿色示范创建行动六大绿色城轨行动，打造一个 "云、数、网、安、标" 支撑平台，加快建设全生命周期绿色低碳发展体系，全方位推动宁波全域轨道交通绿色、低碳、高质量发展。

2021 年 8 月，西安轨道交通集团发布了《西安智慧城轨发展纲要（2021—2035 年）》。以城轨建设、运营单位的四大核心业务为导向，通过新兴信息技术的研究与应用，构建 "12411" 智慧城轨体系架构，打造基于先进技术赋能的轨道交通新模式。"12411" 体系架构用一张西安智慧城轨发展蓝图覆盖区域内全部智慧城轨系统，以云平台、大数据平台两个平台为支撑底座，承载智慧服务、智能运行、智能运维、智慧管理四大核心业务，建立标准体系、网络安全体系，实现各业务的全息感知、互联融合、智能诊断及主动决策，提升服务水平、提高运行效率、降低运营成本、提升管理效能，形成安全、便捷、高效、绿色、经济的新一代智慧城轨体系。2022 年发布了《运营分公司 "十四五" 规划（2021—2025 年）分解计划》。

2021 年 12 月，无锡地铁集团发布了《无锡智慧地铁实施规划》。结合无锡地铁自身实际，以总体性、一体化、协同性为原则，围绕八大模块，编制了具有无锡地铁特色的智慧地铁规划纲领性文件。

2022 年 9 月，苏州市轨道交通集团发布了《苏州市轨道交通集团有限公司智慧城轨创新发展规划》，提出围绕"可持续发展"这个核心问题，推动从传统生产方式向数字化生产方式转变；从单一建设运营开发向城市多元化经营和产业转变，促进轨道交通建设、运营、服务一体化，努力打造更多具有苏州特色的创新型应用，让市民体验到智慧化所带来的科技感和便利感，让苏州市轨道交通集团成为苏州市数字化转型领军企业。发布了《苏州市轨道交通集团数字化转型三年行动方案（2023—2025）》。

2023 年 1 月，南京地铁正式发布《南京地铁绿色城轨发展行动方案》，提出"1-6-5-1"绿色发展蓝图。以协会绿色城轨发展"六大行动"为指引，因地制宜地提出南京地铁"绿色规划引领行动、绿色建造创建行动、绿色运营提升行动、绿色产业发展行动、绿色示范应用行动和全面绿色转型行动"六大行动，并细化为 23 个子项，共 136 个具体实施措施。

2023 年 7 月，青岛地铁集团发布了《青岛地铁数字化转型总体规划》及《青岛市城市轨道交通智慧城轨顶层规划》，成为国内轨道交通行业率先在全域系统开展数字化转型和智慧城轨建设工作的企业。

2023 年 8 月，成都轨道集团发布《绿色城轨发展行动方案》，2023 年 9 月发布了《成都轨道交通集团有限公司数智化发展顶层规划》，标志着成都轨道交通全面开启科技引领、绿智赋能新阶段。

2023 年 8 月，徐州地铁集团发布《徐州地铁绿色城轨行动发展行动方案》。以技术创新、智慧赋能为手段，在优化管理举措、落实创新技术、提高清洁能源应用水平等方面统筹规划和布局，构建具有徐州地铁特色的"1-6-6-1"绿色城轨行动框架，即一张徐州地铁绿色城轨发展蓝图，六大绿色城轨发展行动，六项实施保障措施，一批绿色城轨示范工程。

（二）数字时代全域可持续经营带来的新机遇与新挑战

数字时代的乘客，更多关注城市轨道交通运营所能提供的服务内容、价值、体验与更新力度。这要求城市轨道交通服务始终秉承"以终为始、以行为知"的理念，进行更多跨部门、跨领域的协同与共创，构建一个具备多样性、丰富性与高匹配度的复杂生态系统。以数字为载体的新时代所推动的改革是全方位、深层次、根本性的，所取得的成绩也必将是历史性、革命性、开创性的。以轨道交通运输为基础，最大限度地发挥轨道交通自身的天然优势，主动延伸商业价值链为乘客创造价值，推动管理和经营过程要素的重构。这种转型背后是基于科技革新与经济革新的双重驱动，一方面需要充分实现以用户为中心，洞察并满足真实需求；另一方面需要从单一运输服务转型为公益与经营相融合的可持续和高质量发展的新模式。城市轨道交通服务数字化转型已经成为未来发展的必由之路，既面临诸多挑战，也蕴藏着前所未有的巨大机遇。其结果对城市轨道交通服务未来的发展影响深远。

1. 数字化转型过程中的新机遇

加快形成新质生产力是城市轨道交通数字时代发展的主要抓手。从发展环境角度来看，应与政府出台的相关扶持政策进行匹配。从技术赋能角度来看，高质量与可持续发展转型期的新机遇就是打破时空与产业的界限，让数据自由穿越、流动和交互，确保人、业务、组织、服务和产品处于最佳状态，打造一个数据与业务全耦合的发展新模式，这将全面促进业务、管理与战略保障能力的提升。

通过客户体验的改善、服务效率的提升、管理成本的有效控制、决策指标的高度透明与新市场的扩展，提升综合业务能力。通过精准把握乘客与伙伴的真实需求和优化客户旅程与人、车、站资源，提升客户满意度，减少乘客投诉，减少预期落差，缩短交易及各种等待时间。通过各种数字化手段，在各节点上结合战略逐步落实在线化、智能化、自动化，基于数据驱动，实现业务、监管与风险的自动识别与高效运作。让成本控制更加精准，在减排、资源集约化与人力资源效率等多方面有显著体现，确保生态链、供应链与多组织间始终处于最佳状态，且具有韧性。通过算法与数据更广泛与深入地应用，将全方位提升组织、业务与效率的质量，从而确保为组织发展提供更加明确的调整方向。优化并完善产品、服务与出行方案，针对不同类型的客户持续推出相应的增值服务。通过新的数字化产品方案，持续强化核心竞争力，并确保企业具备数字化收入增长的能力。

通过基础架构的全面升级与数字资产的积累，推动组织管理能力的提升。有明确的技术路线图（含云原生、微服务、敏捷迭代等）和确保新技术被广泛使用的管理机制，实现集团与生态链中的各参与方灵活、高效进行协同，可有效应对未来业务中的不确定性需求。在数字化转型过程中，沉淀的数据与资产不仅提升了企业的数字化能力，还形成了未来创新与发展的"护城河"，为业务能力的提升奠定了坚实的基础。

通过数字化人才队伍与治理体系的建设，实现战略保障能力提升。构建一支具备数字化技能与经验的人才队伍，提供人才保障，确保转型项目的顺利实施。构建高效的治理体系，有明确的职责、权限与高效的沟通协作机制，以及项目管理与质量管理流程，有效推动转型的深入实施。

2. 数字化转型过程中的新挑战

由于历史或自身条件的限制，城市轨道交通在数字化转型过程中仍会持续暴露一些短板或问题。从宏观角度来看，除资金、技术、人才外，以客户触点数据整合为前提，构建更加全面、高效、创新与实时的服务和产品融合体系注定充满挑战。在单一运输服务领域中表现为增本增效、提升用户体验、降低运营风险与提升信息安全水平；在公益性与经营性平衡领域中表现为商业模式创新、业务模式创新、生态协作创新与数字资产创新。多层次挑战中首先需要面对的就是，确保各个业务体系之间都能形成系统化的协同关系，这样才能为每位乘客都打造一个高质量的全域体验"时空体"。其次是如何通过实时反馈确保每位乘客的个性化体验，这样才能实现客流与商流之间的转化。最后是如何重视隐私保护、信息安全与算法透明度。从微观角度来看，转型已经进入深水区，需要面对的是：如何开辟共商、共建、共享的新路径，提升组织能力、工具能力、运营能力、数据能力，增强内容能力、流量能力、场景能力与产品能力。

提升组织能力，是通过数字化团队的打造，提升业务、流程与技术的融合能力，通过绩效导向加数字化能力共享中心（含柔性组织与虚拟组织等）提升协调效率，基于业务创新与能力分层推动乘客旅程体验提升。

提升工具能力，是通过强化数字底座建设，推动工具与系统在所在环节的深度应用，通过场景化、系统化、全域与内容赋能，促进线上与线下、公

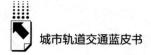

域与私域、品牌与渠道、产品与服务相互结合，变被动为主动，实现"运输服务+共创+场景+体验"的新范式。

提升运营能力，是通过提升数字化能力和数据驱动，实现运营与业务变革，达成效益增长的目标。通过数据脱敏，形成数据资产与产品；通过数据交易，实现数字收益。

提升数据能力，是通过数据治理与服务强化，将数据转化为洞察力，形成高效服务，提升数字化体验感受，最终实现价值变现。

增强内容能力，是通过强化产品与服务信息的表达能力，如通过故事性、人格化、仪式化等的内容博得更多乘客关注，以润物细无声的方式，把产品、品牌信息传递给乘客，催生传播裂变，抢占客户心智。

增强流量能力，是通过强化客流营造与转换能力，除了提升运输服务与文创产品价值和好的内容吸引客流外，在算法驱动下的精准流量机制和高效转化策略帮助品牌撬动自然流量。

增强场景能力，是通过强化场景制造与需求制造能力所塑造的场景足以带动产品或放大服务的价值，唤醒潜在的需求。

增强产品能力，是通过强化各类新元素融合能力，切中消费需求，催生具有记忆性、有明确差异化的产品和服务特征。能形成最佳体验，让乘客收获"物有所值"的价值感知，从而提升口碑、品牌价值与复购率。

（三）重塑运营服务核心竞争力新举措

加快构建新发展格局，坚持融合引领实践创新，这样才能确保从"跟随时代"转换到"引领时代"，不断提升人民群众的获得感、幸福感、安全感。重塑运营服务核心竞争力的本质是充分发挥新技术赋能的价值，始终确保乘客收获拥有良好记忆的体验。未来所有的服务都将紧密围绕乘客视觉、听觉、味觉、触觉和时间，将旅程中的要素、交互点与核心指标连接起来，在尊重个体差异、畅通投诉渠道、优化情绪的前提下，逐步将车站打造为"生活体验中心"，最终实现生态链（含乘客、员工及供应商等利益相关方）的利益平衡。随着数字化转型的深入，部分运营服务体系领先者将呈现全新的数字化特征，即服务产品数字化、生产组织方式数字化、管理范式数字化与商业模式数字化。

图 2　重塑数字化车站，打造基于最佳体验的全域时空体

重塑运营服务核心竞争力，从外部服务提升角度来看，首要的就是提升对乘客损失的感知，将旅程作为基础性服务平台，通过服务设计与数据驱动，让 O 点到 D 点的旅程更加友好、轻松、便捷，营造出与乘客内心共鸣的综合体验，实现更多个性化消费匹配，将经济产出较高与体验价值最佳的产品或服务提供给客户，确保不同类型的乘客均可获得最佳体验。重塑运营服务核心竞争力，从内部转型升级角度来看就是要实现技术赋能、组织赋能、创新赋能，推动从运营向经营转变、从重资产向重技术转变。打造基于全连接的集约化、高效数字底座，实现对全域业务提供高韧性、快响应、多维度的有效支撑。

提升数字化运营服务核心竞争力，应在治理上下大功夫，这包括业务运营能力、数据运营能力与技术运营能力的全面提升。通过高频交互场景打造，确保各类乘客在各埋点上特征的有效收集。通过绿智联动，营造出一个舒适、低碳、安全的旅行时空。通过商业模式创新，向不同类型的乘客提供更加个性化的优质内容，从而收获价值认同。利用多维数据提升不同类型乘客的个性化匹配程度，增强高频场景与低频交易之间的联动，从而在收获乘客满意度的同时提升收益率。通过各类活动的策划，进一步提升乘客活跃度，在供需、销售、宣传等多维度上实现突破，并从存量中孵化出新的增量。

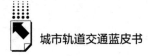

数字世界是物理世界的压缩。提升数字化运营服务核心竞争力的本质需在创新上积极寻求破局，这包括运营组织模式、管理组织模式与商业管理模式上的成体系变革。首先，需制定明确及清晰的创新战略，所有的顶层规划都必须遵循业务与可持续发展相互融合的基本原则制定。其次，要打破传统的层级管理模式，强化新技术、新业务、新管理与数字治理，构建数据驱动型的扁平、属地、敏捷化的组织，确保业务环节中的各类变化与机遇快速响应。再次，利用平台确保数据在生态链中充分流动，实现数据质量提升、建设方式约束、多元业务协同，全面确保全专业充分融合与信息安全保障。最后，通过策略推动场景服务化、服务产品化、标准平台化，实现全局可观、响应可控、策略可仿、业务可破、系统可替、持续调优的目标。

苏州轨道交通数字化转型探索案例

苏州轨道交通 1 号线于 2012 年 4 月 28 日开通试运营，是首个开通城市轨道交通的地级市，也是为数不多开通就实现人、财、物、设备维修、施工管理全业务信息化系统覆盖的城市。自 2016 年 5 号线引入 BIM 设计至 2020 年实现 BIM 协同设计与建造业务的全覆盖。2018 年，所有闸机支持二维码进出站，并在东方之门站与狮子山站进行试点改造智慧车站，探索与新技术相匹配的运营管理模式。

2021 年是苏州轨道交通数字化转型元年，经集团党委会研究决定成立智慧城轨领导小组与专业工作小组。集团董事长任组长，总经理任常务副组长，进行二次创业：以 2024 年底苏州轨道交通 350 公里，中等规模城市轨道交通网运营管理所面临的挑战为题，实践智慧轨道交通建设，提升轨道交通业务数字化水平，并为后续新线建设与老线改造提供技术标准。2022 年 5 月启动《苏州市轨道交通集团有限公司智慧城轨创新发展规划》编制工作，于 2023 年 5 月通过城市轨道交通协会审查，并正式发布。2023 年 9 月，《苏州轨道交通绿色城轨发展行动方案》通过城市轨道交通协会审查，正式发布。2024 年 6 月，《苏州轨道交通智慧场段发展纲要》通过城市轨道交通协会审查，在 2024 北京—南京国际城市轨道交通展览会暨高峰论坛上正式发布。苏州轨道交通初步形成了以智慧车站、智慧场段、数字底座、智慧大脑等为支撑，绿智融为一体的苏州轨道交通数字化转型顶层体系。

2023 年 8 月，向中国城市轨道交通协会申报"业务重构为导向的车站数字化转型"示范工程。围绕车站和线网智慧大脑补短板、打基础，重点开展智慧车站试点（见图 3）。预期降低人工成本 20%~30%，节能 10%~20%，提升乘客满意度约 10%，降低有责安全事故、故障发生率约 10%。首次提出利用 24 小时切片，构建人、机协调的全动态场景。明确苏州轨道交通可持续发展的核心是安全效益可持续、经济效益可持续和社会效益可持续。[①] 基于安全高效、以人为本，问题导向、业务融合，绿色低碳、经济便捷，降本增效、持续发展，实现建设和运营安全保障、服务乘客出行、促进地区城市发展、降本增效和拓展轨道商业。激活场景、用户、商户的关联关系，将单一的出行服务场景拓展为生活服务场景，以"权益经营"为纽带，构建城市轨道交通生活圈生态。

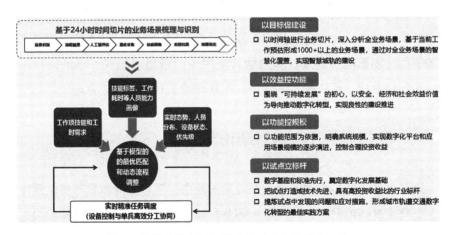

图 3 苏州轨道交通智慧车站数字化转型方法论

① 金铭、王占生、钱曙杰、郭伟、凌松涛：《基于业务场景动态重构驱动的车站数字化转型建设探索》，《城市轨道交通》2024 年第 7 期。

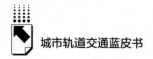

2023 年 10 月，示范工程先导站——苏州 6 号线涵青桥站作为第 29 届智能交通世界大会技术参观点，首次对外展示苏州方案：主动乘客服务模式创新、运营安全保障强化、车站业务无人化探索、车站业务效能提升、从技术叠加到技术迭代转变与构建开放式应用商店模式。打通 PIS、PA、CCTV、智能乘客服务等系统，通过单兵与后台服务人员联动，提供及时、主动的优质服务，为不同类型的客户提供差异化服务；利用更高频率的自动化巡视、施工作业过程卡控与覆盖事前、事中、事后的全过程平台赋能，有效提升隐患发现、应急指挥和处置能力；通过覆盖运营前检查的自动开关站功能，取消人工作业项，实现运营前检查和开关站的自动化、智能化。通过施工自助请消点，实现施工作业安全卡控，车站属地人员转为安全员，不再参与相关作业流程及监管工作，大量减少人工工作量；综合运用技术创新、业务创新和管理创新全面提升车站业务效能，包括替代综合监控的车站一体化融合监控，扩大联动的场景范围，提升灵活性。支持自动交接班的车站台账全电子化。优化钥匙管理，大幅减少钥匙数量；通过对车站业务系统的深度融合，以及平台底座提供的软件定义的重构和演进能力，以软件迭代升级的方式，推动城轨业务个性化和持续优化，推动城轨数字化转型从技术叠加向技术迭代的集约化创新模式转变；提出城轨应用商店新集成模式，以即插即用形式，实现标准化、灵活拓展和管理，构建开放互利的新行业生态。

四　结论与展望

服务品牌很容易受到各种外部因素的冲击，乘客服务质量与被认同度更是一个高度复杂的网络，涉及多个环节。随着运营网络化规模的持续加速扩大，运营组织内外部的系统复杂性不断提高，服务链传导至最终乘客的获得感更加不可控。虽然各城市轨道交通服务能力与质量发展态势持续向好，但各地区发展同质化与发展差距更加明显。如何推动乘客服务域与企业业务域之间的数据充分流动、融合，并使之成为经济要素，在未来很长一段时期仍然是行业高质量发展需要解决的共同问题。

　　要确保乘客拥有更多的获得感、幸福感与安全感，还需进一步加强信息化、数字化、智能化为轨道交通乘客服务赋能；要解决商业模式创新、企业与组织边界重构，还需进一步推动新技术广泛且深度应用、组织变革、管理进化，让出行与服务逐步实现定制化、服务化与生态化；要系统性解决乘客服务链上的信息不对称，还需要强化全域连接、全程洞察、实时分析、数字赋能、价值叠加，这样才能实现乘客需求与运营生态供给达成高度匹配。只有我国城市轨道交通产业利用数字化转型实现发展模式升级，才能确保中国式智慧城轨发展成为未来发展潮流。

附表　2021~2024 年地方颁布的政策（部分）

城市	文件名称	主要内容	发布时间
北京	《北京市"十四五"时期智慧交通发展规划》	提出科技赋能提升交通智慧化水平:推动"标准统一、设施统建、数据统合"三个统筹,建设"智慧交通基础设施、智慧交通数据云脑、智慧交通应用场景"三大体系。推进交通基础设施数字转型和智能升级,利用新技术赋能交通基础设施发展,提升交通网络效应和运营效率。构建交通行业"一套码",建设交通行业时空"一张图",建立交通行业"一台账",打造交通行业"一张网",搭建交通行业"一朵云"	2022 年 4 月
上海	《推进上海生活数字化转型构建高品质数字生活行动方案(2021—2023年)》《推进上海经济数字化转型赋能高质量发展行动方案(2021—2023年)》《上海交通数字化转型实施意见(2024—2026年)》	以数字化提升市民体验为切入口,加快行业主体业务流程与服务模式的重塑,打造通用性的"一个码"和"一平台",优化适应各类生活场景数字化转型的政策、法规、标准,促进政府治理数字化能力提升 推进数据资源价值挖掘、流动共享,打造一站式全场景出行服务,打造一门式全界面政务服务,实现一口式全跟踪民生响应,搭建一体化碳普惠出行平台,实现公众需求敏捷感知、公众服务便捷触达 夯实"两基"(建设交通数字化基础设施和交通大数据知识体系),是实现交通数字化转型的根本基石。实现"三通"(数治通、数享通、数业通),是交通数字化转型的首要目的:数治通促进交通治理变革、数享通提升社会民生服务、数业通激活数字交通产业。打造"五高地"(数字化基础设施建设高地、数据价值化配置枢纽高地、交通数字化治理示范高地、交通数字化出行体验高地、交通数字化经济应用高地),是交通数字化转型的发展目标。强化"六保障"(先进支撑技术、政策法规体系、开放创新机制、数字产业生态、创新发展环境、交叉人才队伍),是推进交通数字化转型的保障措施	2021 年 7 月、2024 年 4 月

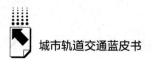
续表

城市	文件名称	主要内容	发布时间
成都	《四川省数字化转型促进中心建设实施方案》	行业型数字化转型促进中心应充分发挥其在行业内带动作用强、研究深入等优势,聚焦行业,面向产业链供应链转型升级和数字社会建设,牵头打造行业数字化平台,提供数据资源开发共享、平台支撑、解决方案等服务	2021 年 5 月
合肥	《"数字江淮"建设总体规划(2020—2025年)》《合肥市"十四五"数字基础设施发展规划》	坚持以人民群众需求为牵引,利用新技术、新思路和新模式,着力提升数字化惠民服务效率,让数据多跑路、百姓少跑腿,不断提升公共服务均等化、普惠化、便捷化水平,增强群众获得感、幸福感。构建交通智能化服务模式。推动"互联网+"便捷交通发展,倡导"出行即服务"(MaaS)理念,以数据衔接出行需求与服务资源,鼓励和规范定制公交、智能公交、智能停车等城市出行服务新业态发展,方便百姓出行;持续推进"交通超脑"建设,全面主动感知交通运行状态和警情信息,通过大数据、人工智能赋能实战业务,提高公共交通信息服务水平	2020 年 6 月、2021 年 11 月
杭州	《杭州市深化数字政府建设实施方案》	壮大数据服务产业。推进公共交通、卫生健康、企业登记监管、气象预报预警等四大重点领域公共数据开放。举办数据开放创新应用大赛,推动公共数据和产业数据融合汇聚、深度开发。驱动数字社会建设。以数字政府建设促进数字技术与社会发展全面融合,不断深化"四治融合"基层治理体系,推动城乡融合发展,全面提高数字生活水平	2022 年 11 月
青岛	《数字青岛发展规划(2023—2025 年)》《数字青岛 2024 年行动方案》	破解城市运行难点痛点,用数字化手段推动"一个场景"改革,构建城市一体化规划、建设、运行、治理新模式。全面梳理领域场景清单,有序推动重点领域应用场景建设,鼓励企业开放数字化应用场景,做强核心功能类场景、做精社会民生类场景、做优城市治理类场景。探索实施应用场景"揭榜挂帅"工程。健全组织协调推进机制,优化完善事项和应用场景运营管理,拓展服务范围,延伸服务链条,打造服务品牌。组织开展督查考核和评估评价,探索建立第三方评估和公众评价制度。到 2025 年,基本建成场景化、标准化、智慧化城市运行体系。推进轨道交通产业工业互联网示范园区建设。发展智慧出行服务。加速建设交通运输一体化应用平台,构建海陆空铁一体化综合交通智慧运行与服务体系,实现综合交通网络的立体互联和出行服务的全流程覆盖。推进出行即服务(MaaS),加快出行信息融合,提升信息服务准确性、即时性。加快推动实时、全景、全链交通出行信息数据共享互通 发挥数据要素乘数效应。深化"以公共数据运营撬动数据要素市场"发展模式,拓展产业发展、城市治理和民生服务等领域应用场景,打造特色数据产品。高水平一体化打造大数据交易中心、海洋数据交易平台。鼓励市场主体开放和运营自有数据。创新交通数据共享运营场景和出行即服务模式	2023 年 5 月、2024 年 3 月

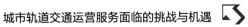

续表

城市	文件名称	主要内容	发布时间
内蒙古自治区	《内蒙古自治区促进通用人工智能发展若干措施》《内蒙古自治区数字经济促进条例》	推进行业数据高质量供给。面向语音识别、视觉识别、自然语言处理等基础领域,工业、能源、教育、医疗、气象、生物医学医疗、农牧业、交通等行业领域以及蒙古语等文化领域,深度挖掘数据来源,建设高质量人工智能训练资源库、标准测试数据集,依据数据价值、数据安全等级,采用不同模式向大模型训练主体开放或共享。鼓励并组织来自相关行业领域的专业人员标注通用人工智能模型训练数据及指令数据,提高训练数据的质量,给予贡献者适当奖励,推动平台持续良性发展。围绕通用人工智能与蒙古文信息处理相结合,支持蒙古文语音识别、语音合成、信息智能化处理的技术研究,助力蒙古文在教育、气象、交通等多个领域的运用 旗县级以上人民政府应当将数字基础设施的建设和布局纳入国土空间规划,市政、交通、电力、生态环境保护、公共安全等相关基础设施规划应当统筹考虑数字经济发展需要。旗县级以上人民政府及有关部门应当推动数字基础设施与铁路、城市轨道、道路、桥梁、隧道、电力、地下综合管廊、机场、枢纽站场、智慧杆塔等公共基础设施共商共建共享共维。旗县级以上人民政府及交通运输等有关部门应当推动发展智慧交通,支持交通信息基础设施、运输服务网等建设	2024 年 2 月、2024 年 5 月
南宁	《关于加快数字化转型发展深入推进数字广西建设的实施意见》	加快数字社会建设步伐,切实增强人民群众的获得感、幸福感、安全感。提升公共服务数字化水平,拓展应用场景服务,推进各类应用服务汇聚。深化社会管理数字化应用,推动社会治理模式从单向管理转向双向互动、从线下转向线上线下融合。推进购物消费、居家生活、交通出行等各类场景数字化,构筑美好数字生活新图景	2023 年 6 月
洛阳	《洛阳市加强数字政府建设实施方案(2023—2025年)》	以数据为驱动,以应用为牵引,以数字化、智能化、一体化、便捷化为方向,以通用模块集成共建和业务系统融合互通为关键,全面推进政府治理流程再造、模式创新和履职能力提升,实现政府决策科学化、社会治理精准化、公共服务高效化、政务运行协同化,引领数字经济、数字社会和数字生态协调联动发展,为高标准打造洛阳"数字政府"提供数据支撑	2023 年 12 月

B.3
城市轨道交通运营服务质量
管理体系分析
——广州地铁实践案例

郭靖凡　宋雨洁　杨云娥*

摘　要： 　随着城市轨道交通网络的发展、成熟，市民对轨道交通出行的依赖性日益提高，对出行服务的需求趋向精细化、多元化和专业化，因此，建设城市轨道服务质量管理体系，保持高水平的服务竞争力，已成为轨道交通运营企业面临的重要任务。城市轨道交通服务质量管理体系构建涉及设立科学的服务标准、建立有效的监管机制、建立全面的监控体系、建立乘客反馈机制、人员培训和服务宣传、技术支持和创新应用等关键要素，以广州地铁为例，要从落实质量评价，巩固基础；重视乘客意见，主动作为；鼓励服务创新，保持先进；关注适老问题，全龄友好等方面持续改进和优化服务质量管理体系以维持长效服务竞争力，推动城市轨道交通行业服务质量向更高层次迈进。

关键词： 　城市轨道交通　管理体系　交通运营服务

一　概述

　　城市轨道交通运营服务质量管理是一个围绕提升运营安全性、准时性、

---

* 郭靖凡，高级工程师，现任广州地铁集团有限公司运营事业总部副总经理，主要从事站务、客运、服务、票务等相关管理工作；宋雨洁，高级工程师，现任广州地铁集团有限公司运营事业总部线网管控中心客运管理部经理，主要从事地铁客运服务方面管理工作；杨云娥，工程师，现任广州地铁集团有限公司运营事业总部线网管控中心客运管理部客运服务主管，主要从事地铁客运服务管理工作。

舒适性和便利性等多个维度，对服务流程、内容、环境等各个环节进行全面规划、监控与持续改进的过程。这不仅关乎乘客的日常出行体验，更直接影响到城市轨道交通系统的品牌形象及其市场竞争力。2019 年，交通运输部发布《城市轨道交通服务质量评价管理办法》与《城市轨道交通服务质量评价规范》，标志着城市轨道交通服务质量评价工作正式起步，为各地城市轨道交通服务质量的量化管理和服务水平的提升提供了制度保障与标准指引。

与此同时，伴随技术的进步和管理理念的革新，城市轨道交通运营服务质量管理正面临新的机遇与挑战。智能化、信息化技术为服务质量管理带来了全新的手段与工具，乘客需求日益多样化，对个性化、差异化服务的期待不断升级。因此，构建和动态优化城市轨道交通运营服务质量管理体系，推动服务品质和水平的提升，对城市轨道交通行业具有深远的意义。

二 城市轨道交通运营服务质量管理体系现状分析

（一）国家层面

近年来，交通运输部先后发布了一系列城市轨道交通管理标准和技术文件，涉及基础标准、行车管理、客运管理、设施养护、设备维护、人员管理、安全管理、应急管理等方面，共同构成了国家层面城市轨道交通服务质量管理机制的基础框架。其中，《城市轨道交通运营管理规定》《城市轨道交通客运组织与服务管理办法》《城市轨道交通服务质量评价规范》《城市轨道交通服务质量评价管理办法》《城市轨道交通客运服务规范》对服务质量管理体系和标准建立、服务监督和考核、服务评价和改进等工作提出了明确要求，要求城市轨道交通运营主管部门应当对运营单位客运组织与服务工作进行监督检查，每年组织开展服务质量评价，向社会公布服务质量评价结果，督促运营单位不断改进服务。运营单位不仅要建立相应的服务质量管理

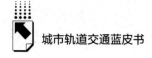
体系和标准，还要通过内外部监督、内外部检查相结合的方式，不断提升服务水平，确保为乘客提供安全、可靠、便捷、高效、经济的服务。

（二）地区层面

1. 主管部门对运营企业服务质量监督情况

《城市轨道交通客运组织与服务管理办法》第四十二条规定城市轨道交通运营主管部门应当对运营单位客运组织与服务工作进行监督检查，每年组织开展服务质量评价，向社会公布服务质量评价结果，督促运营单位不断改进服务。

调研结果显示，大部分城市轨道交通主管部门将运营单位的年度服务质量评价结果纳入考核指标，但各城市的考核标准略有差异。除此之外，各地主管部门对运营单位的服务质量也进行常态化的监督，主要通过定期（每月或每季度）检查和不定期抽查，如北京利用舆情监测系统将监测的数据信息每月以通报的形式反馈给运营单位分析，运营单位每月将接诉即办工单数据以及回复率上报主管部门；无锡每季度根据《无锡市轨道交通企业运营服务考核办法》对运营单位开展服务质量监督检查；天津制定了《城市轨道交通线路运营月度评价》机制，每月对各线路四个方面完成情况和表现情况进行打分排名，各线路对月评发现的问题进行分析、整改。

2. 运营单位服务质量管理机制基本情况

调研结果显示，各城市的轨道交通运营单位均根据运营实际情况和发展需求制定了不同的服务质量管理体系。通过分析，各城市的服务质量管理体系普遍包含服务质量标准的建立（如服务理念、标准执行）、服务质量的监督和改进机制（包括内外部督查机制、乘客投诉管理、满意度调研、服务质量评估考核机制等）。部分城市根据运营实际，建立外部乘客服务督导队伍，如上海、广州、南京等。部分城市除年度乘客满意度评价外，根据运营安排开展内部乘客满意度调研，如石家庄、徐州、苏州等城市每季度开展一次，南京、上海、广州等每半年开展一次，北京、重庆、天津等每年开展一次。

三　城市轨道交通运营服务质量管理体系构建

（一）服务质量管理体系的概念

服务质量管理体系是指根据国家和行业相关标准，建立和完善服务质量管理的一系列规章制度、标准规范、流程和方法，以确保运营单位能够稳定、持续地提供符合乘客期望的高质量服务。也就是说，服务质量管理体系是一个多维度、全方位的管理框架，旨在通过一系列管理措施和活动，确保服务质量和乘客满意度，提高运营单位的竞争力。

（二）城市轨道交通运营服务质量管理体系的特点

1. 以乘客为导向

服务质量的满意度是衡量运营单位成功与否的重要指标，因此，城市轨道交通服务质量管理体系应以满足乘客需求为核心。

2. 覆盖全过程

服务质量管理体系覆盖服务的全过程，包括服务需求、服务交付、服务评价等环节，确保服务质量整体持续改进。

3. 员工参与

鼓励员工参与服务质量管理和改进，增强服务意识和服务认同感。

4. 绩效管理

服务质量管理体系应建立绩效考核机制，将服务质量纳入考核指标，确保服务质量始终处于高水平。

5. 持续改进

服务质量管理体系要求运营单位不断地进行自我反思和改进，提高服务的可持续性。

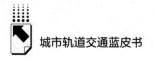

（三）构建服务质量管理体系的关键要素

1. 设立科学的服务标准

依据乘客需求和期望，建立适合运营单位的服务质量标准，包括服务流程、服务标准、服务要求等。标准应具备可操作性、可衡量性和可持续性，为乘客提供一个明确的服务品质保证。

2. 建立有效的监管机制

监管机制应包括上级主管部门及运营企业的监督、检查和评估，监管部门还应定期进行乘客满意度调研，了解乘客对轨道交通服务的需求和意见，从而针对问题加以改进。

3. 建立全面的监控体系

根据服务质量标准，建立服务质量监控体系，包括服务质量评估、服务质量监控、服务质量改进等环节。体系应具备可操作性、可持续性和可改进性，不断提高服务质量和乘客满意度。

4. 建立乘客反馈机制

建立一套完善的乘客反馈机制，包括乘客投诉处理、意见反馈和满意度调查等。通过收集、整合和分析乘客反馈信息，不断改进服务质量和乘客满意度，提升运营单位服务品牌影响力和竞争力。

5. 人员培训和服务宣传

培训可以提升员工的业务素质和服务意识，使其具备更好的服务能力；宣传可以向乘客传递相关的服务信息，提高乘客对于轨道交通的认知和理解。通过培训和宣传，可以形成运营单位和乘客共同关注与参与服务质量管理的良好氛围，有效提升服务质量。

6. 技术支持和创新应用

随着科技的不断进步，智能化、信息化已经成为城市轨道交通发展的趋势。运营单位利用新技术，提高了服务的智能化水平，利用信息化手段，提高了服务效率和质量，并持续推动服务创新，保持服务竞争力。

（四）服务质量管理体系的实施步骤

服务质量管理体系的建立和实施是一个不断实践的循环过程，以下以广州地铁为例，重点介绍广州地铁服务质量管理体系的构建和实施情况。

广州地铁服务质量管理体系主要包括服务策划、服务监控、服务改进、服务维护等内容（见图1）。整个体系以 PDCA 质量环［计划（Plan）、执行（Do）、检查（Check）、调整（Act）］为管理工具形成闭环管理，持续改进服务质量。

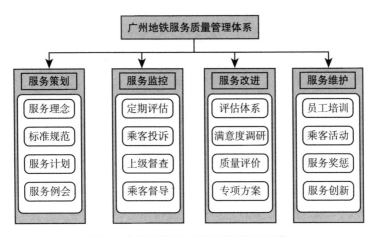

图1　广州地铁服务质量管理体系示意

资料来源：根据广州地铁集团有限公司运营事业总部提供资料整理。

1. 服务策划

在城市轨道交通服务中用一系列的标准来控制和指导服务的全过程，这不仅与全面质量管理是一致的，也正是质量管理的基本内容。其标准的制定是服务质量标准化管理的第一步，也是城市轨道交通运营企业对其服务理念和服务产品特性形象化描述的具体体现。从标准的功能和服务对象角度来看，制定标准需既有面向社会的外向性标准，又有面向内部管理和控制的内向性标准。

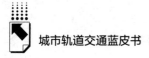

广州地铁在服务标准制定方面，遵循 SMART 原则。"SMART"是指服务标准的明确性（Specific）、可衡量性（Measurable）、可实现性（Achievable）、与乘客需求相吻合（Relevant to Customers）、及时性（Timely）。

（1）明确性原则

明确性原则是指服务标准必须清晰明确。如部分地铁"车站广播音量应适宜"这类标准就不够明确。广州地铁《运营事业总部客运设施设备服务用品管理办法》明确"车站日常、应急及临时性广播音量应在 75~80dB，背景音乐应在 65~75dB"，这类标准描述则较清晰明确。

（2）可衡量性原则

可衡量性原则是指服务标准可定量。如"广州地铁服务承诺"规定"服务热线电话 96891，每日运营服务时间内为乘客服务，接到投诉、意见、建议后 7 个工作日回复，回复率达 100%"等。

（3）可实现性原则

可实现性原则是指服务标准要合适、可操作，使之能不断地进行下去。如广州地铁《运营事业总部客运组织实施细则》规定"当车站实施三级客控措施，出现站外客控队伍排至斑马线或路边，并影响车站客运组织安全的情况时，车站报 OCC 按原阈值上调 10%进行控制，加快乘客进站速度，缓解站外拥堵情况。车站上调阈值 15 分钟后，仍无法缓解站外拥堵情况，车站以 10%颗粒度报 OCC 继续上调阈值"等。

（4）与乘客需求相吻合原则

与乘客需求相吻合原则是指城市轨道交通服务质量标准的范围应该以乘客的需求为中心，这是城市轨道交通服务质量标准中最重要的特点。如《广州地铁导向标识系统导则》要求标识的设置和安装"便于视读，标识的偏移距离尽可能地小，对位于最大观察距离的观察者，偏移角度不宜大于 15 度，如受条件限制，无法满足该要求应加大标识的尺寸应尽可能使标识的观察角度接近 90 度，观察度不应小于 75 度"等。

（5）及时性原则

及时性原则是指为乘客提供服务的反应速度。优质服务不仅是为了帮助乘客出行所采取的行动，也包括能否及时地提供服务，这是乘客感知和评价服务质量的重要参考。所以制定的服务标准应该是有目标并且有明确时间限制的，如《运营事业总部客运服务信息发布管理办法》规定，当地铁运营出现列车延误、单线双方向运行、公交接驳等影响乘客正常出行的情况时，需要及时发布应急信息，将实时的运营调整信息及时告知乘客，线网各换乘车站视为同一车站，信息发布内容需统一，满足乘客知情权。按照受事件影响程度预计的延误时间，将应急信息发布分为如下四个阶段：

第一阶段：预计延误 3~10 分钟（含 3 分钟）时；

第二阶段：预计延误 10 分钟及以上时，降级运营未组织，故障点未通车；

第三阶段：行车调整，采用降级模式维持运行，行车间隔较正常有所增大时；

第四阶段：恢复阶段，行车调整接近正常间隔或故障已真正修复时。

2. 服务监控

服务质量监控是城市轨道交通服务质量管理体系实施过程中重要的一个步骤。通过一系列的监督机制，检验服务质量标准是否合适，标准的执行是否能实现提供优质服务的初衷。

广州地铁设立内外部常态服务监督机制，通过服务评估、乘客投诉、上级督查、服务督导等多个维度实施过程管控，发现问题并及时纠偏。

（1）服务评估

除常规服务评估外，广州地铁自 2021 年起，对标国家标准及运营实际，以美出发，制定品质车站评选机制，开展线网车站、列车服务质量管理及运营评价工作，聚焦乘客进出站全流程、乘客界面可触达面，通过设备设施管理维护、软硬件改造提升、创新服务举措提升服务品质，通过设施完好性、秩序顺畅性、环境舒适度、服务标准化四大一级维度 19 项二级维度，附加八大参数，开展线网车站服务质量运营评价工作（见表 1）。

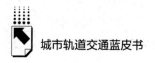

表1 广州地铁品质车站评审提报材料维度

名称	参数维度		品质车站（分）	思齐车站（分）	品质列车线路（分）	评选原则
参数一	基础评分		60	80	70	以评审组现场检查为基础，考虑是否高架站、开通年限等系数适当调整
参数二	客流		10	—	10	车站以日均乘降量、列车以高峰期最大满载率为加分衡量指标
参数三	外部监督	有效投诉	2	5	5	根据有效投诉件数核减扣分
		好人好事	2	—	—	根据乘客表扬、好人好事等合计加分
参数四	发文通报		3	5	5	根据获得的表扬通报和考评通知书合计加分和扣分
参数五	荣誉创奖		5	—	—	年度获得市级以上奖项纳入加分
参数六	推广传播		3	—	—	积极开展宣传，发布主题宣传作品纳入加分
参数七	客运服务创新举措		5	—	—	客运服务举措、创新服务举措有效提升对外服务水平以及内部的运作效率，视提升效果纳入加分
参数八	开展专项界面提升活动		10	10	10	车站及列车开展自主翻新、改造更新等有效提升服务形象和水平的，视提升效果纳入加分
合计			100	100	100	—

资料来源：根据广州地铁集团有限公司运营事业总部提供资料整理。

（2）乘客投诉

广州地铁设立96891投诉受理机构，接收乘客通过来访、来电、来信等方式的投诉、咨询、建议。同时，广州地铁设立了严格的投诉管理制度，将乘客投诉事务的分类按事件性质分为有效投诉和无效投诉，且按事件的性质及产生后果的轻重，明确一类有责乘客投诉、二类有责乘客投诉、三类有责乘客投诉定责标准（见表2），组织各类有效投诉及有责投诉的调查分析，对有效投诉和有责投诉纳入评估体系或过程考核，将有效乘客投诉率纳入各单位绩效管控指标，制定了乘客事务处理"七大原则"、投诉事务分析"四不放过"原则，严格管控有效投诉、有责投诉。

表2　广州地铁有责投诉界定

分类	人员服务	客运组织	服务信息发布	票务事务
一类有责乘客投诉	包括未按要求标准着装；使用不文明用语；服务技巧欠缺；不能积极响应乘客合理需求；未按要求处理乘客失物/拾物等方面	包括未及时撤除客运物资导致阻碍乘客正常行走；因客运组织不到位或突发事件应急服务处理不到位，导致客流交叉冲突、聚集、影响乘客出行等方面	包括设备停用或维修时未及时公告；客运服务信息发布时机有误、内容错漏；对外信息错漏等方面	包括致使乘客经济利益受损；导致乘客无法在设备上正常购票或过闸等方面
二类有责乘客投诉	包括与乘客发生争执或对乘客说训斥的话；错误引导乘客；无理由拒绝乘客的合理要求；未按要求处理乘客失物/拾物等，造成乘客较大利益受损等方面	包括客流组织时未做好公告及指引；新增或者调整常态化客流控制车站等，未提前给予乘客预告等方面	包括末班车未提前公告；应急情况下未做好信息发布及解释工作；信息发布时机、内容等错漏造成乘客损失等方面	致使乘客经济利益受损较大
三类有责乘客投诉	包括在岗位上做与本职工作无关的事；对乘客有粗暴、辱骂行为；欺瞒乘客的行为等方面	包括未及时实施客流控制，造成现场秩序混乱；因客运组织不到位造成较大安全隐患；提前关站或延误开站；末班车提前开出或者首班车延迟到站等方面	信息发布时机、内容等错漏造成乘客恐慌	—

资料来源：根据广州地铁集团有限公司运营事业总部提供资料整理。

（3）服务督导

广州地铁面向广大市民招募服务督导员，要求为热爱广州地铁、关心

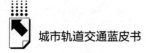

地铁发展、愿意为地铁服务工作进行义务监督检查并能够定期参加地铁公司活动的高频乘客。服务督导员每季度需从乘客的角度向广州地铁就乘车安全、乘客服务、商业资源等方面提出建议。通过收集服务督导员的意见来掌握乘客近期关注焦点，并有针对性地制定整改措施，持续促进地铁各项服务提升。

3.服务改进

服务质量改进是城市轨道交通服务质量管理体系实施过程中关键的一个步骤，其中，服务质量评估体系是推进服务质量改进最常用的管理工具。通过多年的探索，广州地铁建立了以科学理论模型为基础、以经验总结为参考依据、以信息化为手段的综合评估体系，统一量化各运营生产核心业务的评价指标，系统、高效地评估现场运作质量和效率，及时找出生产运作中的薄弱环节，提出改进措施，促进服务质量提升。以下以客运服务评价体系搭建为例。

（1）服务过程分解

服务过程分解需把乘客在接受城市轨道交通服务过程（整个出行过程）中所经历的全过程服务内容细化、再细化，放大、再放大，从而找出会影响乘客服务体验的每一个要素。

通过分析关键时刻和关键步骤，解剖服务全过程，可以找出各服务环节的关键所在。服务过程分解可以运用"服务圈"的方法，即将乘客的交通出行看作一个可循环的与服务感受和评价相关的闭环过程，如图2所示。

（2）找出关键因素

找出服务的关键因素就需要对每个服务细节做影响性分析，这个过程可以采用层次分析法确定各层评估因素间的相对重要程度，并以此构造判断矩阵，通过计算矩阵的特征向量来确定其权重，依此类推，逐级确定权重，保障评估体系的权威性和公正性。通过这个方法，建立评估体系关键指标和考核标准（见表3）。

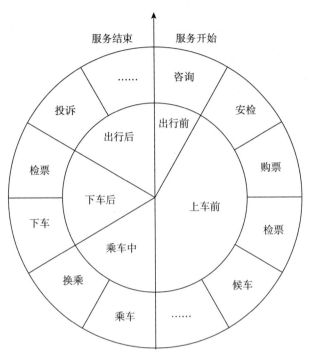

图2　乘客在城市轨道交通系统中所经历的服务

资料来源：根据广州地铁集团有限公司运营事业总部提供资料整理。

表3　广州地铁客运服务评价指标

维度	一级指标		二级指标		三级指标	
	指标	分值（分）	指标	分值（分）	指标	分值（分）
车站服务	车站环境	5	车站秩序	1	出入口秩序	0.5
					站内秩序	0.5
			清洁干净	2	车站区域清洁干净	1.5
					专用设备清洁干净	0.5
			温度环境	1	—	—
			声音环境	0.5	—	—
			照明环境	0.5	—	—
	客运组织	6	风险保障	2	日常客运组织	1
					节假日、大型活动期间等大客流组织	1
			客控超限率	0.5	—	—

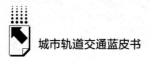 城市轨道交通蓝皮书

续表

维度	一级指标		二级指标		三级指标	
	指标	分值 （分）	指标	分值 （分）	指标	分值 （分）
车站 服务	客运组织	6	乘客出行感受	1	—	—
			现场引导效率	1	—	—
			信息发布	1	—	—
			乘客原因晚点	0.5	—	—
	安检服务	4	人员服务	3	安检秩序	0.5
					服务形象	1
					业务技能	1
					作业纪律	0.5
			乘客界面	1	安检界面	0.5
					环境卫生	0.5
	人员咨询	5	服务状态	5	规章/作业执行率	2
					人员服务形象	3
	车站设备	5	公共设施	2	—	—
			便民设施	3	卫生间	1
					母婴室	1
					无障碍设施	1
乘车 服务	列车环境	4	清洁干净	2	—	—
			温度环境	1	—	—
			声音环境	0.5	—	—
			照明环境	0.5	—	—
	列车设备	3	设备状态	3		
	搭乘体验	1	对标情况	0.5	—	—
			晃动、急刹车	0.5	—	—
服务 反馈	乘客投诉	2.5	有责投诉	1.5	—	—
			有效乘客投诉率	1.0	—	—
	乘客舆情	2.5	危机公关	1.0	—	—
			正面曝光	0.5	—	—
			负面曝光	1	—	—

072

续表

维度	一级指标		二级指标		三级指标	
	指标	分值（分）	指标	分值（分）	指标	分值（分）
内部管理	基础管理	2	建章立制	2	—	—
	工作质效	4	重点工作完成率	1	—	—
			乘客界面差错率	1	—	—
			日常工作完成率	1	—	—
			服务和产品	1	—	—
	传播质效	2	正面宣传	2	—	—
	创新质效	2	服务或产品创新	2	—	—
	考核情况	2	预警和考核	2	—	—
观察指标	总部检查问题整改情况	—	上月度总部检查问题整改率	—	—	—
	自查自纠情况	—	检查站点覆盖率	—	—	—
		—	站均检查件数	—	—	—
		—	自查问题整改率	—	—	—
	培训情况	—	部门级以上服务类专项培训批次	—	—	—
		—	部门级以上服务类专项培训全员覆盖率和培训人次	—	—	—
	内部考核情况	—	部门级别及以上表扬通报件数	—	—	—
		—	部门级别及以上处理通报件数	—	—	—

资料来源：根据广州地铁集团有限公司运营事业总部提供资料整理。

（3）持续优化完善

体系建立后，通过分析一定时间范围内的各模块历史运作数据，检验标准的合理性。体系稳定后，定期按各模块所辖业务运作情况进行统计，计算出各业务的运作情况，综合评估各单位、各模块的服务质量情况，并持续优化、完善评估体系。

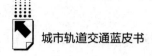

4. 服务维护

服务质量管理是一个循环往复的过程，需通过不断地实践，持续修改、完善，除了服务策划、监控和改进外，服务维护机制同样重要。广州地铁通过多年经验总结，主要是通过服务培训、乘客活动做好内外品牌维护，设置服务奖惩制约机制、鼓励服务创新等手段，形成长效服务维护机制。

四　建议

做好服务质量管理是城市轨道交通运营企业终身工作目标，是一个长期、反复、不断实践、持续提升的过程，而服务质量管理体系是做好服务质量管理的关键工具。建议从以下几个方面持续改进和优化服务质量管理体系以维持长期服务竞争力。

（一）落实质量评价，巩固基础

以统一的标准持续开展各城市轨道交通服务质量评价工作，将评价结果纳入运营单位的考核指标，牵引运营单位做好运营服务管理工作，提升管理内驱力。

（二）重视乘客意见，主动作为

持续完善乘客意见反馈机制，多渠道收集乘客意见，畅通沟通渠道，实现"零距离"倾听乘客声音。切实理解乘客诉求，以乘客需求为导向，构建规范化、标准化的常态服务监督和执行机制，主动为乘客提供统一、规范、优质及人性化的服务体验。

（三）鼓励服务创新，保持先进

鼓励创新驱动服务升级。积极探索个性化和智能化的服务手段，围绕精准化的资讯服务、多元化的票务服务和生活化的增值服务，逐步构建主动、整合、及时的新时代出行服务体系，满足数字化时代多元化的出行需求，持续保持服务竞争力。

（四）关注适老问题，全龄友好

聚焦老年人群体出行需求，从细微之处着手，分类分级配备适老化设备设施，提升适老服务硬实力。持续打造高品质、无障碍出行环境，提升适老服务的精度和温度，加快实现全龄友好设备全覆盖、全龄友好理念全渗透，提升适老服务软实力。

（五）落实中大架修，历久弥新

针对运营时间长久的老旧线路，制订全身"体检"计划，围绕服务界面、服务设施开展形象提升，以美出发，打造全流程更优的乘车环境。同时，严格按检修规程落实车辆中大架修，深度融合人工智能、物联网和大数据分析等创新技术，助力"老线路"焕发"新活力"。

（六）平衡成本效益，持续发展

聚焦运营成本精准管控和运营效益全面提升，建立健全全生命周期的降本增效管理体系。精益管理提升人工效能，数智赋能搭建智慧维保体系，车-流动态适配实现精准投放，多管齐下保障超大线网高效运营，实现高质量可持续发展。

（七）加强行业互通，共享共赢

城市轨道交通服务质量管理需要加强与其他交通方式的协调和配合。城市交通系统是一个复杂的整体，轨道交通与公交、共享单车等其他交通方式相互依存。在提升服务质量的过程中，需要与其他交通方式进行联动，打破各种交通方式的壁垒，提供便捷换乘、无缝对接服务，为乘客提供更好的出行体验。

B.4
城市轨道交通运营服务品牌线路
评价指标体系研究

曾翠峰　马羽　李国成　曹琼　曹晶*

摘　要：　研究建立运营服务品牌线路评价指标体系，能够有效指导城市轨道交通运营单位根据评价指标具体表现，合理分配各项服务资源，完善服务保障措施，创新服务方法，更好地满足乘客需求。本文主要探讨了影响运营服务品牌线路的主要因素，从行业主管单位、城市轨道交通运营单位、乘客、其他标杆行业关注的指标表现情况入手，采用频度分析等方法选取出可供城市轨道交通运营服务品牌线路评价的 2 项一级指标 23 项二级指标，初步完成运营服务品牌线路评价指标体系建立。

关键词：　城市轨道交通　运营服务　品牌线路　指标体系

一　运营服务品牌线路内涵

城市轨道交通运营服务是城市轨道交通运营单位以满足乘客需求为出发点，在乘客与运营车站、列车等运营服务载体直接或间接接触过程中提供的

---

* 曾翠峰，高级工程师，现任深圳地铁运营集团有限公司副总经理，主要从事行车指挥调度、线网运营管控、生产管理和地铁通信、信号设备运营保障等管理工作；马羽，高级工程师，现任深圳地铁运营集团有限公司生产管理中心总经理，主要从事运营生产管控、品牌管理、客服质量管控、地铁收益安全等管理工作；李国成，深圳地铁运营集团有限公司生产管理中心客服营销室工程师，主要从事客运服务相关工作；曹琼，高级工程师，现任北京市地铁运营有限公司运营管理部主管，主要从事客运服务相关工作；曹晶，工程师，现任北京市地铁运营有限公司运营管理部主办，主要从事客运服务相关工作。

一系列具有轨道交通特性的活动。

随着城市交通不断发展和创新技术的广泛应用，城市轨道交通运营单位不仅要面对来自公交等运输行业的竞争，还要面对各线路服务差异化带来客流流失的风险。因此，挖掘轨道交通运输优势，依托智慧轨道交通技术提升网络化运营服务水平，让乘客快速、便捷、舒适地搭乘轨道交通出行显得格外重要。

打造运营服务品牌线路，让广大乘客高度认可城市轨道交通在"安全、准点、热情、周到、便捷、舒适"等方面具有的优势和特点，深度挖掘乘客轨道交通出行综合服务需求，全方位提升运营服务品质，进而在乘客意识中形成独特的城市轨道交通运营服务品牌印象，不仅能产生良好的口碑评价，还能在客流吸引、品牌营销、经济效益等方面形成正面效应，可有效促进城市轨道交通运营单位可持续健康发展。

因此，打造运营服务品牌线路是城市轨道交通运营单位树立标杆、学习标杆、提供一流运营服务的必然选择，是持续改进、追求卓越、满足乘客搭乘轨道交通出行美好意愿和各项需求的落脚点，是吸引客流、提升品牌服务形象、实现可持续发展的必然选择。

二　运营服务品牌线路建设现状

2024 年，为进一步提升城市轨道交通运营服务水平、满足人民群众美好出行需要，交通运输部决定组织打造城市轨道交通运营服务品牌线路。目前，各城市轨道交通主管部门已按照要求对品牌线路创建情况进行社会公示，征求意见。根据已公示的材料，部分城市轨道交通运营单位打造运营服务品牌线路主要做法如下。

沈阳地铁 2 号线打造"暖心"服务品牌，结合 2 号线连接沈阳高铁与机场的实际，加强与机场、高铁站共建，增设行李手推车，积极开展"爱心预约"，主动提供大件行李帮过安检、接送站等"暖心"特色服务，叫响"空铁联运　暖阳暖心"服务口号。

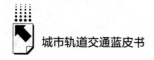

大连地铁 1 号线打造"连心"服务品牌，创新开展"萤火虫导程"服务，为外地旅客和特殊人群提供乘车引导；根据线路与高铁换乘的特点，依托"高铁送车小组"，为特殊群体和赶车乘客提供"点对点"高铁换乘服务，叫响"真心、爱心、诚心、细心、耐心"服务口号。

重庆地铁 1 号线以"'红'心服务，始终如'一'"为线路服务主题，不断发掘线路特色、提升员工服务意识，获得乘客一致好评。

武汉地铁 2 号线结合线路走向、客流特点及创建目标要求，致力打造"通途行动"运营服务品牌，从"安全护航""服务温暖""环境优美""满意度提升""品牌深化"5 个方面，创建"知心服务，一路通途；高效提质，携手同途；勇担责任，信仰领途"的品牌服务。4 号线着力打造"梅红港湾"服务品牌。"梅红港湾"意指地铁员工立足岗位，努力做到"安全运营好、窗口服务好、设施使用好、社会评价好"的"四好"，打造乘客温馨出行港湾。

南京地铁 3 号线打造文韵线为品牌线路，秉承"文泽·行悦"的品牌核心价值，贯彻梦越金陵、文韵满程的品牌口号，用服务塑形象、用特色塑品牌，精心设计了专属 3 号线的品牌线路名称、品牌核心价值、品牌口号以及品牌 Logo。

合肥地铁 3 号线打造"皖美幸福"服务品牌，以"幸福+"为服务宗旨，通过文化输出、服务升级等多维度"+"的创新举措，将"幸福"撒播在城市的四面八方，其中幸福坝站建立了全国首个轨道车站内的婚姻登记处——肥西县民政局"幸福坝婚姻登记处"，同步建设安徽省首个轨道"幸福音乐角"；合肥火车站挂牌合肥市首个轨道助残示范站，尽全力为市民打造轨道幸福如"家"的出行体验。

通过以上城市轨道交通运营服务品牌线路建设进展情况不难看出，由国家交通行业主管部门牵头主导的城市轨道交通领域品牌线路创建工作正有条不紊地推进，各城市轨道交通运营单位按照创建要求，依托线路服务品牌主题，深度挖掘线路特色基因，紧紧围绕与乘客出行相关的各环节，全面提升线路综合服务供给品质。

三　影响运营服务品牌线路的主要因素

（一）线路安全运行水平

除地面站外，城市轨道交通地下站整体空间密闭性特点比较突出。车站或列车一旦发生火灾、爆炸、列车脱轨等突发事件，对乘客本身造成的伤害以及带来的社会影响都是巨大的。例如，1987 年 11 月 18 日英国伦敦国王十字车站火灾造成 31 人死亡①。因此，线路安全运行水平直接关系到乘客的生命财产安全，是影响运营服务的关键因素。

（二）设备设施完善性

城市轨道交通客流构成类型复杂，不同乘客群体在运营服务场景下有不同出行需求。例如，在搭乘城市轨道交通出行过程中，婴幼儿的父母可能使用母婴室为孩子更换尿不湿，盲人需要使用盲道或盲文进行导乘，部分老年人需要座椅用于临时休息，等等。因此，城市轨道交通线路是否具备全龄友好型设备设施直接影响乘客出行体验。

（三）可靠度

城市轨道交通运营系统构成复杂，车辆、信号、通信、供电等设备系统出现故障时可能影响列车运行稳定性，导致列车清客、救援、延误等情形；自动售检票、电扶梯等系统出现故障会影响乘客进出站；广播、环控、照明等系统故障时会影响乘客视听、感官体验。因此，运营各系统是否能够稳定运行既考验运营管理水平，也影响乘客出行体验。

（四）便捷性

目前，城市轨道交通乘客出行便捷性方面的主要矛盾体现在线路部

---

① 《各国公交大火：国外公交系统出事 政府如何应对》，央视网，2013 年 6 月 8 日。

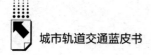

分站点公交地铁换乘不便、地铁站内换乘路径绕行、车站出入口限流、票务操作系统界面复杂、运能不足导致乘客不能顺利搭乘等。在保持设备设施稳定性的基础上，完善接驳服务、根据客流变化精准优化换乘路径、提供清晰的导乘标识、增加运输能力等是提高乘客出行便捷性的主要办法。

（五）人工服务

人工服务是乘客与车站工作人员直接接触的关键环节。良好的职业态度、娴熟的业务技能、丰富的专业储备能够让乘客在沟通中感受到尊重，可以提高轨道交通乘客黏性。车站工作人员一旦处理不当，容易导致乘客投诉甚至引发舆情风险。

（六）服务环境

服务环境伴随乘客搭乘城市轨道交通出行全流程，广播音量大小、车站列车温度高低、空气质量好坏、环境卫生是否脏乱等直接影响乘客感官体验。良好的服务环境可以让乘客在搭乘城市轨道交通过程中感到轻松舒适，同时也能提升城市轨道交通运营单位形象。

（七）客流秩序

城市轨道交通客流呈现一定的波动性，高峰期客流相对拥挤，安检、换乘、上下车等环节容易产生客流排队、交叉拥堵现象，存在一定安全隐患。优化客流组织流向，减少客流交叉干扰，让乘客快速高效进出站是客流秩序管理的重点。

（八）线路特色

技术的发展进步为城市轨道交通服务创新提供了强有力的保障。采用新技术、新设备、新工艺、新标准，城市轨道交通能够实现更精准的运营调度、提供更智能的乘客服务、实现更高效的设施管理。深度挖掘线路车站特色，将地域文化、教育、旅游、商业等元素有机融合在运营服务创新过程中，是与乘客产生共鸣、提高乘客黏性、实现良性互动的有效途径。

四 运营服务品牌线路评价指标体系构建

（一）指标体系构建原则

1. 通用性原则

由于全国各地乘客构成、出行习惯、地域文化以及轨道交通运营单位管理水平不尽相同，各地区乘客对运营服务的期望各不相同。因此，建立一套具有通用性的评价指标对指导各城市轨道交通运营服务品牌线路建设显得尤为重要。

2. 重点突出原则

运营服务品牌线路评价各项指标应具备代表性，能够客观反映城市轨道交通运营单位服务供给水平以及满足乘客群体主要需求方面所能实现的情况。

3. 系统性原则

运营服务品牌线路评价各项指标不是孤立存在的，相互之间具有一定的关联性，在一级指标的基础上，具有延伸细化特性，存在二级指标，每个指标均有据可循。

4. 动态调整原则

科技进步导致乘客在支付、体验、感知等方面对城市轨道交通票卡服务、站车环境、便捷出行等的需求也在不断发生变化，因此，需要定期进行指标体系的维护与迭代更新。

（二）评价指标体系设计

1. 评价指标体系结构

本文采用目标层、一级指标、二级指标三层体系结构。目标层为运营服务品牌线路评价的最终目标，即建立一套运营服务品牌线路评价指标体系。

一级指标从打造城市轨道交通运营服务品牌线路的两个维度进行构建，包括运营服务品牌线路创建过程指标和运营服务品牌线路建设成效指标两部分。二级指标为一级指标的具体延展，是构建运营服务品牌线路评价指标体系的重点研究环节。

2. 评价指标选取步骤

为提高运营服务品牌线路评价指标选取的科学性和严谨性，从城市轨道交通行业主管单位、运营单位、乘客、其他标杆行业 4 个方面入手，按照"收集资料、提炼分析、指标提取、确定指标"的步骤和"轨道交通指标筛选为主、其他行业指标补充为辅、最终整合确定"的思路选取城市轨道交通运营服务品牌线路评价指标。

3. 评价指标选取方法

本次运营服务品牌线路评价指标选取方法，主要有以下 4 种。

一是国家行业主管单位组织创建城市轨道运营服务品牌线路时所关注的基础性指标作为硬性评价指标直接纳入运营服务品牌线路评价指标体系。

二是通过发放调查问卷的方式对全国主要城市轨道交通运营单位运营服务品牌线路评价指标构成情况进行摸底调查，在调查的基础上，采用频度分析法对各轨道交通运营单位关注度较高的通用性指标进行筛选确定。

三是结合全国主要城市轨道交通运营主管单位公布的 2023 年服务质量评价结果中有关满意度调查情况，采用归纳分析法对乘客关注度较高的通用性指标在问卷调查指标筛选的基础上作补充。

四是学习借鉴航空系统、水运系统、公交系统在打造精品线路方面的经验、做法，选取有参考意义的指标，通过对比分析，作为城市轨道交通运营服务品牌线路指标的进一步补充。

通过以上 4 种选取方法，选出入围的评价各项指标，最终建立城市轨道交通运营服务品牌线路评价指标体系。

（三）评价指标选取

1. 国家行业主管单位关注的基础性指标

2024年，交通运输部关于打造城市轨道交通运营服务品牌线路的通知中，明确提出城市轨道交通运营服务品牌线路原则上应符合以下条件：

①投入运营三年以上，且近三年未发生运营险性事件及重大负面舆情事件；

②近三年城市轨道交通服务质量评价中，得分在900分以上；

③上一年度日均客流强度超过0.7万人次/公里。

交通运输部作为交通领域国家主管部门，其提出的条件要求具有行业通用性特点，因此将"运营险性事件""负面舆情事件""服务质量评价得分""日均客流强度"4项基础性指标纳入运营服务品牌线路评价指标体系。

2. 各城市轨道交通运营单位关注的指标

根据城市轨道交通运营单位运营服务品牌线路评价指标构成调研情况，选取可供参考的21家城市轨道交通运营单位反馈的运营服务品牌线路评价指标关注的焦点①，采用频度分析法，归纳提取关注频次不低于5次的指标作为评价指标（标*），共14项指标，具体见表1。

表1 运营服务品牌线路评价指标关注频次

单位：次

指标	关注频次	指标	关注频次
列车服务可靠度*	8	无障碍设施完备*	5
设备设施可靠正常*	9	卫生间环境卫生*	6
乘客满意度*	13	有效乘客投诉回复率*	6
文化融合	2	乘客有效投诉率*	7
品牌建设	1	应急保障制度完善*	7
品牌特色*	7	爱心预约*	6
标识清晰醒目*	9	特色服务*	5
进出站秩序*	6	便捷换乘*	6

---

① 各单位调研问卷内容因篇幅较长，在此略。

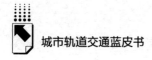

3. 乘客普遍关注的指标

根据目前互联网上已公布可供参考研究的北、上、广、深等地 11 家城市轨道交通运营主管单位 2023 年服务质量评价结果，对相关城市轨道交通运营单位满意度重点改善提升涉及的指标内容进行提炼，采用归纳分析法，选取乘客满意度调查得分较低以及重点改进的要素，作为运营服务品牌线路评价指标的有效补充（见图 1）。

由图 1 可以看出，提及频次较高的便捷换乘、标识规范等方面指标在初选指标中已存在，不需要重复选取。列车噪声在北京地铁、上海地铁、佛山地铁满意度调查改进提升中均有提及，是乘客反馈关注的焦点，因此补充列车噪声 1 项指标作为评价指标。

4. 其他行业指标借鉴

为进一步完善城市轨道交通运营服务品牌线路评价指标，充分借鉴民航、水运、公交等系统在打造精品线路方面的成功经验和做法，选取可以借鉴的部分指标作为轨道交通运营服务品牌线路评价指标的补充。

民航精品航线：1996 年 12 月，中国民航局在全行业创建服务样板——精品航线。[①] 在精品航线上飞行的所有航班均应达到文明航班的标准，飞行和空防安全事故为零，航班正常率达 90%，客舱服务旅客满意率达 95%，行李运输差错率不超过万分之一。

以海南航空为例，海南航空精品航线[②]在航班频次方面，日均往返班次达 5 次以上，最高达 8 次，时刻覆盖全天各时段；机型选用方面，优先使用舒适度更高的 B787、A330 宽体客机执飞；设立专属值机柜台、专属安检通道、相对固定的快线行李提取转盘等，节省排队时间，提升乘机效率；随到随走灵活变更、同区域随心换，符合条件可免费变更至原航班日期同航线航班，或在同区域航线间互换。

水路客运旅游精品航线：2021 年 12 月，为促进水路旅客运输与旅游融

---

① "精品航线"介绍，航空旅游网。
② 海南航空精品航线介绍，海南航空官网。

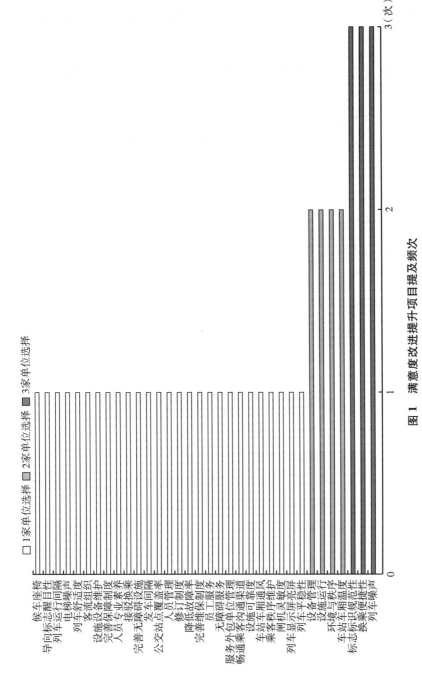

图 1　满意度改进提升项目提及频次

资料来源：部分城市轨道交通运营主管单位公布的 2023 年服务质量评价结果。

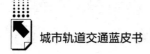

合发展，提升国内水路旅游客运服务质量，交通运输部决定开展打造国内水路旅游客运精品航线试点工作。2022年10月共推出50条水路客运旅游精品航线。

以广州珠江游精品航线①为例，精品航线新增3000客位珠江游运力，投入7艘珠江游纯电动船舶，实现芳村等4个码头充电桩投入使用。打造珠江游"红色"主题航班，与码头周边"红色景点"串联，采用多点停靠、随上随下形式，加强与学校、企业、红色革命景点等合作，丰富红色研学课程；在游船上引入代表岭南饮食特色文化的茶点及美食，将珠江游船、两岸美景、广府文化及特色美食有机融合，打造具有丰富岭南历史文化内涵和广州精美饮食特色的珠江游游船产品。将珠江游精品航线作为省旅游重点品牌予以推广，并给予充电用电优惠扶持政策；提升珠江游船舶和码头的统一调度，提升运营效率；依托珠江游纯电动游船，形成低噪声、零排放、舒适、高端的水上休闲旅游服务新模式。优化行业服务标准，提升服务效率；加大招商引资力度，积极引入大型航运企业投资，为行业发展注入新活力。

新能源公交高品质线路：作为交通运输部"我的公交我的城"重大主题宣传活动的重要组成部分，"新能源公交高品质线路"活动于2023年5月启动，最终推选出南京东山公交客运802路等20条各具特色、可学可鉴的"新能源公交高品质线路"。

以南京江宁公交集团802路高品质线路为例，② 南京江宁公交集团802路"好家风"巾帼主题公交线路于2020年9月22日开通，采用气电混合新能源公交车。车辆安装智能高清视频监控、主动安全识别系统，车辆两侧配有应急出口推窗，紧急情况下可以快速开启；配有驾驶员行为分析系统和新款报站终端，自动准确报站，方便乘客掌握动态行车信息；802路由25名形象气质佳、服务态度好、驾驶技术过硬的女性驾驶员组成车队。线路发车

① 交通运输部办公厅关于公布打造国内水路旅游客运精品航线试点单位及试点内容的通知中附件。
② 《802路公交获评"新能源公交高品质线路"报道》，南京市江宁区人民政府，2024年1月9日。

以来，她们不断发扬女性细致周到、亲和暖心的服务特点，以优质服务赢得了社会和广大乘客的认可；802路车厢以"爱国、爱岗、爱家"为主题，利用电视、条幅、宣传画等载体，在车厢内张贴文明礼仪、社会公德、文明健康系列宣传标语，灯箱和座椅背后是江宁区荣获国家、省、市、区各级最美家庭的家风家训和事迹介绍，车载电视不间断地播放家风故事视频，润物细无声地向乘客传递文明，倡导和培育优良家风家训，推进公共交通事业和谐发展，进一步弘扬社会主义核心价值观。

通过对上述3条具有行业代表性的品质线路创建情况进行分析，提炼相关精品线路优势指标，如表2所示。根据分析结果，运力安排、运输频次、品牌宣传、运输载体舒适度、节能环保等方面，均有供轨道交通运营服务品牌线路创建参考的指标内容。

城市轨道交通是城市公共交通的骨干，本身具有节能环保、运量大、全天候、无污染（或少污染）又安全等特点。充分发挥轨道交通系统的特点，对标其他行业优势指标，提高核心竞争力才能在行业竞争中占据优势。因此，将运力安排、运输频次、节能环保、品牌宣传4项指标纳入轨道交通运营服务品牌线路评价指标。

表2　部分航空水运公交精品线路优势指标分析

序号	精品线路	优势指标分析结果
1	海南航空精品航线	①航班频次大 ②机型搭乘舒适 ③专属服务品类多
2	广州珠江游精品航线	①船舶运力充沛 ②配套设施完善 ③品牌主题鲜明 ④配套政策完善
3	南京802路新能源高品质线路	①车辆智能化水平高 ②人员服务细致暖心 ③品牌宣传主题鲜明

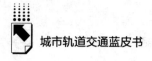
（四）指标体系建立

在满足交通运输部关于打造城市轨道交通运营服务品牌线路入围条件的基础上，围绕"运行更安全、设施更完善、出行更便利、乘客更满意、特色更突出"品牌线路建设要求，构建运营服务品牌线路评价指标体系。其中，一级指标2项，二级指标23项，具体如表3所示。

表3　运营服务品牌线路评价指标体系

	一级指标	二级指标
运营服务品牌线路 评价指标体系	运营服务品牌线路 创建过程指标	运营险性事件
		负面舆情事件
		应急保障制度完善
		运力安排
		运输频次
		列车服务可靠度
		列车运行噪声
		设备设施可靠度
		便捷换乘
		标识清晰醒目
		乘客有效投诉率
		有效投诉回复率
		爱心预约
		特色服务
		无障碍设施完备
		卫生间环境卫生
		进出站秩序
		品牌特色
		品牌宣传
		节能环保
	运营服务品牌线路 建设成效指标	日均客流强度
		乘客满意度得分
		服务质量评价得分

五 运营服务品牌线路评价指标体系研究建议

影响运营服务品牌线路评价指标体系的因素是多方面的，既有计划、预算、执行、管理等内部因素，又有地域政策、文化、乘客认知等外部因素。加强组织领导，充分倾听乘客声音，深入挖掘影响运营服务品牌线路的核心因素，协同解决运营服务品牌线路服务短板，持续提升品牌线路服务品质既是创建运营服务品牌线路的关键，也是衡量评价指标体系是否科学客观的前提和基础。

（一）聚焦需求，持续改善

就城市轨道交通运营单位而言，应以乘客为关注焦点，针对乘客反馈的问题或建议，逐一分析梳理，能及时整改的立即整改，一时不能解决的，要形成有计划、有步骤、有预算支持的系统性解决方案，持续改善运营服务。

（二）因地制宜，科学筹划

各城市轨道交通运营单位服务优劣势不尽相同，地域差异化非常显著。因此，科学筹划品牌线路建设工作，要因地制宜，让本土文化特色、乘客感知体验等深度融入品牌线路建设工作，找到适合本土化运营服务品牌线路建设的切入点和关键点。

（三）相互借鉴，取长补短

打造运营服务品牌线路，既要苦练内功，提升城市轨道交通运营单位管理水平；更要以开放的视角，探寻航空、水运、公交等不同服务行业标杆的先进品牌理念和优秀做法，依托轨道交通智慧化发展，取长补短有机融合到城市轨道交通领域，形成具有地域文化特色的运营服务品牌线路。

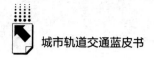

（四）协同联动，快速反应

打造运营服务品牌线路，要加强服务与行车调度、服务与运营维保、服务与运营执法的协同，快速有效处置各类服务事件，减少客服事件等对乘客出行造成的影响，持续提高服务、安全、运行、保障等系统的整体联动水平。

（五）提升品质，注重营销

运营服务品牌线路建设离不开轨道交通先进技术的有力支持。要大力提升智慧化服务水平，升级设备，拓展线上服务渠道和能力，让乘客全面接纳自助式服务理念。同时，要结合线路特色，做好文化营销、品牌宣传等工作。

B.5
基于乘客出行过程的服务优化举措研究

彭 行　王路路　李 霄　苑壮凌　李 状*

摘 要: 城市轨道交通作为面向乘客服务的主要交通工具，乘客出行就是轨道交通提供运输服务的过程，也是轨道交通与乘客交互的主要场景。基于乘客出行过程的服务优化举措，是围绕轨道交通高质量发展目标采取的一系列服务优化措施，本文按照乘客出行过程进行细分，通过分析乘客出行过程每个环节的需求，采取对应提升优化举措，进而提升乘客出行体验、提高轨道交通服务质量。

关键词: 城市轨道交通　乘客出行过程　乘客出行服务

一　乘客出行过程及服务概述

轨道交通乘客出行过程，主要包含从进站到出站的各环节。围绕乘客出行过程，轨道交通提供相应服务，包含从进站到出站的基础服务流程，以及热线、失物招领、信息服务和其他延伸服务等。相关服务如图 1 所示。

本文主要围绕进站、出站基础服务流程及其他延伸服务，探讨服务优化举措。

---

* 彭行，高级工程师，现任重庆市轨道交通（集团）有限公司运营管理中心副主任，主要从事安全、质量、法务、物资等管理工作；王路路，工程师，现任重庆市轨道交通（集团）有限公司运营管理中心运营业务管理部副经理，主要从事运营行车、客运、乘务的归口及监督管理工作；李霄，工程师，现任重庆市轨道交通（集团）有限公司运营管理中心运营业务管理部主管，主要从事客运组织、客运服务管理工作；苑壮凌，高级工程师，现任长春市轨道交通集团有限公司运营事业总部党委书记、部长，主要从事轨道交通全面运营管理工作；李状，高级工程师，现任长春市轨道交通集团有限公司运营事业总部副部长兼经营管理部经理，主要从事轨道交通运营生产经营管理工作。

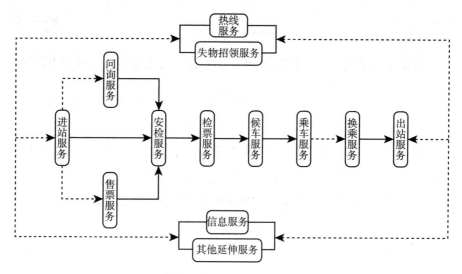

图 1　城市轨道交通乘客出行服务全过程

（一）进站服务

轨道交通进站服务是乘客乘坐轨道交通的第一个环节，也是最重要的一个环节，车站是否方便易找、进站是否便捷决定了乘客是否选择轨道交通出行，对轨道交通客流影响较大。进站服务主要包含进站引导、进站通行。

（二）问询服务

轨道交通问询是乘客在乘坐轨道交通出行过程中，向工作人员、服务平台或设施寻求关于轨道交通乘坐及轨道交通相关的各种信息、帮助和解答的行为。轨道交通企业提供问询服务，应以"易懂、准确、便捷"为基本原则。从提供问询服务的方式来分，问询服务通常分为人工问询服务（含现场人工问询服务及服务热线问询服务）、智能化设施问询服务（如在线客服、智能服务终端等）。

（三）售、检票服务

轨道交通售、检票通常依托自动售、检票系统，实现轨道交通售票、检票、计费、收费、统计、清分等，面向乘客的售、检票服务主要包含售票、检票服务。传统售票服务包括提供多种购票渠道，如人工售票窗口、自动售票机、线上购票平台等；检票服务是对乘客的车票或乘车凭证进行查验的过程。常见的检票方式有闸机检票和人工检票。近年来，随着票务系统的信息化升级与转变，扫码及生物识别过闸等方式将传统售票、检票步骤合二为一，乘客出行流程更为简化、快捷。

（四）安检服务

轨道交通安检服务是为了防止危险物品被带入轨道交通系统，通过使用安检设备，对易燃易爆物品、管制刀具等进行监测，降低恐怖袭击和意外事故发生的风险，为乘客提供安心的出行环境。安检服务需要安检人员具备专业的业务素质，迅速准确判断安检物品，同时，需耐心地向乘客解释安检的必要性和流程，引导乘客配合安检工作。

（五）候车服务

轨道交通候车服务是指在轨道交通站点，通常为候车站台，为乘客提供的在列车到达前的一系列服务和设施保障。包含良好的候车环境、清晰准确的列车运行信息（如列车时刻表、电子显示屏和广播系统等）、便利的候车设施（如座椅、无障碍设施、充电设施、自动售卖机等）、可靠的咨询及引导服务（工作人员或志愿者等，提供咨询、候车及乘降引导等），以及特殊人群的候车关怀等。

（六）乘车服务

轨道交通乘车服务是乘客从进入列车到达目的站点过程中轨道交通所提供的各种服务及保障措施。主要包含如下方面。列车设施与环境服务：提供通风良好、温度适宜、照明充足舒适的车厢环境，合理布局的座椅及齐备的应急设备和安全设施。列车运行组织：优化列车运行计划，合理安排列车班次及运行间隔。运行安全与稳定服务：保持列车运行平稳，减少晃动和噪

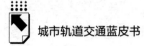

声，提高乘坐舒适度，确保列车运行安全。信息服务：通过车内电子显示屏、广播系统等，及时向乘客提供列车运行信息、站点信息、换乘信息等。提供线路图和站点指示标识：方便乘客了解行程和确定下车位置。其他服务：为行动不便的乘客提供无障碍设施和服务，照顾老弱病残孕等特殊群体，提供优先上车、爱心座椅等服务。

（七）换乘服务

轨道交通换乘服务是乘客从一条线路换乘到另一条线路过程中轨道交通提供的一系列服务的总称。主要包含如下方面。换乘设施便捷性：合理布局换乘通道和站台，实现便捷换乘。换乘客流组织：根据换乘设施的布局和客流量，制定合理的换乘流线，避免客流交叉和拥堵。换乘信息服务：提供换乘导向标识、信息显示屏及语音引导广播等。无障碍换乘服务：为行动不便的乘客提供无障碍通道、电梯、轮椅坡道等设施，确保他们能够顺利进行换乘。换乘衔接服务：合理安排列车运行时刻表，确保换乘线路间衔接顺畅。

（八）出站服务

轨道交通出站服务是乘客乘坐轨道交通到达目的车站后，轨道交通为其提供出站引导及便利服务，以确保乘客能够顺利、快速地离开车站并到达目的地。主要包含出站指引服务（车站街区图、出入口指示牌等出站导向及网络化指引服务）、周边交通衔接（公交换乘衔接、其他机动车衔接、"P+R"停车场、慢行系统衔接等）。

（九）其他延伸服务

轨道交通乘客在乘车过程中，除进站、出站基础服务外，轨道交通还提供延伸服务。例如，信息服务延伸：提供轨道周边景点、美食信息等。便民服务延伸：行李寄存、快递寄取等。文化服务延伸：车站环境美化与人文打造，举办艺术展览、音乐会及各种文化活动等。

二 目前存在的不足及乘客需求

（一）进站服务方面

部分车站和出入口进站指引不足，导致外地游客难以快速找到车站；通勤乘客需要快速进站，尤其是在早晚高峰时段，他们希望减少排队时间和简化安检流程以节省时间。

（二）问询服务方面

工作人员数量有限且分布固定，无法全面覆盖车站，导致乘客不能随时咨询；问询服务水平因工作人员的业务能力和服务意识不同而有所差异；大多数工作人员仅能使用本地方言和普通话提供服务，对于跨区域方言和外语沟通存在障碍。

（三）售、检票方面

闸机检票速度具有一定局限，加上不可预见性故障等问题，无法满足高峰时段乘客快速通行的需求；传统售票方式正被多种支付方式如储值票、扫码和人脸过闸取代，乘车流程简化了。扫码过闸在支付码调用上存在一定不便，有进一步优化空间；人脸过闸因信息安全和信任问题使用率不高。探索高效快捷的检票服务，提供更多便捷、安全的支付方式，多元化的票种，是满足乘客高品质出行需求的方向之一。

（四）安全检查方面

随着客流量增加，安检压力也增大，安检出现排队时间过长等情况，早晚通勤、通学等人群对快速通过安检的需求较为强烈；一些乘客可能对安检流程不够理解或配合度不高，给安检工作带来一定的困难；携带大件行李的人群，安检较为不便；人物同检，虽然保障公众安全，但孕妇等特殊人群有免安检需求。

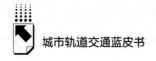

（五）候车服务方面

部分线路间隔大，乘客等待时间长；候车座位不足，特殊人群如老人、孕妇的候车体验有待改善；缺少无障碍候车设施，影响轮椅使用者和携带大件行李者乘车；高峰时段站点拥挤，部分客流大站乘客上下车较为困难；便民设施不足，如充电和免费 Wi-Fi，未能满足乘客需求。

（六）乘车服务方面

便民化服务设施不足，充电设施等仅在部分新投用线路增设；乘车过程较为枯燥无趣，乘客通常只能玩电子产品打发时间及获得咨询；不同乘客对温度的感受差异较大，列车客室空调温度争议较大、投诉也较多；座椅材质过硬或冬季无法加热，未能精准贴合乘客需求。

（七）换乘服务方面

部分站点换乘距离较长，换乘耗时较久；换乘指示存在进一步优化空间；换乘人流大，客运组织困难；线路间换乘衔接需改善，减少换乘候车时间。

（八）出站服务方面

与地面公交、慢行系统及其他交通方式，以及周边业态等的衔接及融合不足；出站信息服务范围相对局限，缺乏公交实时到站、实时天气等信息，更好地服务乘客存在进一步优化空间。

三　轨道交通服务优化举措

（一）进站服务

进站服务优化，可从进站引导和进站通行两方面进行。

1.进站引导

进站引导分为实体引导标识及线上引导服务。实体引导服务主要为乘客提供视觉引导，目前轨道交通行业已基本形成体系化引导标识标准，包含站外交通导向系统及站内服务导向系统。站外交通导向系统主要用于引导乘客进入和离开车站，包含车站周边市政道路或市政设施到达车站指引标识及车站出入口、无障碍电梯等标识；线上引导服务，主要通过信息化方式，为乘客提供引导服务，如路线导航、实景导航等。例如，宁波在传统导航的基础上，推出"VR 导览图"，帮助乘客更快辨认路线。轨道交通提供进站服务时，需确保标识系统清晰准确，让乘客能够一目了然，迅速找到正确的进站路径。

2. 进站通行

进站通行主要方便乘客从车站出入口快捷、顺利进入轨道交通车站站厅层。需以乘客需求为导向，围绕提高进站效率、提升出行体验、提高乘车便捷性优化进站通行服务。部分城市在常规进站服务的基础上，通过服务精细化，优化了进站服务措施，提升服务体验。

案例 1　进站服务优化——北京快速进站及冬季进站保暖棚

快速进站服务是超大城市、大客流车站及时疏解站厅客流、提高乘客进站效率的有效方式，具有较高的借鉴价值，是人性化措施的具体体现。2021年 12 月，北京地铁推出"实名常乘客快速进站服务"，在天通苑北、天通苑、天通苑南、霍营、回龙观东大街等 5 座车站试点。乘客可通过"京通"App 或小程序，线上申请并通过核验成为实名常乘客，即可享受"实名常乘客快速进站服务"，通过专用通道快速进站。

北京昌平线沙河站和 5 号线天通苑站，是早高峰常态化限流车站，早晚高峰站外排队进站乘客较多。北京冬季低温天气，乘客排队进站时较为寒冷，为了给乘客提供更加温暖、舒适的乘车环境，2023 年 12 月，北京地铁在上述两座车站加装了候车保暖设施，可容纳数百人同时候车，保障乘客温暖出行。该服务举措对于北方冬天客流量大的地铁站而言，具有良好示范效应，是进站服务的进一步深化。

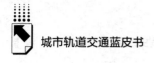

（二）问询服务

问询服务主要从提升服务人员素质、设置智能问询设施、提供差异化问询服务等方面进行。

1. 人工问询服务

服务人员需具备良好的专业素养，熟悉轨道交通线路、站点、运营时间、票价政策等基本信息，还需了解周边的公交换乘、主要地标建筑、热门景点等相关内容，以便为乘客提供准确、全面的答复。同时，在服务态度上，工作人员应热情、耐心、微笑服务，积极倾听乘客的问题，给予及时有效的回应，让乘客感受到关怀和尊重。

2. 其他问询服务

除基础的热线服务外，目前轨道交通通过在线客服、智能服务终端等信息化问询服务设施，向乘客提供便捷、自动的问询服务，使乘客获得轨道交通相关信息。该类信息化问询设施设备的操作便利性、智能化水平、信息更新及时性等是影响乘客问询体验的主要因素。

3. 差异化问询服务

针对不同人群，如聋哑人、老年人、国际游客等，轨道交通运营企业需提供差异化服务，为聋哑人提供手语服务，为老年人提供耐心周到的解答服务，为国际游客提供外语服务，从而满足不同人群的需求。优质的轨道交通问询服务能够帮助乘客解决出行中的困惑、提升乘客的出行体验、树立良好的轨道交通形象。

案例 2　问询服务优化——差异化问询服务

国际游客差异化问询服务。深圳 11 号线机场站和北京大兴机场线等车站引入多语种智能客服终端，提供实时翻译、购票、出行规划和投诉建议服务，支持多语种服务。北京还试点了翻译机，实现语音到语音或文字的翻译。随着 144 小时过境免签政策的推广，中国将吸引更多国际游客，需要提前准备相应的多语种轨道交通问询服务。

老年人及游客差异化问询服务。针对老年人及外地游客常问询乘车路线后记忆困难的问题，南京地铁提供"信鸽服务"，用小纸条记录问询路线并提供给乘客，让乘客安心出行。同时，南京地铁还提供"彩虹便民条"服务，归纳常见问询线路并以颜色区分不同目的地，乘客带上彩虹便民条，便可"按图索骥"。这些措施不仅提供了信息，还为乘客带来了更贴心的服务。

案例3　问询服务优化——招援服务

目前国内较多轨道交通在车站设有直通电话和招援按钮，便于乘客与工作人员一键通话。在此基础上，北京首都机场线引入线上线下招援系统，在车站进出站口、站厅、站台、车厢等乘客行走路径上设置多处招援二维码，乘客用手机微信扫码，即可与携带移动应答终端和固定应答终端的工作人员取得音视频联系，随时随地线上招援；天津实施了"一站一码"服务，车站多点位设置了服务码，乘客扫码即可联系工作人员。

这些招援服务解决了乘客寻找工作人员的不便，特别是北京和天津的线上服务，打破空间限制，使乘客能够随时联系到工作人员。

（三）售、检票服务

售、检票服务可从提升检票效率、支付方式多样化与便捷化、票种多元化、票务服务创新与延伸等方面入手进行优化。

1.提升检票效率

一方面，需加强闸机等检票设备的维护，降低故障概率，确保检票设备具有高度的准确性和稳定性，能够快速识别有效车票并允许乘客通过。另一方面，加大新技术研发力度，提高乘车凭证的识别效率及响应效率，缩短全流程时间。同时，解决检票过程中的问题和痛点。例如，宁波轨道交通通过数据智能匹配，实现同一用户不同平台进出站信息配对，有效降低了"混刷"投诉。

2.支付方式多样化与便捷化

目前智能检票在国内较多城市得到应用，如不断摸索和尝试刷脸过闸等

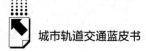

生物识别技术、新兴的智能检票方式。例如，北京大兴机场线引入刷掌乘车服务，乘客注册后可使用掌纹快速过闸乘车。智能检票系统升级迭代，基于不同使用场景，提供多种支付解决方案，是持续优化支付方式的方向之一；北京在银行 App 和"滴滴出行"小程序中增加了轨道交通乘车二维码，拓展了扫码渠道；再如，为满足国际乘客需求，重庆轨道交通全线网车站均配备银联 POS 机，支持多种境外银行卡，无须兑换人民币即可购票、充值，提升了出行体验。

3. 票种多元化

票种多元化是在轨道交通系统中提供多种不同类型的车票，以满足不同乘客的需求。轨道交通票种多元化是提高轨道交通服务质量和吸引力的重要措施。通过提供多种不同类型的车票，轨道交通运营企业可以满足不同乘客的需求，提高出行便利性，促进轨道交通发展。除常规的单程票、储值卡、月/季/年等定期票、学生票/老年票等优惠票、团体票等外，还应考虑开发满足不同群体、不同场景需求的票卡。如广州地铁推出电子日票，销量显著增长，提升了购票效率和出行体验；上海地铁试点安装了纸质单程票售票机，实现了纸票扫码乘车。

4. 票务服务创新与延伸

轨道交通运营企业为贴合乘客需求，通过票务创新、特色检票服务措施等，发挥票务服务的延伸功能，为乘客提供增值或便民服务，提升乘客出行体验，提高乘客满意度。如北京大兴机场线提供在线购买空轨联运票服务，实现一站式购票，节省了时间和精力。

案例 4　提升检票效率——闸机常开模式

为提升闸机通行能力，上海地铁在杨树浦路等 3 座车站试点了"闸机常开门"模式；此外，宁波、合肥轨道交通运营企业也开展了"闸机常开门"模式试点。闸机常开模式通行效率提升了 20%~30%，但结合目前国内城市轨道交通乘客出行习惯、客流密度大等特点，闸机常开模式或增加客伤风险。

案例5 票务服务延伸——同站免费通行

成都、重庆等城市实施了同站免费通行服务。成都地铁在14个站点试行"同站过街",通过对车站部分闸机进行系统升级,有本站"过街"需求的乘客,可扫码/刷卡通过同站过街专用闸机进出,15分钟内不扣费。上海和宁波地铁也提供了10分钟内免费的"本站进出"服务,以满足市民多样化的出行需求。

(四)安全检查服务

轨道交通安检服务优化可从以下方面入手。

1. 提高安检效率

加大安检人员的培训力度,提高专业素质和服务水平;加强安检设备的更新和维护,引入无感安检、智能判图等,提高安检的准确性和效率;优化安检流程,减少重复安检,减少乘客安检排队等待时间,整合不同交通方式的安检流程,避免重复安检,实现快捷进站。如高峰开辟无包安检通道、枢纽站安检单信等。

2. 提高乘客支持度

加强对乘客的宣传教育,提高乘客对安检工作的认识和配合度;推出人性化安检措施,如徐州地铁提供糖果换违禁品服务,天津地铁设有孕妇和学生专用安检通道,并提供灵活寄存服务;大兴机场站帮助乘客携带大件行李过安检,提升乘客出行便利。

案例6 减少重复安检——天津地铁与铁路安检互信

铁路与城市轨道交通安检互认可提升出行效率和体验,促进"四网融合"发展。2018年12月,天津站在全国率先实现铁路和城市轨道交通双向安检互认,乘客无论是从铁路到轨道交通乘车,还是从轨道交通车站到铁路乘车,均无须再次安检,极大方便了旅客出行。但国内多数城市仅实现"安检单信"。互认障碍包括安检标准不一、管辖单位不同需协调安全责任,

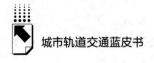

以及前期没有做预留改造难度大等。

案例7　提高安检效率——安检白名单

轨道交通作为大城市主要的交通工具，早晚高峰客流量较大，尤其是客流大站安检排队较长，影响乘客出行效率与体验，其中大部分是通勤客流。为优化安检流程，2021年，北京地铁在天通苑南站等5座客流大站试点"信用+智慧安检"新模式。乘坐地铁频率较高的乘客可申请加入安检"白名单"，认证后从专用通道进站，早晚高峰进站效率得到较大提升。

此外，上海地铁2021年在徐家汇站试点了"安检便捷通道"，通过App实名制申请的乘客，进站后可免安检扫码通过。

（五）候车服务

候车服务优化，主要围绕候车环境、列车运行信息、候车设施、咨询及引导服务、特殊人群候车关怀等方面开展。除对候车环境进行提档升级外，列车运行信息、候车设施、特殊人群候车关怀也是近年来轨道交通行业开展候车服务优化的重点。

案例8　候车服务优化——候车信息升级

近年来，随着智能化应用的推广与普及，轨道交通智能化程度也越来越高。深圳、南京、厦门、苏州等城市部分轨道线路在站台设置了车厢拥挤度智能显示系统，乘客可提前知晓即将到达列车各车厢的拥挤信息，选择较为空闲的车厢乘坐，有利于乘客分散乘候车，提升出行体验。

案例9　候车服务优化——候车配套设施及候车关怀

乌鲁木齐地铁1号线引入带充电功能的智能候车座椅，配备无线和有线充电接口，满足了乘客候车时的充电需求；天津地铁则在冬季为候车座椅添加了坐垫，避免了座椅的冰冷感。新疆地铁大街站为应对20%以上老年乘客的需求，设立了老年人专用候车通道；宁波和武汉等城市也在站台设置了爱心候车区，服务老年人和行动不便者。

（六）乘车服务

乘车服务主要可从以下方面进行优化。

1. 列车设施与环境服务

主要优化措施有定期更新列车车厢座椅，采用更符合人体工程学的设计，增加座椅的柔软度和透气性；车厢采用空调智能调节系统，根据车厢内的温度和乘客数量自动调节温度和风速，保持舒适的乘车环境；等等。此外，近年来，国内较多城市轨道交通上线了强冷、弱冷车厢，同时，苏州、西安、重庆部分线路列车上还配备了充电装置。

2. 列车运行组织服务

主要包含运能与客流的精准匹配，为乘客提供适宜的乘车空间、提升运输效率；减少乘客候车时间、提高出行效率。如采用灵活交路满足不同区段客流需求，小编制高密度等方式缩短客流较低线路或区段行车间隔等。

3. 信息服务

乘车是乘客出行耗时最多的环节，乘车服务对乘客出行体验尤为重要。目前国内新建轨道线路，在列车到站信息显示等方面，为乘客提供了更为精细化的信息，如在车厢展示前方到站扶梯、无障碍电梯位置信息等。但目前信息服务相对局限，与信息化时代乘客对各类信息获取的需求匹配不够，乘客乘车时感觉枯燥无趣。可为乘客提供更多资讯。

4. 其他服务

提供便民及关爱服务，如提供免费的 Wi-Fi 网络，为行动不便的乘客提供无障碍设施和服务，配备轮椅渡板、轮椅上车位及固定位，照顾老弱病残孕等特殊群体，提供优先上车、爱心座椅等服务，等等。

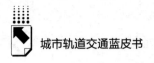
案例 10　乘车服务优化——爱心车厢

为了更好地满足特殊乘客群体的需求，西安地铁将每列列车的第三节车厢设定为"爱心车厢"，为需要帮助的乘客提供温馨、安全的乘车环境。乘客只需在车站客服中心领取一枚"爱心徽章"，即可在上车后得到关照。这一举措不仅体现了社会对弱势群体的关爱与尊重，也促进了人与人之间的互助与理解。此外，爱心车厢还常常成为志愿者开展公益活动的场所，如为老人提供导乘服务，为儿童讲解地铁安全知识等，进一步丰富了车厢文化的内涵。

此外，深圳和广州在部分线路上试行了女性专用车厢，但公众和业界对此反应不一。一些人视其为对女性的关怀，而另一些人则质疑其实际效用。运营中存在站台人流管理难度大、高峰运能紧张、实现女性车厢专用功能难度较大等问题。

（七）换乘服务

换乘服务优化主要围绕以下方面开展。

1. 提高换乘效率

通过优化换乘设施，采取同站台换乘、节点换乘等方式，跨线运营等，减少步行距离和换乘时间，提高换乘效率。

2. 换乘客流组织

主要结合不同换乘形式及客流特点进行。如在换乘通道和站台设置客流引导设施，引导乘客有序流动；高峰时段，安排工作人员在换乘区域进行引导，安装客流监测设备实时监测，建立客流预警机制，及时采取限流、疏导等措施，确保换乘安全。

3. 换乘信息服务

在换乘区域设置清晰、准确的导向标识，包括线路指示、换乘方向、出口位置等，帮助乘客快速找到换乘路线；安装信息显示屏，实时显示列车到站时间、换乘信息等；利用广播等，向乘客发布换乘注意事项等信息。例如，上海龙阳路站是国内首个五线换乘站，通过增设 LED 信息屏和 VR 导航二维码，提升乘客换乘效率。

4.无障碍换乘服务

为行动不便的乘客提供无障碍通道、无障碍直升电梯、轮椅坡道等设施，并配套设置明显的标识和引导。

5.换乘衔接服务

合理安排换乘线路列车运行计划，确保不同线路列车的到站时间和发车时间相互衔接，减少乘客换乘等待时间；站外换乘或非付费区换乘，采用"虚拟换乘"方式解决票务连续计费问题。

案例11 提高换乘效率——重庆三线跨线运营

2020年9月，重庆在国内率先实现双线（4号线和环线）列车互联互通跨线运营；2021年12月，在双线跨线运营的基础上，实现"4—环—5"三线列车互联互通跨线运营。互联互通结合"直快车"理念，采用"车换线"代替"人换乘"的方式，实现市区东北、西南、中部3个区域的快速直联，较普通列车单程可为乘客节约出行时间约33分钟。跨线运营极大地提高了出行效率，乘客出行也更为便捷。

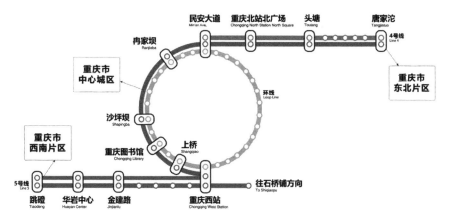

图2 重庆轨道交通4—5—环三线互联互通

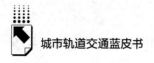

案例 12　换乘客流组织——北京潮汐换乘通道

北京地铁东单站是 1 号线和 5 号线的换乘站，早晚高峰换乘客流呈现明显潮汐特征，为方便乘客换乘，该站早晚高峰启用"潮汐通道"，合理分配换乘空间，优化了换乘客流组织模式。

案例 13　换乘衔接——宁波"绿波换乘"

为提高换乘衔接便利度，2024 年 7 月，宁波地铁在樱花公园站和海晏北路站两个站点试点"绿波换乘"，通过调整换乘线路间的列车到发时间，让主要换乘方向的乘客无须多等一班车，实现"无缝换乘"。

（八）出站服务

出站服务优化主要围绕以下方面开展。

1. 出站指引服务

出站指引服务方面，较多城市轨道交通站点已配备车站综合资讯导向或显示系统。综合资讯系统集换乘指引、展示站点周边地图等多种功能于一体，通过高清大屏或智能手机应用等渠道，为乘客提供清晰的出行信息。在此基础上，部分城市还进一步引入 AI 语音助手功能，乘客只需说出目的地，系统便能迅速规划出最优路线，大大提升了乘客的出行效率和便捷性。

2. 周边交通衔接

良好的交通衔接是促进轨道交通多元融合发展、提高轨道交通与其他交通方式换乘便利性、提升轨道站点对周边覆盖能力的重要部分。周边交通衔接除应与机场、铁路枢纽、客运枢纽等实现无缝换乘外，在公交换乘衔接、其他机动车衔接、慢行系统衔接等方面，均有必要结合城市、车站定位及现场条件等情况，尽可能优化和提升。

案例 14　出站指引——智能化应用

出站指引智能化应用。深圳北站作为深圳主要的铁路枢纽，提供多功能智能终端服务。这些终端提供站内实景导航、智能路径规划和视频播放，支持通过扫描二维码使用小程序获取实时导航路线，包括常规和无障碍路径导航。

案例15 周边交通衔接——站外风雨连廊

目前，深圳、广州、杭州、重庆等城市，部分轨道交通车站修建了风雨连廊，有效衔接了轨道交通出入口与公交车站、非机动车停车场，乘客可实现公——轨"无缝换乘"，助力"轨道+慢行交通"融合发展。以杭州为例，为改善轨道站点的接驳环境，鼓励市民绿色出行，2023年首批试点建设了8个地铁风雨连廊项目，目前已全部完工投用。在香港，风雨连廊的运用较广，社会效应也较大，将轨道站点与周边公交车站、写字楼、商场等连接成"一体"，极大地方便了市民出行。

图3 重庆动步公园站风雨连廊

案例16 周边交通衔接——重庆轨道步行便捷性提升

2020~2023年，重庆开展了60个轨道站点步行便捷性提升工程，通过新建天桥、地下通道、无障碍垂直电梯等方式，解决重庆特殊地理环境带来的高差阻隔，减少绕行。通过改造，服务面积占比由63.3%提高到70.1%，

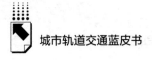

绕行面积占比由 32.5% 下降到 16.5%。2024 年将实施 15 个轨道站步行便捷性提升改造，后续滚动编制年度计划。

（九）其他延伸服务

随着科技发展和需求多样化，城市轨道交通将探索新方向，在提供基础服务的基础上，同步开展轨道交通延伸服务优化，提供更便捷、舒适、愉悦的出行体验。

其他延伸服务可围绕以下方面开展。

1. 环境打造与美化

城市轨道交通系统正逐步从单一的交通工具向多元化、文化化、艺术化的方向迈进，主要从站点文化打造、环境提档升级等方面进行转变，这种转变不仅提升了乘客的出行体验，更让城市轨道交通成为城市文化的重要载体和展示窗口。

案例 17　环境打造与美化——站点文化打造

上海地铁部分站点融入海派文化精髓，通过艺术装置、历史壁画等形式，讲述这座城市的故事，让乘客在匆匆的旅途中也能感受到上海的历史底蕴和文化魅力；广州地铁在站点装饰上融入岭南文化的元素，如剪纸、广绣等，让乘客在享受便捷服务的同时，也能领略到岭南文化的独特韵味；武汉地铁精心设计多彩主题景观，实现"一线一色、一站一景"。目前，已成功打造出 12 条色彩鲜明的线路和 89 个主题鲜明的地铁站，让乘客在乘坐地铁的同时，也能欣赏到丰富多彩的艺术景观、感受到浓厚的文化氛围；西安钟楼站打造"诗韵长安"唐诗主题车站，举办国风文化活动，乘客可以偶遇大唐诗人"李白"，参与现场对诗活动。

案例 18　环境打造与美化——环境提档升级

宁波钱湖北路站通过在卫生间安装音乐播放器和儿童洗手梯来提升乘客

体验；重庆和北京等城市对早期线路的老旧卫生间进行了全面升级改造，改善乘客的如厕体验。随着科技发展和需求多样化，城市轨道交通将探索新方向，通过技术创新、文化融合和环保理念，提供更便捷、舒适、愉悦的出行体验。这些努力将使轨道交通成为城市发展的关键部分，助力城市繁荣发展。

2. 增值/便民服务举措

现代化城市轨道交通系统除了基本的交通出行功能外，各大城市还纷纷推出丰富多样的增值和便民服务，旨在提升乘客的出行体验。如商业配套、其他便民服务等。尽管增值/便民服务需要一定的成本，但增值/便民服务能带来经济效益和社会效益，增加乘客数量，提升运营效率，创造收益，增强城市竞争力，促进可持续发展。因此，城市轨道交通系统应持续增加这些服务的投入，创新服务方式，提供优质出行体验，并需要政府和社会的支持以推动其健康发展。

案例 19　延伸服务——购物与餐饮服务

北京大兴机场线草桥站和大兴机场站提供以北京特色为主的商业服务，包括食品和特产；北京地铁 19 号线引入多种自助贩卖机，被称为自助贩卖机种类最全的地铁线路。未来，将根据政府要求，提供更丰富的购物体验，利用实体店铺优势，提供早餐和晚餐服务，解决城市轨道交通服务的"最后一公里"问题。

案例 20　延伸服务——多样化的便民措施

2024 年，多个城市如北京、上海、兰州等在地铁站试点了行李寄存服务，主要位于枢纽、景点和商圈。这些服务有效解决了旅客短期携带行李的不便问题，是推动交通与旅游融合的便民措施；国内多个城市的轨道交通系统，如深圳、广州、成都、重庆和长春等，已在车站增设母婴室，配备沙发、置物台、烘手器、茶吧机、消毒机等设施，以提供便捷的母婴服务；合肥设有多个便民服务站点，火车站设有服务台，提供行李搬运服务，幸福坝

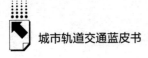

站内设有婚姻登记处和音乐角，可以举办文化活动。此外，根据季节变化设置纳凉区和御寒点；宁波地铁引入自助挂号机，提供行李打包和搬运服务；常州地铁为学生提供"爱心流动金"，帮助忘带现金的学生。

案例21 延伸服务——交旅融合

杭州地铁与旅游部门合作，在部分站点设立旅游信息中心，提供地图、景点介绍和门票预订服务；北京地铁推出"地铁文化游"线路，通过装饰和语音导览介绍城市历史文化。

四 未来展望

基于乘客出行过程的服务举措，各城市轨道交通一直不断地积极探索更多创新路径与策略，力求在提升运营效率的同时，为乘客带来更加便捷、舒适与个性化的出行体验。以下是未来可能进行的一些优化尝试与方向。

（一）智能化出行助手

开发智能化出行助手，集成于手机或智能穿戴设备，通过大数据分析提供精准到站时间预测、最优换乘方案及实时拥挤度查询。助手考虑天气、节假日等因素，自动调整建议，确保无忧出行。

（二）无感支付与快速通行

推广无接触支付方式如生物识别和二维码扫码，缩短购票和进出站时间。高峰时段，设置快速通道或智能闸机，自动识别乘客身份和支付状态，实现快速通行，缓解人流压力。

（三）情感化服务体验

车站和车厢内设有互动屏幕或语音提示系统，提供导乘信息，并根据特

定情境播放温馨提示、趣味知识或轻松音乐，以营造愉悦的出行氛围。利用
AI 技术识别乘客情绪，为需要帮助的乘客提供心理支持或特殊服务，增强
乘客情绪价值。

（四）定制化信息服务

为不同乘客群体提供定制化的信息服务，如为上班族提供早高峰出行提
醒、为游客提供周边景点推荐等。通过大数据分析，精准推送乘客可能感兴
趣的信息，增强服务的针对性和有效性。

（五）多元融合发展

加强与周边城市轨道交通系统、公交、出租车、共享单车等多种交通方
式的融合发展，同时，实现跨城交通信息互联互通和无缝换乘，进一步提高
"四网融合"协同水平；开发一键式换乘方案查询功能，让乘客轻松规划跨
城出行路线，享受便捷高效的出行体验。

（六）轨道"N+"服务

进一步创新轨道与文化的融合，打造艺术车站、音乐车站等形式多样的主
题车站，丰富乘客的出行体验；进一步挖掘轨道与旅游的融合，打造交旅融合
站点、景点，提升轨道附加价值；打造车站生态圈，增强轨道与乘客生活黏性。

（七）铁路与轨道交通安检互信

交通运输部发布的《城市轨道交通客运组织与服务管理办法》和新版
《铁路旅客运输安全检查管理办法》均提倡安检互认，以提升效率和服务水
平。自 2024 年 2 月 1 日起实施的新规鼓励铁路与城市轨道交通等交通方式安
检标准的衔接互认。后续，铁路和地铁安检标准的互认工作预计将得以推进，
通过统一标准、优化流程、更新设备等措施，提高通行效率和服务质量。

持续实施以人民为中心的服务举措，在满足大众化基础性需求的基础上，
不断提供差异化、个性化的服务，是未来乘客服务优化举措的主要方向。

B.6
城市轨道交通客流培育方法研究

林瑞华　岳晓辉　崔建明　陈炜　沈颖*

摘　要：　近年来，我国城市轨道交通发展迅猛。为更好地发挥轨道交通对社会经济发展的支撑作用，本文对轨道交通客流开展专题研究。通过调查研究和数据对比，分析城市轨道交通客流发展的规律，从宏观到微观提炼出社会经济发展、城市空间规划、沿线土地开发利用、车站可达性、运营管理服务等5个主要影响客流效益的因素。选取实际案例分析，有针对性地提出协同城市空间结构发展、实施TOD开发、提高车站可达性、提升服务品质、推动文旅融合等培育策略。

关键词：　城市轨道交通　客流效益　影响因素　培育方法

一　客流培育的背景

轨道交通具有高运能、时效强、绿色环保的特点，是缓解城市交通拥堵、满足居民出行的重要公共交通方式。我国从20世纪50年代开始规划建设轨道交通。伴随社会经济的飞速发展，我国逐渐探索出一条符合中国国情

---

* 林瑞华，高级统计师，现任天津轨道交通线网管理有限公司安全质量部经理，主要从事客运服务、运营管理、安全质量等相关工作；岳晓辉，高级工程师，现任天津轨道交通线网管理有限公司调度指挥部经理，主要从事运营管理、调度指挥、应急处置等相关工作；崔建明，高级工程师，现任天津轨道交通线网管理有限公司监督管理部考核评价室主任，主要从事运营管理、指标分析、行车组织等相关工作；陈炜，工程师，现任宁波市轨道交通集团有限公司运营管理中心副主任（副总经理），主要从事轨道交通运营运输组织、客运服务管理等相关工作；沈颖，高级经济师，现任宁波市轨道交通集团有限公司运营管理中心票务服务部副部长，主要从事轨道交通运营服务管理、市场营销相关工作。

的轨道交通发展路线。城市轨道交通系统的迅猛发展有效解决了我国城市遇到的交通堵塞和环境污染的问题，发挥了支撑和引领经济社会发展的作用；但同时也出现了一些亟须解决的问题。

首先，片面追求线网规模，在运营里程快速增长的同时，客流的增长速度相对缓慢，整体客流效益低下，未充分发挥轨道交通在城市公共交通中的骨干作用。其次，轨道交通线路与城市功能的结合不紧密，难以发挥客流效应，造成部分轨道交通线路客流强度偏低。

因此，当下有必要对轨道交通客流培育问题展开专题研究，剖析存在的问题，提出相关解决方法和建议，在有效提高城市轨道交通效能的同时，为在建线路的一体化、精细化设计提供参考。

二 影响客流出行的主要因素

轨道交通客流效益的高低是众多因素综合作用的结果，本文按照宏观—中观—微观三个层次，从社会经济发展、城市空间规划、沿线土地开发利用、车站可达性和运营管理服务5个方面进行全面梳理。

（一）社会经济发展

社会经济发展包含生产总值和人均收入的不断提高，以及生产生活方式的多样性。其发展水平通常体现在常住人口规模及发展程度、经济规划及实现程度等方面，进而影响区域辐射力、经济实力和民生水平等方面，从而决定了一个地区外来人口吸引力、旅游客流、产业布局、企业数量、人均可支配收入、消费指数等。城市交通需求源于社会经济发展对资源和要素的流通要求与城市居民生活出行所产生的派生需求，其增长与城市发展呈正相关。[1]

第一，城市总体经济规模决定公共基础设施的建设、社会资源配置和政

---

[1] 李光军：《北京市社会经济发展对城市交通的影响分析》，北京交通大学硕士学位论文，2007。

策规划，影响城市的建设进程以及经济活动、交通出行的空间分布，是轨道交通发展运营的基础。经济总量的提高，一方面为轨道交通建设提供了必要的物质基础；另一方面引发了交通需求在数量上和质量上的深刻变化。

第二，城市人口规模的发展对轨道交通需求产生了重要的影响。人口分布结构对交通的需求主要集中在客运交通需求方面，公共交通需求对从业人口及结构变化具有较高的敏感性，两者之间的变化呈正相关。随着城市吸引力的提高，流动人口占比快速上升，引发交通需求快速增加。

第三，产业结构布局对轨道交通需求产生重要的影响，推动其快速增长。第三产业的发展不仅可以提高就业人口的比例、改变就业人口构成，而且也刺激了商业、文旅活动的增加，吸引了外地游客，在促进通勤等基本出行总量提高的同时，也使娱乐、公务、旅游等非基本出行需求快速增长。

第四，居民出行的实质是选择交通服务的过程，本质是一种与经济有关的活动。居民的消费行为取决于收入水平，其活跃程度将影响到居民出行的频率、目的、出行方式的选择以及活动半径。随着收入的提高，居民的消费结构发生变化，通勤以外非基本出行的需求迅速增加，用于交通方面的支出相应提高，对交通服务的要求也越来越高，反映在时效性、舒适性以及服务多层次等方面。收入及消费活跃度不高将导致社会活力不足；居民出行距离较短，导致对轨道交通的出行需求降低。

第五，中心城区用地发展未按照规划目标实现，副中心、外围组团以及城市更新改造项目的建设滞后、开发单一等原因，造成轨道交通沿线客流不佳。城市新区从开始建设到人气旺盛通常经历10年甚至更长时间跨度，如果轨道交通投运后开发项目尚未落地，那就会进一步拉长客流培育期。

表1列出了2023年轨道交通客运强度大于0.7万人次/公里日的14座城市（降序排列）。选取了常住人口、第三产业增加值比重、城镇居民人均消费支出、旅游人数、机场吞吐量等5个指标。其中，第三产业增加值比重反映了一个地区所处的经济发展阶段和经济发展的总体水平，各国经济发展历程表明，发达的第三产业是经济中心城市的重要标志，并成为带动经济增长的主要动力。城镇居民人均消费支出是指居民用于满足家庭日常生活消费

需要的全部支出，反映了地区的消费水平和能力，影响居民交通出行的支出。旅游业能够为城市带来大量的流动人口，增加公共交通出行的需求。机场吞吐量是地区经济发展的"晴雨表"，也是衡量一个地区经济社会发展程度和活跃程度的重要标志。

表1　2023 年部分城市经济发展概况

城市	线路长度（公里）	客运强度（万人次/公里日）	常住人口（万人）	第三产业增加值比重（%）	城镇居民人均消费支出（元）	旅游人数（万人次）	机场吞吐量（万人次）
广州	653.34	1.37	1882.70	73.34	49480	5545	6316.8
深圳	575.62	1.33	1779.01	62.30	49013	7736	5273.5
西安	337.53	1.21	1307.82	62.77	31122	27800	4137.1
北京	907.08	1.20	2185.80	84.80	50897	32900	9229.0
长沙	234.73	1.14	1051.31	59.40	45082	19453	2724.8
上海	967.13	1.10	2487.45	75.20	54919	33007	9696.9
成都	695.92	1.00	2140.30	68.40	29280	28000	7492.4
兰州	94.46	0.99	442.51	65.80	30981	9003	1563.7
哈尔滨	100.33	0.97	939.50	65.50	30974	13545	2080.5
南昌	128.45	0.81	656.82	53.35	27733	19000	1020.6
重庆	538.20	0.80	3191.43	54.30	31531	15300	4589.1
南宁	124.96	0.77	894.08	66.50	22556	15500	1369.0
杭州	516.00	0.73	1252.20	70.00	54103	11269	4117.0
武汉	556.39	0.72	1377.40	63.60	40673	33345	2586.2

注：哈尔滨 2023 年常住人口未查询到，选用 2022 年的户籍人口。

资料来源：中国城市轨道交通协会《城市轨道交通 2023 年度统计和分析报告》；中国民用航空局《2023 年全国民用运输机场生产统计公报》；各城市 2023 年国民经济和社会发展统计公报；国家统计局四川调查总队《2023 年四川民生调查数据新闻发布会》；《2024 年成都市政府工作报告》；《2024 年南昌市政府工作报告》。

14 座城市的第三产业增加值比重均在 50% 以上，最高达 84.80%；城镇居民人均消费支出除南宁外，其他城市均接近 3 万元或超过 3 万元；全年旅游人数除广州、深圳、兰州外，全部过亿人次；机场吞吐量除兰州、哈尔

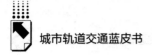

滨、南昌、南宁外，其他城市全部位于全国前 15 的行列。

北京、上海、广州、深圳、杭州等 10 座城市常住人口超千万，各项指标均保持在较高水平，反映出当地社会经济的蓬勃发展，带动轨道交通实现较高的客流效益。兰州、哈尔滨、南昌、南宁 4 座城市常住人口虽未达到千万级别，但其线网规模均保持在 100 公里左右，同时旅游业比较发达，客运强度名列前茅，尤其是兰州、哈尔滨两座城市，客运强度接近 1 万人次/公里日。

（二）城市空间规划

作为轨道交通的载体，城市空间结构对城市轨道交通的需求、规划策略及运行效能起到关键作用。城市空间结构的延伸发展为轨道交通的规划建设提供了基础条件，城市功能开发在一定程度上加速了轨道交通的发展。

1. 空间吻合性

城市空间的功能分布与轨道交通线网走向的吻合性决定了线路对于城市主轴线、外围组团、公共设施、交通枢纽等区域的覆盖程度，影响居民的出行意愿。当轨道交通站点对城市中心节点、重要活动区域覆盖率较高时，即站点按照"邻近性"原则，布置在城市中心节点合理步行范围内，城市中心节点以高密度的公共活动所带来的人流聚集效应为轨道交通提供充足的客流。

2. 空间开发密度

居住密度和就业密度影响居民和通勤人群的出行率和出行方式的选择。其中，居住密度和就业密度与轨道交通出行率成正比。城市空间的高密度开发推动了人口规模和用地规模的增长，促进了人口的集聚和商业公共活动的开展，带来居住密度和就业密度的提升，使常规路面交通无法满足大运量的需求，路面拥堵现象加剧。而轨道交通正好可以集约化利用土地资源，满足大量人流交通运输需求，成为居民出行的选择。

3.居住与就业的均衡分布

居住与就业空间地理分布的均衡性对不同区域的交通出行需求影响显著。居住地和就业地的相对空间布局决定着出行方式的选择,不同的居住就业空间格局会影响总体的交通需求规模、交通出行流量。5公里范围内,单车以及私人汽车的优势明显;中长距离时,人们对于出行时间和出行成本更加敏感,公共交通出行方式占据主导地位。职住均衡性与通勤需求成反比,当居住的就业人口数量和就业岗位数量大致相等,大部分居民可以就近工作时,公共交通出行需求就会降低。

4.交通出行结构

从出行需求的分布来看,多元化的交通出行方式之间存在竞争关系。城市的结构布局决定每种交通方式承担的交通量比例。高度密集的城市中心区以步行和自行车交通方式为主;城市由中心向郊区或远郊发展,初期以高速公路为导向,人口分布相对分散,大客流量的公共交通走廊难以形成规模,私家汽车成为主要交通方式;伴随人口、资源、环境之间的矛盾加深,城市转为以资源环境承载力为基准的集约式模式发展,公共交通走廊在交通出行中占据主导地位。

下面以轨道覆盖通勤人口比重和道路拥堵指数为例,分析轨道线网与城市空间匹配度对轨道交通客流的影响。轨道覆盖通勤人口比重是指居住地和就业地两端均在轨道站点800米覆盖范围内的中心城区通勤人口比重,覆盖通勤人口比重越大,说明轨道对职住空间支撑作用越好。从表2可以看出,客运强度达到0.70万人次/公里日的城市中,除兰州、哈尔滨外,其他城市的轨道800米覆盖通勤人口比重都为20%左右,轨道覆盖与城市空间结构的高度契合对良好的客流效益有较大的贡献。与其他城市不同的是,兰州、哈尔滨两座城市由于线网规模较小,覆盖的通勤人口比例相对较低,但通勤高峰拥堵指数分别位居全国第10和第14,周末拥堵指数兰州更是达到全国第2位,轨道交通的出行时间成本有较大优势,成为通勤和出游人群的主要交通出行方式。

表2 部分主要城市轨道800米覆盖通勤人口比重及道路拥堵指数

城市	客运强度 （万人次/公里日）	轨道800米覆盖 通勤人口比重(%)	通勤高峰拥堵指数	周末 拥堵指数
广州	1.37	31	1.956	1.681
深圳	1.33	35	1.583	1.416
西安	1.21	19	1.791	1.603
北京	1.20	21	2.125	1.608
长沙	1.14	22	1.686	1.408
上海	1.10	30	1.928	1.512
成都	1.00	34	1.708	1.575
兰州	0.99	7	1.745	1.632
哈尔滨	0.97	8	1.718	1.412
南昌	0.81	22	1.441	1.276
重庆	0.80	25	1.995	1.574
南宁	0.77	27	1.445	1.354
杭州	0.73	29	1.718	1.571
武汉	0.72	33	1.927	1.557

资料来源：住房和城乡建设部城市交通基础设施监测与治理实验室、中国城市规划设计研究院、百度地图《2023年度中国主要城市通勤监测报告》；中国城市轨道交通协会《城市轨道交通2023年度统计和分析报告》；百度地图《2023年度中国城市交通报告》。

（三）沿线土地开发利用

从土地利用与轨道交通的结合方式来看，二者之间存在"源—流"关系。土地的功能布局影响着城市交通的发生、吸引与方式选择，其开发利用会吸引人口集聚在土地上进行生产、生活等社会经济活动，从而产生交通需求量，进而促进城市轨道交通客流量增长。

第一，高开发强度的土地利用可以促进居民采用轨道交通出行。轨道交通车站客流规模随车站周边各类用地平均容积率的增加而增加，容积率越高，说明土地的开发强度越大、土地的容纳能力越强，出行生成强度和客流集散能力随之增大，带动轨道交通的客流规模增加。其中，商业类用地的开发强度普遍较大，当车站周边这类用地占比较高时，车站客流规模一般也较大。

第二，人口、岗位可作为土地利用强度的表现，通过对车站客流规模与其之间的关系分析，可进一步说明轨道交通车站客流规模与周边土地利用之间存在紧密的联系。交通合作研究项目（TCRP）对美国和加拿大 19 个城市 261 个轨道交通车站的研究显示，控制其他因素，每增长 10% 的人口密度，将带来 6% 的车站客流增长。[1] 有学者研究了不同性质用地的强度对分时客流的影响，发现早高峰时段，每增长 10% 的人口密度，进站客流增长 7.4%，每增长 10% 的商业、行政办公面积，出站客流增长 6%。[2] 可以看出，高密度土地利用模式能够提升公共交通乘坐率、降低汽车使用率，[3] 是激发地铁客流的关键因素。

第三，土地长期利用效率低导致相关的交通客流量不足。轨道交通建设与周边土地利用开发存在空间与时间错位，片面利用轨道交通的引导效应，过度超前建设轨道交通，而土地利用规划严重滞后，难以充分发挥轨道交通的客流效应和潜在效应，轨道交通客流增长缓慢。

由此可见，轨道交通车站是客流的发生点和吸引点，要在轨道交通线路上积聚充足人流，就需要处理好城市轨道交通建设和沿线土地开发的协调关系。没有沿线高强度的土地开发支撑，轨道交通就会失去大量的客源。没有充足的客流支撑，轨道交通就无法正常运营，更无法大幅提升城市公共交通的承担率。

（四）车站可达性

轨道交通站点的可达性可理解为在合理的时间和金钱开支下到达站点的

① Cervero，Ferrell，Murphy，Transit-Oriented Development and Joint Development in the United States：A Literature Review，TCRP Research Results Digest，2002.

② Sabrina Chan，Luis Miranda-Moreno，A Station-level Ridership Model for the Metro Network in Montreal，Quebec，Canadian Journal of Civil Engineering，2013.

③ Robert Cervero，Kara Kockelman，Travel Demand and the 3Ds：Density，Diversity，and Design，Transportation Research Part D：Transport and Environment，1997.

机会多少,① 包括步行可达性、其他交通方式接驳和线网换乘三个方面,可达性被认为是影响城市轨道交通客流的重要因素。轨道交通站点的可达性是乘客"出行起点—车站—出行终点"的便利程度,它决定了车站对于客流的吸引力,并且随着出行时间与距离成本的增加而逐渐下降。地铁出入口的位置是否能够便利到达、与公交换乘是否便捷、非机动车的停放是否能够满足大众需求等方面,都是乘客选择地铁出行时需要考虑的重要因素。

轨道交通站点客流吸引范围分为直接吸引和间接吸引。直接吸引是步行到轨道交通的客流分布范围,一般在 800~1000 米,郊区站点影响范围较中心区域相对远一些。间接吸引是指通过非步行方式与轨道交通换乘的客流区域范围,其吸引力取决于不同出行方式间的合理衔接与协调。

1. 车站出入口

交通功能是地铁车站的基本功能,其出入口作为客流聚集和疏散的接口,衔接站内空间和站外空间,决定着乘客进、出站交通的方向和步行距离。其规划布局是否合理直接影响客流集散的效率和车站的可达性,对于提高客流吸引力发挥了关键作用。出入口数量及布局应结合周边地面利用开发情况,设置在具有高可达性的区域路段上,做好与乘客出行特征的匹配。出入口数量偏少、布局不合理、道路单侧出入口偏多、未与周边商业综合体相结合等因素往往都会导致站点客流覆盖不全面,进而形成低客流车站。

2. 轨道交通接驳

城市规模和人口数量的快速增长导致工作生活节奏不断加快,作为一种快捷、长距离、大运力的公共交通方式,轨道交通系统应运而生。居民选择乘坐轨道交通,花费比地面公共交通更高的票价,看重的是这种交通方式的快捷、准时、安全等特点,节省更多的旅行时间。作为公众出行的交通方式,轨道交通线网的规划布局不可能与所有人的出行目的地实现完全匹配,普遍存在"最后一公里"的短板问题,而这也成为居民规划出行方式及路

---

① S. L. Handy, D. A. Niemeier, "Measuring Accessibility: An Exploration of Issues and Alternatives," *Environment and Planning A: Economy and Space*, 1997 (7).

线的决策因素之一。因此，接驳换乘便利性可以为轨道交通吸引更多潜在的出行客流。

当轨道交通与其他交通方式衔接不畅时，将导致出行路网的互联互通程度偏低、出行换乘服务水平不高、乘客接驳换乘花费的时间较多，在一定程度上抵消了乘坐轨道交通带来的省时效益，最终制约了居民出行链的整体优化。因此，与其他交通方式的衔接程度就显得尤为重要。通过优化换乘接驳环节，轨道交通可以进一步扩大客流吸引范围、增加客流量，充分发挥快捷、准时、安全的优势，在公共交通体系中发挥其骨干作用。

（五）运营管理服务水平

我国社会经济的快速发展带动居民生活水平大幅提高，乘客对乘车的服务水平要求不断提高。作为大运量公共交通出行载体，轨道交通系统每天运送的人群达到百万级甚至千万级，其社会效益最终通过提供的运输服务来体现。因此，地铁的管理服务水平直接影响其客流的大小与乘车的满意度。轨道交通相对于其他交通方式而言，对于乘客最大的吸引点便是快捷、准时、安全、舒适，当乘客对轨道交通的服务水平十分满意时，会将其作为出行时的首选甚至必选。

1.运力运量匹配

在城市规模不断扩大的过程中，当轨道交通提供的运力与实际客流的增长无法匹配时，车站将无法及时有效疏散乘客，车辆满载率过高，站台站厅出现人员积压拥堵，正常乘降困难，容易发生踩踏、客伤等安全事件。遇此情况，车站通常采取单向限流、列车不停站等管控措施，严重限制地铁的服务能力。早晚高峰、节假日、大型赛事活动等时段，此类现象尤其明显。从乘客角度来看，进站往往时间长，极端情况甚至要被迫选择其他的交通方式，大大降低了乘客对于轨道交通服务质量的满意度，降低了乘客出行效率，不利于发挥轨道交通在公共交通中的骨干作用。

2.运营服务品质

运营服务组织的核心目标是为乘客营造一个安全、高效、舒适的乘车环境，从而满足公共交通的出行需求。在实际运营中，列车准点率、候乘环境、车站流线设置、设备设施、人员服务意识、人性化服务、安全应急等服务要素都会直接或间接影响乘客的满意度。良好的服务能够潜移默化地提升乘客的出行体验，树立良好的公众形象，营造口碑效应，吸引更多的潜在客流，促进客流的良性增长。因此，通过优化这些服务要素、提升服务品质，轨道交通可持续吸引客流，实现健康可持续的发展目标。

3. 商业经营服务

近年来，我国社会的消费需求和消费模式正在发生深刻的变化。在此背景下，我国轨道交通商业经营模式得到蓬勃发展，目前大致可分为三类：站厅商业、通道型商业和社区商业（见表3）。

表3　我国轨道交通商业经营模式

类型	商业形态	服务人群
站厅商业	站内分布的小型商业点位，包括咖啡自提柜台、便利店、面包店等	服务进出车站的过路人群
通道型商业	连接站厅和周边写字楼、购物中心等建筑地下出入口的小型商业街，主要设置快餐、便利零售等业态	服务进出车站的过路人群，满足其过路性的便捷消费
社区商业	车站上盖的社区型商业综合体，满足餐饮、生活商超、健身、美发美甲等目的性的生活基本消费需求	服务周边以轨道交通为首要出行方式的居住人群

资料来源：邱杨豪、魏文彬《连接城市 链接未来：地铁商业发展趋势解读》。

从经济角度来看，商业价值最重要的体现在于能够实现客流的聚集。轨道交通自身的客流资源庞大稳定，轨道交通商业可以通过搭建合适的消费场景将潜在的消费需求转变为现实的购买行为，在满足市民出行需求的同时，又满足了一定的消费和生活需求，增加既有客流的黏合度，吸引更多的潜在客流，对轨道交通企业的长期稳定运营起到很好的支撑作用。另外，沿线周边的商业资源通过轨道交通网络实现联通，形成独特的消费新场景，使市民在不受恶劣天气和地面交通拥堵的影响下，享受舒适的消费环境。这种舒适的消费场景和便利的交通较传统商业具有明显的优势，为轨道交通提供了更多的客流，形成"客流培育＋商业经营"这样一个互利互补的可持续发展模式。

对于地铁而言，通过完善轨道交通沿线生活服务配套设施，拓展便民服务业态，打造贴近市民生活的规模化、标准化、便捷化地铁服务场景，可以发挥轨道经济的商业价值，牢牢吸引地铁自身的客流，进一步推动地铁对人流的聚集，为行业的高质量发展注入新动能。

4. 优惠福利政策

票务优惠福利措施与乘客自身利益挂钩，直接影响乘客出行的满意度。对乘客乘车行为的调查表明，在影响出行者选择公共交通出行方式的因素中，出行费用成本占到了很大的比重，乘客对其大小变化非常敏感。所以，定向性的优惠措施可以作为客流吸引的有效杠杆，达到方便乘客、影响客流的目的。

三　培育促进轨道交通客流

轨道交通客流培育是一个综合性问题，涉及宏观、中观、微观三个层面多种因素综合作用。实践中，应结合不同层面的固有属性，按照复杂度，宜从长期、中期、近期三个不同的时间维度，开展客流培育相关工作。

（一）与城市经济社会发展水平相匹配，与城市空间结构协同发展，保障城市轨道交通可持续发展

壮大城市经济规模，优化产业结构布局，吸引外来人才，提高人口规模和居民收入水平，实现城市高质量发展，提升整体交通出行需求。

第一，根据城市社会经济发展阶段，结合城市人口、产业布局，研究交通出行空间分布和距离分布，超前预估，合理研判，完善城市公共交通系统结构，优先发展城市轨道交通，以公共交通引导城市紧凑集约发展。将轨道交通线网规划融入城市总体发展规划，与城市总体规划的功能定位、用地布

123

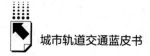

局和开发强度充分协同，确保规划的一致性。采用动态优化的规划整合方式，定期调整并改进规划。区域规划应充分发挥轨道交通的带动作用，围绕轨道交通安排土地功能和开发指标。

第二，以轨道交通为主导，合理增加中心区、外围组团之间的联络线，引领城市功能组团建设与轨道交通耦合发展，强化城市中心与市郊主要聚集区和就业聚集点的联系，促进各区域之间协调发展。打造轨道交通与城市组团耦合度高的空间结构，轨道站点与功能区和组团中心紧密衔接；以轨道交通为交通廊道支撑居住区与主要功能区的联系，在交通枢纽周围合理布局行政办公、商务服务及各类生活服务设施，实现轨道车站对周边就业岗位和居住人口的全覆盖。

第三，在综合交通体系中统筹考虑各种交通方式的作用，积极推动和塑造地铁主导地位，协同发展各类交通系统，构建符合城市功能定位、发展目标的网络。合理调整地面公交与地铁线网，减少线路的重复率。公共交通站点接驳设施应统一设计标准、同步规划建设、同步投入运营，提高不同交通体系的衔接率，简化缩短换乘流线，完善停靠秩序的监督管理，提高交通系统的整体效率。

第四，优化网络布局，合理选择线位，尽量避免与快速路重叠；充分与城市大型客流集散点紧密结合，通过精细的城市规划，将轨道交通站点紧密布局在人口密集区和活跃区域附近，使大部分居民能在短距离内方便地到达，从而提升轨道交通的吸引力和使用率。分析轨道交通客流需求，制定适宜的轨道交通实施节奏，合理安排新线建设时机，确保与沿线用地开发进度同步，开通建设后有客流效益，适当放缓开通有客流风险的线路；优先建设成熟区域线路，完善网络结构，提高网络客流效益。

第五，参考特大城市经验做法，建立客流培育保障机制。市政府直接下设由市主管领导挂帅、各委办局责任人组成的协调机构，统筹协调轨道交通规划、设计、投资、建设、运营、维护全过程。健全工作机制，强化区县配合，明确发改委、规划局、建委、国土局、交通委、地铁集团、公交集团等部门职责，重点协调沿线用地调整、土地开发安排、车站出入口落实、市政设施配套、交通衔接、公交线站位调整等问题，充分挖掘轨道交通的客流效益。

案例 1　长沙地铁

2014 年，随着地铁 2 号线一期工程载客试运营，长沙进入"地铁时代"。截至目前，全网共有 7 条地铁线路先后投运，公交分担率达 70% 以上，运送乘客 36 亿人次，日均客运量从 18.5 万人次跃升至 300 万人次，客流强度跃居全国前列。长沙地铁的规划注重连接大客流点位和近期重点发展的新城，能够很好地满足经济发展需求。线网方案总体结构布局为"米字形结构框架，双向十字结构拓展"，整体上由城市主中心向副中心发散。运营线路的走向均是沿城市主要客流交通廊道进行敷设，有效解决了片区覆盖性问题，如星马片区（3 号线）、高星组团（4 号线）、黄榔组团（4 号线）以及湘江新区和自贸区长沙片区等。1 号线的建成有效地缩短了市区核心区域和开福区的交通距离、促进了省政府以南用地的综合利用开发。2 号线串联了长沙站、高铁长沙南站和市区以及梅溪湖国际新城，起到支撑城市空间结构的作用。长株潭城际轨道交通西环线一期工程打破原有城市"边界"，双城通勤 20 分钟，助力长株潭都市圈建设。地铁站点周边 800 米覆盖的人口占比达 38.5%，长沙逐步形成高铁、地铁、航空、城际、磁悬浮、高速公路"六位一体"的大型综合交通枢纽，有效完善了城市交通空间体系，契合了城市产业布局发展，服务城市由单中心到多中心的结构转变，实现人口要素集聚。

资料来源：聂映荣《长沙地铁十年成长记》，《长沙晚报》2024 年 4 月 29 日；李松《南昌市轨道交通促进城市空间结构优化研究》，江西财经大学硕士学位论文，2021；交通运输部《2024 年 8 月城市轨道交通运营数据速报》。

（二）加快车站周边土地高质量开发建设，实现轨道交通引导城市空间发展

注重轨道交通系统与土地利用的协同发展。土地开发利用的程度能充分

发挥"源"作用，吸引人群产生各类经济活动；城市轨道交通能够充分发挥"流"作用，运输人群到达或离开该地，两者的匹配使人群能够稳定聚散。

1. 实施 TOD 提升轨道交通客流效应

根据"十四五"规划，我国将加快转变城市发展方式，推动城市空间结构优化和品质提升，合理确定城市规模和空间结构，推进新型城市建设。相关学者通过研究交通系统对城市空间形态的影响，认为城市空间形态可划分为步行城市、轨道城市和汽车城市 3 个阶段。结合我国土地资源和人口密度的实际情况，轨道城市形态明显比汽车城市形态要紧凑，也是当前实施可持续发展的内在要求，有利于推动经济社会发展全面绿色转型、建设美丽中国。

TOD（Transit-Oriented Development）是一种以公共交通为导向的开发，提倡土地利用高密度混合开发，促进公共交通的使用最大化，营造非汽车化的适宜步行和自行车出行社区环境的规划模式。经济学家 Peter Oglethorpe 在其著作《下一代美国大都市地区：生态、社区和美国之梦》中提出 TOD 设计的九大原则，[1] 核心内容是：以公共交通车站（一般为轨道交通车站）为中心，以适宜的步行距离为半径，在这个范围内混合使用土地，实行中、高密度开发；将覆盖面广、使用选择性强的公共设施围绕车站集中布局，便于居民使用；通过步行、自行车和公交等各种出行方式的高效率换乘。

作为一种以公共交通为导向的开发模式，一方面，TOD 可以引导站点周边呈圈层式的合理开发。根据经济学家 Roderick B. Dial 的研究，轨道交通具有较高的可达性效能，不仅能够节省轨道交通使用者的出行时间和经济成本，而且也能够减少道路交通的拥挤程度从而产生"磁力效应"，吸引各种生活、商务、商业、文化、娱乐等设施向轨道站点周边集中，刺激站点周围土地的高密度开发。[2] 另一方面，通过站点周边高强度的用地开发，为轨道交通提供充足的客流支撑，使其能正常运营。对轨道交通站点地区土地集

---

[1] 戴晓晖：《新城市主义的区域发展模式——Peter Oglethorpe 的〈下一代美国大都市地区：生态、社区和美国之梦〉读后感》，《城市规划汇刊》2000 年第 5 期。

[2] 郑捷奋、刘洪玉：《城市轨道交通对房地产价值影响研究综述》，《铁道运输与经济》2003 年第 10 期。

约化开发，合理实现地铁站与各种交通方式的合理衔接，聚集大量的乘客人流，确保站点地区使用高效、充满活力，对轨道交通的正常运营提供客流支撑，提高其在公共交通的分担率。

2. 我国 TOD 开发典型实例

不同类型城市轨道交通站点客流构成有所差异，主要取决于其周边的用地功能及在城市中的作用。在具体实践中，宜结合站点功能定位和周边土地的利用特征，"一站一策"地进行设计开发。

根据轨道交通周边用地功能与其在城市中的作用，将车站站点划分为城市型、居住型和枢纽型。城市型站点地区大多数位于城市内各级中心，主要承担着城市各级商业中心、办公中心、文化娱乐中心等功能，辐射范围大，人员密集且流动量大；居住型站点地区为城市居住区，大多数位于城区内成熟的居住区或者城市新区，承担城市居住组团的功能，出行需求以居民的通勤、上学、购物、娱乐为主；枢纽型站点地区大多数位于城市交通枢纽转换节点，铁路、机场、长途汽车等各种交通方式汇聚在一起相互接驳，承担着对外交通和城市交通的衔接功能。

案例 2　广佛地铁 TOD 综合开发

作为全国首条跨城轨道交通，广佛地铁率先探索 TOD 模式，用集约化、复合型发展思路，为交通引领城市发展模式探路。

2002 年，广佛地铁动工，参照"地铁+物业"复合式开发模式，在地铁沿线开发城市综合体，提高土地开发价值。以公共交通为导向的开发模式，对促进土地的混合利用、引导人口和就业岗位在轨道站点周边聚集等具有重要的作用。千灯湖片区是广佛线 TOD 模式开发的重点区域。以地铁金融城地块为例，在地铁交通换乘中心的基础上，综合规划商业、酒店、住宅等多种业态。根据规划，地铁金融城项目占地面积 4.5 万平方米，建筑面积达 35.6 万平方米，包含住宅、酒店、商场、停车位、写字楼西塔及北塔，是广佛地铁沿线首批城市综合体项目。多业态的整合开发，使地铁金融城项目突破单一的交通枢纽功能，已吸引 864 家金融机构及知名企业落户，总投资规模

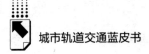

1329 亿元，并聚集超 6 万名金融及相关领域白领人才。该站点也因此被命名为广东金融高新区站，成为广佛线进入佛山的首站。从开通之初的施工工地遍布、人流稀少、出行不便，车站日均进站量仅有 600 人次，到 2019 年日均客运量突破 3 万人次，10 年间金融高新区站客流增幅达 49 倍。

随着广佛地铁的开通，地铁金融城、南海万达广场、中海寰宇城、宜家（佛山店）、南海万科广场等多个大型商业购物中心先后落地，近百万平方米的桂澜路千米商贸长廊正式成形，广佛沿线城市品质也有了质的飞跃，带来大量跨区购物消费群体。全线客流也随之显著变化。开通之初，日均客流不足 10 万人次；2015 年底西朗至燕岗段开通前，日均客流达 16 万人次；西朗至燕岗段开通后，日均客流达 23 万人次；2018 年底全线开通后，日均客流很快就突破 50 万人次，到目前已有近 60 万人次的客流。

资料来源：广东省交通运输厅《交通引领城市发展，十年前广佛地铁率先探路 TOD》；广州日报数据和数字化研究院、广州地铁研究院《广州城市轨道交通及区域协同发展报告》。

（三）提升轨道交通站点可达性，构建一体化公共交通体系（中期）

受限于造价以及工程可行性等方面的因素，城市轨道交通车站和线网的覆盖范围受到一定的限制，只有完善与其他交通方式的有效接驳，才能吸引更多的客流，充分发挥城市轨道系统的服务能力。车站区域的可达性随着出行距离增加而衰减，站点周边的舒适步行距离一般不大于 500 米。如果要扩大站点覆盖人口的范围，目前主要的做法有两个：一是增加地铁站点出入口，扩大车站直接影响范围，改善步行可达性；二是通过设立与自行车、公交巴士和汽车等交通出行方式的换乘接驳来扩大客流辐射区域、吸引潜在的出行人群。在实际应用中，出入口的数量及空间设置、换乘设计的合理性、相互接驳的便利性等因素会直接影响客流吸引的效果。总的来说，构建完善的轨道交通接驳系统，可有效扩大轨道交通的影响范围，通过轨道交通对客流的聚集效应带动更大影响范围的土地利用、用地开发。

1. 地铁出入口

地铁出入口作为乘客与车站重要的衔接点,设置的合理性直接影响乘车的便利性,过少的出入口数量易造成人流过度集中、流向单一且步行距离增加,降低车站站点的可达性,进而影响乘客选择乘坐地铁的意愿。对于已通车运营的车站,建议采用问询调查的方法,得到客流出行特征和真实需求,为评价出入口设置是否合理提供科学依据。在调整出入口时,应充分考虑车站规模、周围交通及建筑环境、客流走向等三方面因素,跟踪周边开发成熟度和人群出行的变化。

结合周边用地的性质,分析客流的出行目的地,设置出入口时尽可能与周边各种不同的出行目的地直接相连,满足不同出行目的的人群。在人流集散的点位增设出入口,可以便利更多的乘客搭乘地铁,降低乘客到达地铁站点的时间成本;加强车站与周边建筑的结合,比如,地下的商业街或其他的公共设施,通过增加与商业综合体的接口,可以有效吸引商业客流,转化为地铁客流;跨主干道、路口的车站,适宜在道路两侧设置出入口,覆盖 4 个象限,与路面交通流线紧密结合,充分发挥地铁作用。

同时,地铁出入口应与周边步行系统做好衔接,构建"出入口+步行"出行系统,扩大地铁站点的服务范围,提高站点可达性。

案例 3 天津地铁 2023 年增设 21 个地铁出入口

为进一步发挥既有轨道交通线路作用,让群众出行更加便捷,让地铁与城市生活更加紧密融合,天津轨道交通公司对已运营的地铁线路逐站研究增设出入口的可行性,满足周边近百万居民的乘车、购物、就医等需求。其中,1 号线国展中心 A、F 口有效改善车站周边出行条件;4 号线金街站 D口、6 号线解放南路站 B 口采用与周边商业结合共建的模式,极大地方便了群众出行购物;6 号线肿瘤医院站 B2 口提供进入医院的地下通道,进一步方便群众就医;2 号线顺驰桥站 B2 口、靖江路站 B 口解决了群众横跨快速路乘车的问题。在新开出入口中,各站客流均有增长,顺驰桥等 8 座车站单站客流增幅明显,最高超过 20%。

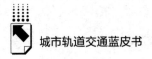

2. 公交巴士

公交巴士是指地面公共汽电车,成本低、投入少、人均资源消耗和环境污染较小,相对于城市轨道交通而言载客能力较小、准点率低,且具有较大的弹性,更改线路和站点比较容易。作为主要的公共交通网络,承担着轨道交通以外的公共交通出行,是与轨道交通接驳最合适的方式。在优化公交巴士与城市轨道交通接驳时,可以重点从公交的进入路线、停靠站台、行车路线以及车辆的发车时间等方面入手,完善相互标识指引,为出行者提供清晰的线路信息,使客流流线顺畅、便捷,减少出行者在车站的滞留。

案例4 轨道公交线网优化的"宁波模式"

宁波地铁持续推进"轨道+公交""两网融合"工作,2018年,宁波"地铁+公交"换乘优惠正式落地。同时,充分摸排对有地铁接驳需求的区域,通过新增、调整相结合的方式,充分将宁波地铁快捷、大运量的优势与常规公交灵活性、延伸性的优势结合起来。截至2023年12月底,宁波轨道交通开通公交微循环线63条,约90%的公交线路实现与轨道站点的衔接;部分接驳线创新性地试点实施"地铁一到,公交即发"模式,通过公交行车间隔与轨道进行精准匹配,强化与轨道站点的换乘接驳,缩短市民候车时间,助力地铁、公交无缝衔接。根据住房和城乡建设部城市交通基础设施监测与治理实验室的《2024年中国主要城市通勤监测报告》,2023年宁波市45分钟内能够通过轨道交通、公共汽电车等公交方式通勤的人口占到了49%,"轨道+公交"出行模式成为城市通勤出行的有力保障。

3. 共享单车

共享单车以其方便、快捷的特点,吸引了大量用户,成为短途接驳的主要方式之一。随着共享单车数量不断增加,车站周边单车的时空分布不均衡问题越发明显,早晚高峰时段经常出现某一区域积压大量单车而同时很多出行者无法就近找到可用车辆的情况,影响出行效率。为解决这一问题,运营单位可以与单车企业建立动态投放机制,结合车站实际客流情况调整投放区域，解决时空分布不平衡问题。同时，进一步加强轨道交通车站周边共享单车停放秩序管理，增设停放场地与停放设施，防止单车侵占正常的人行道、机动车道。

案例5　杭州拓展地铁出入口非机动车停放泊位

为缓解地铁口非机动车停车难、停放乱等问题，杭州连续四年实施开展"新拓展地铁出入口非机动车停放泊位"民生实事项目。2号线曹家桥站周边非机动车停车需求大，原来没有专门的配套非机动车场地，大部分非机动车都直接乱停在市心路人行道上。经相关部门多次沟通，在已开放广场区域设置两处非机动车停车场地，合计停车泊位800余个，并通过摆放花箱、补种绿植、规范画线等一系列措施，将广场停车区域打造成美丽、有序、别具风采的停车点位。同时还增加秩序管理人员，引导市民文明停车。根据住房和城乡建设部城市交通基础设施监测与治理实验室《2024年度中国主要城市共享单车/电单车骑行报告》，杭州市轨道交通周边骑行订单占比从28.7%增长至32.3%，共享骑行正逐步拓展轨道交通服务的覆盖范围。

资料来源：《地铁曹家桥站出入口新增800个非机动车停放泊位》，萧山网，https：//www.xsnet.cn/content/2024-05/16/content_ 390431. html。

4. 私家车

私家车具有便捷、舒适等优点，能够精准实现点到点的出行。但随着城市道路交通压力越来越大，私家车能源消耗高、人均占用道路面积大、尾气污染严重等缺点也越来越突出。轨道交通一般采用全封闭形式，享有独立路权，具有快捷、长距离、大运力的特点。"P+R"即先将车停在轨道交通站点附近而后转乘轨道交通，这一模式集合了两者优点，正逐渐流行于各中、大城市。私家车接驳于轨道交通时，停车时间长，占用空间资源大，对停车位的建设规模、布局等要求相对严苛，因此，接驳车站周围要有密集的集散道路和适量的停车场。城市中心的停车费用普遍高昂，导致"P+R"接驳成本较高；而城市外围轨道交通站点周边建设的公共停车设施收费低且规模

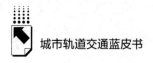

较大，所以私家车多接驳于外围轨道交通站点，适用于中长距离出行。

案例6 天津地铁"P+R"

天津市位于渤海湾西岸，四季分明，夏季炎热多雨，冬季寒冷干燥。出于舒适性，很多市民选择自驾方式接驳地铁，随之而来的私家车停放也就成了广大群众出行的问题。2023年，天津轨道交通在前期调研、现场踏勘、专家论证的基础上，充分挖掘沿线边角地块，盘活闲置土地资源，建设地铁停车场，有效缓解周边居民停车难题。其中，在东南角、金街、津塘路和财经大学等车站周边建成投运了10个民心工程停车场，可提供车位1000余个，分布在和平、河东、河西、河北等中心城区，通过智能管理系统向市民提供24小时不间断停车服务，联合天津地铁App通过支付优惠等措施，降低车场使用费用，吸引市民驾车换乘地铁。同时，在外环线外洪泥河东、丰产河、华北集团、北辰科技园北等地铁站周边新建了4个停车场，分布于津南、北辰区，可提供停车位1000余个，有效带动远郊乘客停车换乘地铁进入中心城区。

（四）提升轨道交通管理服务水平，促进行业高质量发展（中近期）

作为城市基础设施中公共交通系统的重要组成部分，轨道交通每天服务大量的社会公众，通过提升运营服务水平，不断拓展增值服务，进一步发挥运量大、速度快、安全可靠、准点舒适的行业优势，让地铁出行成为公众出行的首选。同时，站内外的多元开发促使沿线多种业态融入居民日常生活，实现客流的聚集，为地铁运营培育源源不断的客流。

1.运能运量精准匹配

轨道交通实现网络化运营的城市逐年增加，而伴随线网规模的不断扩张，公众对于地铁出行的依赖度也越来越高。作为公共交通出行的主要方式，快速、安全地将乘客运送到目的地是轨道交通最根本的主业。目前，基于实际客流多样化需求，可采取的措施有：升级线路设施设备，增购配属车辆，缩短行车间隔，提高折返能力；实施非对称运行图，开行大小交路，搭接交路等复杂交路；采取大站快车、多点首班车、互联互通共线运营等模式；延长运营时间，覆盖火车站、机场等重要交通枢纽。

案例7 成都地铁6号线交路优化

成都地铁6号线开通运营初期，线路客流分布呈两端小、中间大的纺锤形，线路上，采用望丛祠—兰家沟、望丛祠—张家寺、尚锦路—张家寺大、中、小三交路2∶1∶1组织运营，最小行车间隔为4分10秒，张家寺以南区段高峰时段的列车最小间隔为8分20秒。

随着6号线南段区域的逐步发展，南段各站点的客流均有一定提升，其中沈阳路以北区段的客流约占整个南段客流的70%。成都地铁根据客流变化趋势，调整6号线行车交路为望丛祠—兰家沟、望丛祠—沈阳路大、小交路1∶1比例运行，大幅提高了张家寺至沈阳路区段的服务水平，乘客早晚高峰候车时间由原来的8分20秒减少至4分10秒，有效保障了郊区乘客的日常通勤，调整交路后张家寺至沈阳路区段车站乘客乘降量增加41%。

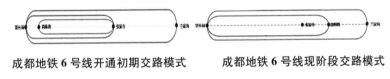

成都地铁6号线开通初期交路模式　　　　成都地铁6号线现阶段交路模式

资料来源：成都地铁。

2. 运营服务品质提升

作为公共出行的服务行业企业，在提供安全、准时、快捷的乘车服务的基础上，轨道交通运营企业应重视服务质量的完善和提升，为乘客提供安全、可靠、便捷、高效、经济的服务：精细化服务管理，提升重点人群服务水平，设立服务专岗，不断提升乘客满意度；充分利用人工智能（AI）、第五代移动通信（5G）、物联网等信息技术，优化轨道交通运营场景，推广应用智慧视频、智慧安检、智能自助服务等智慧化管理服务功能；加强车站对周边社区、学校、企事业单位的绿色出行引导，与相关单位进行联动，围绕大型赛会、

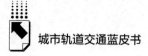

重要景区在轨道交通站点合作开展宣传共建，建设具有商贸、文旅、智慧等不同特色的主题车站，增强轨道交通出行吸引力；完善站点内外标志标识，加强乘车出行指引，改善车站内外环境，提升乘客舒适度；通过网络、热线、实地调研等渠道广泛收集乘客意见建议，建立闭环监督反馈机制。

案例 8　青岛地铁服务品牌提升三年规划

青岛地铁系统谋划《青岛地铁服务品牌提升三年规划》，递进式、阶段式、有目标地推进服务品牌建设。建设彩虹车站、雷锋车站等主题特色车站作为服务品牌打造的阵地，依托车站特色提炼服务内涵，以点带面实现全员皆为服务品牌推广大使；坚持问题导向，问计于民，构建起与乘客立体式、即时化的沟通联络机制，在不断满足乘客需求的同时，促进服务品牌在乘客心中落地生根，连续六年乘客满意度评价在 90 分以上。旅游季，推出"特色引路条""临时休息区""物品临时寄存""拾遗物品快递"等特色服务举措，全网实施季节性延时。积极打造数智化出行新模式。2023 年，地铁 App 累计注册量达 1452 万户，平均为每位乘客节省 10% 的出行时间，实现十城互联互通，异地使用次数达 55 万次，让跨城出行更便捷。票种持续丰富，增加离线码、同行码、电子一日票、电子三日票、鲁通码 5 类票种，满足家庭游、短途游各类乘客群体的出行需求。推进数字人民币无网、无电支付应用落地，在完成全国首发两站试点的基础上，全面推进数字人民币购票无网、无电支付，解决乘客手机无电、无网的支付难题。

2023 年，地铁公共交通分担率单日最大达到 59%，日均分担率达 42.73%，较 2022 年增长约 10 个百分点；单日客运量先后 12 次创历史新高。

资料来源：《1 年 4.7 亿人次，青岛地铁成客运"主流"》，《青岛日报》2024 年 2 月 21 日。

3. 商业经营创新服务

以运营交通为首要功能的城市轨道交通，其商业经营服务有自身的特点：一是开发要以合理性和安全性为首位；二是附属的资源具有多元性和复合性；三是乘客流动较为快速，停留短暂。每个车站应结合站点属性，树立商业即服务的发展理念，研究客流群体，分析出行特点，"一站一策"精准商业定位，发展"地铁+"经济模式。

案例9　港铁经验

港铁公司在香港本地运营着约300公里的轨道交通网络，同时运营着逾1492间零售商铺、11间免税商铺、超过300间自助式商铺，商铺总面积超过67337平方米，平均出租率超过98%，近年来年均利润贡献超过30亿元港币，日均客流接近730万人次。港铁公司在香港开发车站商业消费的实践模式，为其他城市打造轨道交通的消费新场景提供了借鉴经验。

从时间上对车站及空间的建设时序进行统一规划，有计划地把握商业资源开发的节奏，通过分期分步策略对商业资源进行梯次开发，逐步形成以轨道交通车站为依托的商业消费环境开发原则。

在对车站的商业空间进行规划时，首先将安全性放在优先的位置进行设计，将消防要求、逃生路线、安全设施设备、通风设备的设置都考虑在内并进行合理优化。其次着重考虑引导乘客消费的环境舒适性问题，采取诸多措施提升消费环境的舒适度，比如，合理拓展通道的宽度和高度，在车站出入口或者地下空间设置部分人工小景观或者动画，设置特征明显的指示标志，以此提升乘客的身心愉悦度和视觉效果。

资料来源：香港铁路有限公司《构建轨道交通消费新场景，提升轨道交通高质量发展》，中国发展高层论坛，2023。

在规划设计轨道交通车站商业的开发定位时，对车站周边的环境和商业需求做全面深入的调查和分析，有针对性地确定车站商业尤其是地下商业空间的形态和组合。比如，早高峰，以通勤、上学、商务为主的客流，在出行时间上通常存在一定的限制，在轨道交通出现的频率非常稳定，消费商品以便利性商品和服务性商品为主；晚高峰，以娱乐、休闲、购物、回家为主的

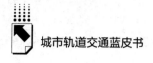

客流，通行时间比较充裕，消费商品则以快速消费品和日常生活用品为主。

4. 优惠福利政策

票务优惠福利政策与乘客出行成本直接挂钩，可以在较短时间内达到影响客流的目的，可以作为调节客流增减的有效杠杆。因此，可以结合本地的轨道交通票制票价规则，制定灵活合理的优惠福利政策，达到平衡和吸引客流的效果。

案例 10　宁波地铁开展限时免费活动

2023 年 2 月 13 日至 6 月 30 日，宁波地铁开展了"绿色出行，助力消费"的限时免费活动，每天 20：00 后及法定节假日全天，宁波地铁全线网免费乘车。

活动期间，全线网 20：00 后日均客运量同比增长 112%。线网全天日均客运量较活动前增长 25%，较同期增长 50%。其中法定节假日客运量大幅增长，清明节同比增长 170%，"五一"假期同比增长 288%，端午节假期同比增长 88%。5 月 1 日刷新宁波地铁单日最大客流，达到 188 万人次。同时，活动也带动了重点商圈周边站点客流增长，以"五一"假期为例，鼓楼日均客运量较活动前周末客运量增长了 161%，城隍庙增长了 153%，东门口（天一广场）、海晏北路增长均超过 100%，外滩大桥、钱湖北路、福明路、明楼等增长也均超过 50%。

限时免费活动一方面通过培养乘客的出行习惯带来客流的增长，另一方面也对现有的票务收入形成一定的冲击。以 2022 年宁波地铁的客流和票务收入为基准进行测算，免费时段票务收入减少约 12%。但同时，免费乘车活动的开展也带动了非免费时段的市民出行量，票务收入增长约 11%，整体保持既有水平。

5. 推动轨道交通与文旅融合

近年来，我国大力发展文化旅游产业，为城市带来了大量的外地游客。城市轨道交通作为公共交通的骨干载体，可以串联起重要文旅景点，成为公众出行的首选方式。因此，加强文旅与轨道交通的深度融合，可以有力促进客流增长、实现发展共赢。

案例11 武汉、重庆网红模式

武汉市黄鹤楼闻名遐迩，吸引了众多游客拍照打卡。武汉地铁因地制宜做足"地铁+文旅"功课，在车站外黄鹤楼最佳拍摄点修建一面高2米、长20米的青瓦红墙，与名楼完美同框。在红墙附近增设照明灯具，实现夜间观景安全性、舒适度双提升；车站新增14组闸机，持续优化乘客通行流线。截至2024年7月，车站集散量总计2911万人次，单日历史最大集散量由红墙打造前的9.85万人次突破至21.55万人次，其中打卡红墙青瓦黄鹤楼的乘客占比接近九成。

重庆市李子坝车站由于独特的轨道穿楼景观，迅速成为网红景点，吸引了大量国内外游客到访。为了更好地服务不断增长的游客，轨道车站开展了新增站名标识、新增车站简介、新增闸机、新增安检机、美化通道等一系列品质提升工作。2017年"五一"最大单日客流达1万人次，2018年"五一"期间单日最大进出站客流约为3万人次，比2017年增长约200%。2024年上半年最大日客流约为13万人次。

资料来源：武汉地铁、重庆地铁。

四 结语

随着运营里程的增加，轨道交通在城市公共交通出行中的比重也逐年增加，对于城市发展的作用愈加重要。当下，城市的经济活动范围不断扩大，平均通勤距离逐年增长，人们对出行时效要求更高，服务需求也呈现多元化趋势。通过分析影响轨道交通客流增长的主要因素，推动轨道交通与城市的协同发展，加快周边土地的利用开发，提升车站的可达性，完善丰富管理服务，实现轨道交通行业的高质量发展，服务人民美好生活，支撑城市发展新格局。

服务质量提升篇

B.7
城市轨道交通换乘方式的比选与优化

李 丹 张 琦 周传钰 姜彦璘 马宇婷*

摘 要： 本文探讨了5种不同换乘方式的优劣势及其对乘客出行体验的影响，分析了主要城市轨道交通换乘情况的现状，介绍了从客流组织、信息引导、个性化服务举措等方面提升换乘体验的相关经验，通过具体案例展示了城市轨道交通在换乘优化方面的有效措施，要提升规划合理性、充分调研乘客需求、创新采用新兴技术。

关键词： 轨道交通 换乘方式 换乘体验

* 李丹，工程师，现任武汉地铁运营有限公司党群工作部兼办公室主任，主要从事轨道交通运营管理、运输组织等相关工作；张琦，工程师，现任武汉地铁运营有限公司办公室行政文秘主管，主要从事公司综合性及部分专业性报告编写等工作；周传钰，武汉地铁运营有限公司运输业务部工程师，主要从事客运服务技术规范与标准贯彻落实、服务质量提升、服务监督管理、无障碍建设等相关工作；姜彦璘，高级工程师，现任西安市轨道交通集团有限公司运营分公司企业发展部副部长，长安大学校外兼职硕士研究生导师，主要从事轨道交通运营管理、运输组织等方面工作；马宇婷，经济师，现任西安市轨道交通集团有限公司运营分公司企业发展部经营管理主办，主要从事轨道交通经营管理、统计分析等工作。

当前，部分城市已经形成较为完善的轨道交通网络，轨道交通换乘站肩负着联通线路、交换客流的重要任务，是城市轨道交通出行服务的关键节点，其设计的合理性与服务水平直接影响到乘客的出行效率和整体满意度。

一 各类换乘方式概述

（一）分类

换乘方式主要是指换乘时采用何种设施进行换乘或者换乘客流都要经过哪些车站主体结构才能达到换乘目的。对应不同的线路连接方式，根据乘客在换乘时所使用的换乘设施类型，可将城市轨道交通的换乘方式分为同站台换乘、节点换乘（上下交叉站台换乘）、站厅换乘、通道换乘和站外换乘（广场换乘）5种基本类型。[①] 实际常采用两种或多种换乘方式组合的混合换乘，以达到完善换乘条件、方便乘客使用、降低工程造价的目的。

（二）优缺点分析

不同方式都有其独特的优点和缺点，假设站台长度为 L，宽度为 W，层高为 H，通过对比相同条件下各换乘方式的换乘距离的区别，可直观感受换乘的便利程度。

1. 同站台换乘

同站台换乘是指不同线路的站线分设在同一个站台两侧，乘客可直接通过站台换乘。按车站布置形式分为站台同平面换乘和上下平行站台换乘。[②]

站台同平面换乘是指两条线路的站台并列布置在同一平面，一般有双岛式、岛侧式、尽头式等布置形式。上下平行站台换乘是指车站站台分为上、下两层，相对平行布置，一般各层站台均为岛式站台。同站台换乘中，主要

---

① 赵宇刚：《考虑服务水平的城市轨道交通换乘问题研究》，北京交通大学博士学位论文，2011。
② 毛保华等：《轨道交通网络化运营组织理论与关键技术》，科学出版社，2011。

换乘方向的乘客通过同站台换乘完成两线间的换乘，次要换乘方向的乘客则需要通过站厅换乘、通道换乘等其他方式换乘。当两个相邻车站均为上、下层站台换乘，可考虑构成一个全方向同站台换乘组合，便于乘客换乘。①

换乘距离情况：采用同站台换乘时，乘客从一条线路的列车下车后，可在同一站台直接到对面另一条线路的列车上，无须经过通道、楼（扶）梯或电梯，在各种换乘方式中效率最高，换乘距离为站台宽度 W。

优点：同站台换乘距离短，换乘直接，换乘效率高。

缺点：①受站台面积限制，缺乏对大量客流集中到达的缓冲能力，易出现客流对冲。②换乘站占地面积较大，施工技术要求较高。同时，可能与城市空间规划产生矛盾。③两条线路要有足够长的重合路段，尽量一次建成换乘站，分期修建需预留好后期线路涉及的车站部分和邻接区间的线路交叉，预留工程量规模较大，否则后期改造工程量巨大，对既有线运营干扰大。

案例1　连续换乘设计

香港不少地铁线路连续重合两站甚至更多，如港岛线和荃湾线在中环和金钟两站连续换乘，观塘线和荃湾线在太子、旺角、油麻地三站连续换乘等，通过这样的线路交叉设计实现了不同线路之间的同台换乘，不仅方便快捷，更起到了缓解核心地区的站点客流集中压力的作用。内地部分城市也采用了这样的换乘方式，如深圳地铁4号线、6号线深圳北站—红山；武汉地铁2号线、4号线中南路—洪山广场；杭州地铁1号线、3号线武林广场—西湖文化广场；重庆地铁1号线、9号线沙坪坝—小龙坎；等等。

以武汉地铁2号线、4号线中南路—洪山广场为例，2号线是当时武汉地铁运量最大的一条线路，4号线运量排在第二位，考虑到4号线开通运营后，两条地铁线路的换乘量较大，结合线路并行的实际情况并借鉴香港地铁建设经验，首创了国内同站台连续换乘模式。

① 毛保华、高自友、柏赟等：《城市轨道交通网络运营组织理论与方法》，人民交通出版社，2018。

洪山广场站为地下三层岛式车站，中南路站为地下两层岛式车站，4号线和2号线4条隧道从北侧进入洪山广场站，各自以上下重叠的走向进入站台，分列站台两侧。从洪山广场站至中南路区间，4号线（往武昌火车站方向）隧道先后与2号线的两条对向隧道交错。到达中南路站后，4条线路又走到同一层站台，呈平行分布，其中，2号线的两条轨道位于站台中间，4号线的两条轨道则分列站台两侧。最终，两条线路实现了在洪山广场和中南路两站、4个方向的同台换乘，最大限度地方便乘客。

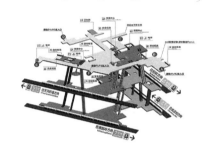
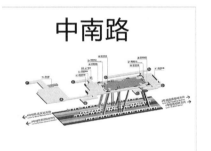

图1　武汉地铁中南路—洪山广场站结构示意

资料来源：武汉地铁。

2.节点换乘（上下交叉站台换乘）

节点换乘是指将两线立体交叉的重叠部分作为换乘节点，乘客通过楼梯、扶梯或垂直电梯进行换乘。根据两线车站的交叉位置，形成"十""L""T"等布置形式。个别情况下，上下层站台呈一字形排列，各层只有同一条线路的双向停车线，乘客进行两线间的换乘仍需到另一层站台乘车。

换乘距离的情况如下。

（1）"十"字形

平均距离是从一线站台的1/2处到另一线站台，经过一层站台高度，换乘距离为1/2L，换乘高度为H。

（2）"T"形

平均距离是从一线站台的1/2处到另一线站台或一线站台的长度，经过

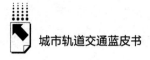

一层站台高度，换乘距离为 3/4L，换乘高度为 H。

（3）"L"形

平均距离是一线站台的长度，经过一层站台高度，换乘距离为 L，换乘高度为 H。

优点：①各个方向的换乘乘客只需经过楼梯/扶梯或者楼梯/扶梯加上短通道完成换乘，换乘效率较高。②与同站台换乘相比，站厅出入口更多，地面出入口的覆盖范围扩大，在一定程度上可改善、疏解地面交通。

缺点：换乘楼梯的宽度受站台宽度的限制，高峰时段节点客流压力大，换乘客流集中，易拥堵。不适合较大客流、突发客流较为集中的车站，受楼梯换乘能力限制，某些情况下需配合站厅换乘、通道换乘等方式疏导换乘客流。

案例 2　广州地铁珠江新城站换乘方式优化

广州地铁珠江新城站是 3 号线、5 号线唯一换乘站，地处广州天河 CBD 核心地带，临近众多金融中心，毗邻海心沙亚运公园、广东省博物馆等热门景点，通勤、游玩客流聚集，2020 年前车站日均换乘客流达 29 万人次，位列广州地铁线网前三。

车站站厅呈"中间非付费区、四侧付费区"的"十"字形布局，付费区之间不能连通。车站换乘方式只有单一台台换乘，5 号线通过站台中部楼扶梯换乘 3 号线；3 号线通过两端下行扶梯及楼梯分别换乘 5 号线单侧站台，3 号线换 5 号线的乘客需在站台驻足辨别换乘方向，换乘错误后只能贯穿 3 号线站台。受整体布局及站内容纳能力影响，车站客流流线复杂、交叉明显，换乘路径单一，客运组织灵活性较低。

针对珠江新城站厅付费区不连通、换乘方式单一导致站台客流交叉、拥堵，2020 年广州地铁对该站站厅布局进行改造，由"中间非付费区、四侧付费区"调整为"中间付费区、四周非付费区"，通过连通 3 号线、5 号线付费区，新增站厅换乘路径，有效减少 3 号线站台客流交叉，缓解换乘楼扶梯客流压力，提高客运组织灵活性。

3. 站厅换乘

站厅换乘是指乘客由下车站台经过两线共用的站厅到上车站台进行换乘。站厅换乘为两线（或多线）共用站厅，或相互连通形成统一的换乘大厅，出站与换乘乘客都需要经过站厅，再根据相关导向标志出站或到另一个站台继续乘车。

换乘距离情况：因换乘时必须先上再下（或先下再上），在节点换乘的基础上增加了多个垂直高度，换乘高度为 nH，n 取决于需要经过的层高数量。

优点：①站厅换乘既可独立使用，也可配合其他换乘方式使用，起到分流作用，减少站台客流对冲，缩短了乘客站台滞留时间，对大量客流集中到达的缓冲能力较好，且有利于控制站台宽度规模。②站厅换乘的弹性最大、适应性最广、使用最为灵活，换乘线路可以分期建设，先期建设的车站预留工程量较小，对既有车站的改造难度较小，施工难度降低。

缺点：①相比于同站台换乘，乘客换乘距离较长。一般需要通过上下楼扶梯进行换乘，垂直高度大。②换乘过程中乘客受到的客流密度影响因素较多，换乘效率也会受到一定的影响。进、出站与换乘客流存在相互交叉干扰，对引导标志设计要求较高。

4. 通道换乘

通道换乘是指当两线交叉处的车站结构完全脱开，站台相距较远或受地形条件限制不能通过站厅换乘时，乘客主要通过通道和楼梯实现两站台间的换乘。换乘通道既可连接两个车站的站厅（付费区或非付费区），也可直接连接两个站台。

换乘距离情况：因两条线路的车站结构完全分开，通过车站之间独立的连接通道进行换乘，换乘距离取决于换乘通道的长度。

优点：①方式布置较为灵活，对于分期建设换乘线路，且后期线路位置不能完全确定的情况，具有良好的适应性，预留工程量少，对既有车站的改造难度较低，后期线路位置调整的灵活性大。②换乘方向辨识度高，易于分方向对换乘客流进行疏导，可作为上下站台换乘的辅助换乘方式。当线路的相互位置不利于某些方向的换乘客流使用其他换乘方式时，也可配合站台同

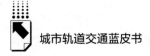

平面换乘、上下平行站台换乘或上下交叉站台换乘使用。

缺点：①乘客换乘距离较长（换乘距离主要取决于通道长度）。②换乘通道宽度根据远期客流需求设计，对预测精度要求较高，通行能力不够会降低换乘速度和效率。

案例3　上海地铁宜山路站新增地下换乘通道

上海地铁宜山路站地面临时换乘通道由于是半露天结构，通风效果欠佳，在夏季高温天气下，乘客通过换乘通道时体感不佳，为提升乘客出行体验，上海地铁对地下换乘通道进行了施工改造，于2024年6月22日正式启用宜山路站新地下换乘通道。

宜山路站地面临时换乘通道处于室外，冬天较冷，夏天极为闷热，最高温时通道内体感温度超过40°，且走行无自动扶梯。新换乘通道采用全地下设计，共3段通道，平均宽度约10米，并通过新增自动扶梯、空调系统等配套服务设施，大幅提升乘客换乘舒适度和体感。同时，为避免多方向人流在3号线、4号线、9号线三线换乘交会处可能造成对冲的安全隐患，特制定了新的换乘客运组织方案，进一步完善应急处突预案，并通过优化导向标识，增配人员引导，为乘客提供更加清晰的走行路径。

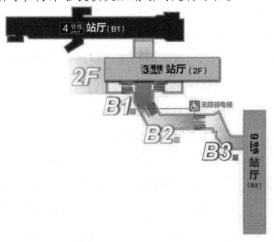

图2　上海地铁宜山路站地下换乘通道示意

资料来源：上海地铁。

图3　上海地铁宜山路站地下换乘通道

资料来源：上海地铁。

5. 站外换乘（广场换乘）

站外换乘是乘客在换乘站付费区以外的地方完成换乘、实际没有专用换乘设施的换乘方式，多见于高架线与地下线换乘、两线交叉处无车站或两车站距离较远、规划变动未预留换乘条件等情况。另外，在多条线路汇集、多种公共交通方式并存的综合交通枢纽内，可以设置换乘广场，配合其他换乘方式使用，有利于大量客流的快速集散。

换乘距离情况：因两条线路的车站结构完全分开，通过站外广场进行换乘，通常换乘距离较长，取决于整体广场的布局。

优点：①对大量客流集中到达的缓冲能力较好，综合交通枢纽多种公共交通方式之间的换乘可经由换乘广场完成，土地综合利用率较高。②对于分期建设的两条线路来说，先期建设的车站预留工程量小，对既有车站的改造难度低。

缺点：①乘客换乘时间、距离长，与站外人流混合，换乘干扰多，乘客换乘效率低。②增加乘客办理进、出站的手续，大多需要重新购票、检票，换乘时间长。

案例 4 成都地铁实现储值卡、乘车码和单程票"出闸换乘"

19 号线双流机场 2 航站楼东站与 10 号线双流机场 2 航站楼站分别位于高铁双流机场站的两侧，两站换乘通道需穿过高铁站区域，无法直接从付费区进行换乘。成都地铁集中力量进行技术攻关，陆续推出储值卡及乘车码"出闸换乘"服务。2024 年 8 月起通过改造终端设备和后台系统，成功上线单程票"出闸换乘"服务：持单程票的乘客可选择单程票出闸换乘专用通道刷卡出闸，30 分钟内可享受出闸换乘连续计费，票价可连续计算。出闸后根据车站换乘指示牌或地面标识指引，穿过高铁站区域即可抵达另一线路站点，选择出闸换乘专用通道，刷单程票卡进站，方可继续乘车。

图 4 成都地铁单程票出闸换乘

资料来源：成都地铁。

案例 5 西安地铁西安北站建设换乘连廊，首次实现三线换乘

随着西安城市发展的快速推进，尤其是高铁网络的不断完善，西安北站作为城市交通的核心和人流转换的中心，承载了巨大的交通压力。然而，周边立体交通存在诸多问题，例如，地下 3 条地铁线路不能同站换乘等。尽管地铁 2 号线、4 号线与 14 号线都服务于西安北站,但由于车站设置在不同位置,乘客往往需要通过出站、再进站的方式完成换乘,增加了换乘的时间和成本,也限制了轨道交通线网的有效分流。

为了解决这一问题,西安市轨道交通集团于 2021 年完成了西安北站地铁换乘连廊建设。换乘提升改造工程的核心是新建一座长 287 米、宽 6 米的钢结构人行天桥作为换乘"廊桥",将地铁北客站站厅与北客站(北广场)站厅相连,两站合并后于 2022 年正式更名为西安北站,成为西安地铁第一个三线换乘车站。乘客可以通过这座连廊在付费区内直接换乘 2 号线、4 号线和 14 号线,无须出站结费,真正实现了"一张网""一票通"的便捷换乘。

换乘连廊的设计充分考虑了乘客的通行体验,桥上桥下保证了 2.6 米的净空,南北两端上升段为缓坡,方便乘客上下。通行时间需要 2~3 分钟,大幅缩短了换乘时间。同时,连廊的设计也考虑到安全性,中途利用玻璃隔挡与非付费区进站通道分隔开,确保乘客在换乘过程中的安全。换乘连廊的建成不仅解决了长期以来困扰乘客的换乘问题,也提升了西安北站交通枢纽的客流疏解能力。

图 5　西安地铁西安北站换乘连廊

资料来源:西安地铁。

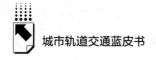

（三）城市轨道交通换乘情况现状

调研数据显示，2023 年 30 个城市轨道交通换乘车站中，两线换乘站占据主流，比例高达 90.0%，三线换乘站占比 8.0%，三线以上换乘站占比 2.0%。对不同类型的换乘站及换乘平均距离进行详细调研显示，各城市轨道交通换乘车站采用较多的换乘方式为节点换乘，占比 46.0%，平均换乘距离为 69.8 米，乘客能够在较短的距离内完成线路间的转换；通道换乘占比 25.0%，平均换乘距离为 192.1 米，乘客换乘走行距离稍长；同站台换乘占比 14.2%，平均换乘距离为 61.2 米，换乘便捷性最高；站厅换乘占比 12.9%，平均换乘距离为 118.7 米，换乘空间宽敞；站外换乘占比 1.6%，平均换乘距离为 306.7 米，换乘的复杂性和时间成本最高；其他换乘方式（贯通运营）占比 0.3%，换乘距离可忽略不计（见图 6）。在换乘方式方面，换乘车站通常采用混合换乘的方式，本次调研仅统计主要方式。

换乘方式占比及换乘距离统计情况详见图 6。

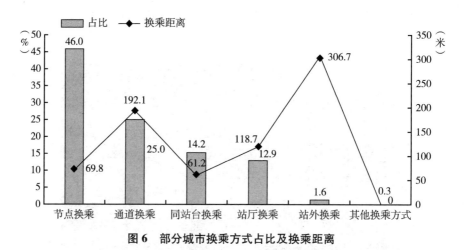

图 6　部分城市换乘方式占比及换乘距离

资料来源：调研问卷。

统计对比 2023 年部分城市客流较大的换乘站点换乘客流量及主要换乘方式如表 1 所示。

表1 2023年部分城市换乘站点换乘客流量及主要换乘方式

城市	站点	日均换乘量（万人次）	换乘线路数量（条）	主要换乘方式
广州	体育西路	36.14	2	通道换乘、站厅换乘
上海	世纪大道	32.06	4	节点换乘、站厅换乘
南京	大行宫	22.89	2	节点换乘
成都	中医大省医院	20.90	3	同站台换乘、节点换乘
深圳	岗厦北	20.04	4	同站台换乘、站厅换乘
北京	宋家庄	16.95	3	同站台换乘、站厅换乘
西安	北大街	16.30	2	节点换乘
天津	西站	15.21	2	节点换乘
重庆	冉家坝	14.47	3	同站台换乘、站厅换乘
长沙	五一广场	13.17	2	节点换乘
沈阳	青年大街站	12.80	2	节点换乘
郑州	郑州东站	12.52	2	节点换乘
武汉	徐家棚	10.31	3	节点换乘、通道换乘
哈尔滨	博物馆	10.00	2	节点换乘
杭州	钱江路	9.42	3	同站台换乘、通道换乘

资料来源：日均换乘量数据来源于《城市轨道交通运营企业运营数据报告（2023年度）》。

从统计结果可以看出，节点换乘方式因换乘距离短、效率高、成本相对较低、适应性强以及优化客流组织等优点，在各地换乘站中得到了广泛应用。

以青岛地铁为例，对节点换乘车站的分类及换乘距离进行了汇总，如表2所示。

表2 2023年青岛地铁节点换乘方式换乘站汇总

单位：米

车站名称	节点换乘方式	平均换乘距离
泰山路站	L形	95
青岛站	L形	60

续表

车站名称	节点换乘方式	平均换乘距离
李村站	L 形	50
苗岭路站	T 形	50
井冈山路	T 形	30
辛屯站	T 形	30
青岛北站（1 号线换 3 号线）	T 形	18
辽阳东路站	十字形	60
台东站	十字形	30

资料来源：青岛地铁运营有限公司提供。

二　换乘体验的影响因素

（一）换乘时间及距离

换乘时间及距离是影响换乘效率的重要因素，也是衡量换乘站布局合理性与乘客服务水平的核心指标，换乘时间及距离越短，换乘越便捷。

（二）换乘信息传达

换乘站的导向标识清晰度和信息传达效率对于提升乘客的换乘体验至关重要，明确清晰的换乘线路指引是确保乘客顺畅换乘的关键，乘客可通过获取换乘通道分布、换乘节点位置、列车到站时间等信息作出最佳换乘决策，信息传达是否及时准确将直接影响到乘客体验。

（三）换乘站客流强度

城市轨道交通换乘站的客流通常较为密集，这种高集中性的人流对换乘体验有较大影响：一是进出站客流、换乘客流大，则易形成冲突点，复杂的客流流线影响换乘的便利性；二是同一时段、不同换乘方向的客流量存在较大差异，方向的不均衡性可能导致某些方向的换乘等待时间较长，影响乘客的换乘体验；三是地铁换乘站通常具有较强的封闭性，在高峰时段，换乘站点过于拥挤会降低乘客的舒适度和换乘效率。

（四）空间布局及设施完善度

地铁车站的空间布局及设施完善度也是影响换乘体验的重要因素之一。车站场地的大小决定了乘客的容纳量，容量不足将导致拥堵，降低换乘效率；另外，如导引标识、自动扶梯、无障碍设施、洗手间等辅助设施的完善度也直接影响乘客的换乘体验。

（五）站点综合环境

换乘站的环境设计是提升乘客舒适感和换乘体验的重要一环。环境卫生、照明通风和站内装饰等要素，不仅为乘客创造了宜人的环境，更在无形中增强了愉悦感；融入当地的文化特征或地域特色，能够赋予换乘站独特的魅力，进一步丰富乘客的换乘体验。

综上所述，地铁换乘体验的影响因素包括换乘时间及距离、换乘信息传达、客流强度、空间布局、设施完善度以及环境设计等多方面。为了提升乘客的换乘体验，需要从这些方面入手，进行综合性的优化和改进。

三　换乘优化的有效方式

（一）利用科学的客流组织提高通行效率

1. 提升客流组织精细化管理水平

秉持以安全为基础、方便乘客出行的目的，优化完善车站客流组织及铁马设置方案。结合客流实际情况，通过直接撤除、调减铁马长度、分时段设置铁马、规范公共区备用铁马摆放等措施，优化乘客可走行路径，为乘客出

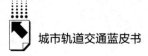

行提供更多便捷。

例如，青岛地铁青岛站3号线站台的上车乘客与出站乘客在扶梯口处易造成客流交叉，车站在站台扶梯出口通过专人引导及伸缩围栏及时疏导扶梯口客流，同时，车站使站台通过柱子、墙体实现"站台下出上进"单向循环，站厅控制3号线厅B楼梯只上不下，站厅A端至站台的下行扶梯在站厅层进行铁马绕行等综合客流组织方式有利于减少客流对冲。

图7　青岛地铁青岛站客流组织措施

资料来源：青岛地铁。

2.解决乘客换乘绕行距离远的问题

结合换乘站客流实际，可按照早晚高峰、低峰及平峰等不同时段，制定换乘站分时段双向换乘方案，实施分时段双向换乘，平峰及低峰换乘通道利用更加充分，提升乘客换乘效率，大幅改善乘客出行体验。

例如，青岛地铁台东站作为1号线和2号线的换乘站，工作日客流具有明显的潮汐特征：早高峰时段以1号线换乘2号线的客流为主，晚高峰时段以2号线换乘1号线的客流为主。为缓解台东站潮汐式客流换乘压力，自4

月19日起，台东站早晚高峰时段将启用"潮汐"通道，根据现场客流情况，部分换乘通道将采用单向通行模式或动态调整通行方向。

①工作日早高峰时段（07：20～09：00）：1号线站台至2号线站台（李村公园方向）的换乘通道将采用单向通行模式，仅供1号线换乘2号线的乘客通行使用，通道内两部扶梯、楼梯"只上不下"。

②早高峰时段，若市民从2号线（李村公园方向）换乘1号线，需通过站厅层前往1号线站台乘车；1号线换乘2号线（泰山路方向）换乘通道的通行方向不作限制。

③工作日晚高峰时段（17：10～18：50）：车站将根据现场客流情况，动态调整2号线站台（泰山路方向）至1号线站台的换乘通道通行方向。在换乘至1号线站台后，及时向站台中部走，分散候车，保障换乘通道畅通，若换乘通道处出现人员拥挤现象，换乘通道将恢复双向通行。

图8　青岛地铁台东站单向换乘——1号线站台换乘通道

资料来源：青岛地铁。

图9 青岛地铁台东站单向换乘——2号线上行换乘通道

资料来源：青岛地铁。

图10 青岛地铁台东站2号线站台换乘"潮汐"通道提示

资料来源：青岛地铁。

（二）利用有效的信息引导提供多样选择

1. 提高站点 LCD 显示屏的利用效率

除了展示到站信息和开门方向，LCD 显示屏还可以展示更多有用的信息，如站台层的扶梯楼梯卫生间分布情况、换乘通道、节点位置、出入口信息、预计到站时间等，使乘客能够获取足够多的乘车信息。

例如，福州地铁 4 号线将乘客信息显示系统与站台门结合，能够显示列车预到站时间、车厢拥挤度、列车温度、站台门状态等多样信息。

2. 提高导向标志的引导实效

持续优化导向标志，使用通用、易于理解的图形和文字，提供清晰、明确的信息；优化换乘站标志布局设计，充分考虑乘客的视觉习惯、换乘习惯和流动路径，将标志设置在易被注意到的位置；根据具体环境和使用者特点合理设置标志间距和高度，以确保信息的连续性和一致性；通过使用鲜艳的色彩、对比强烈的图形和字体等方式来增强标志的视觉效果，同时对于老年人或视力不佳的人群，适当放大标志字体和图形尺寸，以提高信息的可读性。

例如，青岛地铁在各换乘站换乘通道张贴线路色导流带；换乘站台东站、张村站、辽阳东站站厅进行线路色包柱；辽阳东路站站厅扶梯入口处试点线路色氛围灯。

上海地铁除在常规墙面和悬挂的换乘及出口标志之外，创新研究在重点换乘站设置透明标志，内容包括换乘线路、出入口、无障碍设施等指引。

3. 发挥多样化创意指引的效能

针对面积大、换乘复杂的车站，设计箭头指向类、卡通人物类、温馨内容类等多种样式的连续创意指引标志，在换乘通道醒目位置张贴放大版线路图、趣味换乘指引标牌、全景引导二维码等创意指引，根据乘客所在的位置、人群特点"量身定制"指引内容，提高引导信息的辨识度。

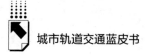

例如，武汉地铁3号、6号、7号线香港路站结合车站周边毗邻儿童医院的特点，在站内对应位置设置儿童友好连续指引标识，以异形、卡通的个性化标识温馨提醒前往市儿童医院的乘客便捷前往；2号、7号线巨龙大道站在换乘通道内设置趣味换乘指引，如"转弯，也是人生一种前进方式""前方的风景很好，我的意思是往前走"等提示话语，增强了换乘的趣味性；1号、7号线三阳路地铁站换乘通道的金属立柱上，写有"拿好随身物品，丢了就掉的大"等武汉方言的温馨提醒标语，让乘客在换乘过程中也能感受本地文化特色。

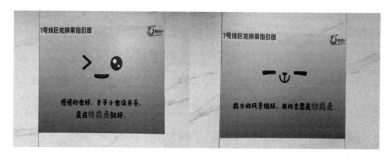

图 11　武汉地铁趣味换乘指引

资料来源：武汉地铁。

（三）利用个性化服务举措提升出行感受

1. 优化换乘站点的行车衔接

通过对换乘线路的列车到站时间开展衔接优化，提高运输组织效率，尽量减少换乘等待时间。

例如，杭州地铁根据客流方向做好换乘站的换乘衔接，早高峰、日平峰以进城客流为主，通过人工调整线路间的计划到发点，确保大部分列车实现无缝换乘或换入后等待时间小于线路的一半间隔；晚高峰、夜间平峰以出城客流为主，通过人工调整线路间的计划到发点，确保大部分列车实现无缝换乘或换入后等待时间小于线路的一半间隔。

成都地铁17号、19号线属于郊区线路，行车间隔较大，乘客换乘走行时间约为40秒，两线在九江北站同台换乘。成都地铁通过精细化调整列车运行图，将两线行车间隔匹配一致，高峰行车间隔均为4分钟，同时根据客流主要流向控制两线列车到站时间，早高峰时段19号线列车较17号线早到40秒，晚高峰则相反，实行无缝换乘后，乘客换乘候车时间大幅缩短。

长春地铁针对行车间隔相同的线路，将每个换乘方向的等候时间调整为固定值，提高乘客换乘出行的可预测性；保证换乘量最大方向的等候时间最短，其余方向及换乘节点按换乘量从大到小依次协同调整；行车间隔不同的线路，通过适量调整部分车次换乘站的到发时间，实现能接续上的换乘班次尽量以最短等待时间接续换乘。

2. 提供全面多样的换乘引导服务

通过换乘手册、指南等补充方式对换乘站点及换乘方式进行全面解读，方便乘客根据需要选择最佳线路；在换乘站客流交会点设立小型咨询点，为乘客提供及时准确的咨询服务，通过线网图卡片、换乘卡片、换乘指引条等多种形式，为乘客提供多样化换乘服务。

例如，杭州地铁萧山国际机场站联合萧山国际机场上线"空轨手推车"，双方互通手推车，地铁站内设置手推车存放点、临时回收点，地铁与场区建立补充、回收机制，上新该项"解放双手"民生服务。成都地铁将VR技术运用到车站导向体系中，乘客可以扫描站内设置的二维码，进入智慧导航小程序，跟随VR实景导航到达站内目的地，实现了对乘客走行路径的精准指引。苏州地铁推出"畅优指引卡"，针对老人、小孩等不便使用手机导航的乘客，通过卡片手写搭乘线路、换乘站点，帮助乘客快速准确换乘。

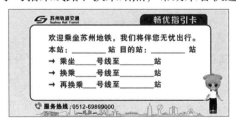

图12　苏州地铁畅优指引卡

资料来源：苏州地铁。

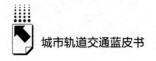

（四）换乘优化实例

案例6　深圳地铁岗厦北站（2&8号、10号、11号、14号线）四线换乘优化

深圳地铁岗厦北站为2&8号、10号、11号和14号线四线换乘车站，日均客运量为30万人次，车站客流特征主要是工作日早晚高峰的通勤客流，早高峰以10号、14号线换入11号线客流为主，10号、14号线换入2&8号线客流次之，晚高峰以11号线换入14号线客流为主，2&8号线换入14号线次之。

车站工作日日均客运量为35万人次，客流压力主要集中在工作日早晚高峰，占全天七成的客流；其中，压力最大的早高峰7：30~9：00，换入11号线客运量达8万人次，目前工作日期间14号线采用的是站前折返的方式。因为早高峰期间14号线与11号线的换乘压力较大，岗厦北站11号线候车站台排队状况明显，为了避免乘客过度拥挤在有限的站台空间里，站点将原"同站台换乘"方式调整为"站厅换乘"方式，调整后岗厦北站14号线换乘11号线的乘客，行走距离平均增加约100米；通过拉长换乘距离的方式，降低单位空间内的客流拥挤度，进而减少拥挤踩踏的风险。

同时，深圳地铁利用多种渠道宣传，为乘客提供迂回换乘建议，利用媒体宣传、结合站内导向广播提示，引导岗厦北站乘客在高峰期通过同站乘坐2&8号线至福田站换乘11号线；引导14号线沿线往车公庙乘客通过黄木岗站换乘7号线。

案例7　青岛地铁青岛北站采取多种措施提升换乘能力

青岛北站为1号、3号、8号线三线换乘站，采用节点换乘方式，线路列车同时到达时双向换乘客流较大，车站多措并举提升换乘能力。一是增加专人保障及引导，在换乘通道上下及中部平台进行乘客引导，疏导现场客流；二是动态分流疏导，根据1号、8号线列车到站情况使用移动伸缩铁马和伸缩围栏拦截分流，换乘楼梯分通道单向通行，1 号线换 3 号线从楼梯右侧通道向上，8 号线换 1 号线从楼梯左侧通道向下，现场张贴告示；三是站台岗辅助引导绕行，8 号线下行 1 名站台岗与 1 名保安清客后辅助加强关注两端扶梯，适时引导乘客从 8 号线下行站台一侧绕至 3 号线下行中部排队候车。举措实行后，现场乘客通行效率提升了 67%，实现通道换乘客流 0 对冲，显著减少了在换乘过程中的等待时间和拥堵现象，站内换乘效率和乘客满意度显著提高。

案例 8　上海地铁换乘信息引导优化

上海地铁在换乘站设置清晰的导向指引和综合信息屏，乘客可以跟随导向指引来到换乘通道入口处，通过综合信息屏了解各线路换乘方向、步行距离和时间、出入口方向等信息；在一些距离较远的换乘通道（如大渡河路）中，墙面上也设置了清晰的指引信息，告知通道前方可到达的线路和无障碍电梯、厕所等服务设施的位置。这些措施极大地提升了乘客的换乘效率，减少了因寻找换乘路线而产生的不便。

以龙阳路站为例，作为国内首座五线换乘车站，为提升乘客换乘效率，上海地铁对龙阳路五线进行一体化导向改造，更新补全基础导向，并提高导向可视化程度。大幅提高乘客换乘时的信息获取效率。主要包括：在换乘通道增加 LED 综合信息屏，以高清视频的形式滚动播放前方换乘线路、走行时间、出入口等信息，让乘客一眼获取出行信息；利用空白立柱、墙面增加指引信息补全换乘路径的全部指引；为配合 16 号线大站车、直达车、普通车停靠不同站台的行车组织模式，在 16 号线站厅增加发车信息显示屏，告知乘客后续三列车的开行方式、停靠车站、发车时刻、上车站台等信息，使乘客快速获取信息并选定候车站台；龙阳路站周边展会期间，在车站各处增加 VR 实景导航的二维码，乘客扫码后可以根据实景导航准确前往展会。

图 13　上海地铁龙阳路站 LED 综合信息屏

资料来源：上海地铁。

图 14　上海地铁龙阳路站发车信息显示屏

资料来源：上海地铁。

图 15　上海地铁龙阳路站 VR 实景导航

资料来源：上海地铁。

案例 9　重庆地铁调优行车组织提升换乘体验

　　针对核心区换乘站点，因其线路行车间隔小、乘客对换乘候车时间敏感度低，重庆地铁以保障换乘线路间运能匹配为原则，采用运能匹配调优法。环线晚高峰安排空车运行至大客流站点开始载客；6 号线早晚高峰时段主要客流方向各增加两列次载客列车，以匹配冉家坝、红旗河沟等换乘站点不同线路间的运输能力。

　　针对外围区换乘站点，因其线路行车间隔大、乘客对候车时间敏感度高，重庆地铁以精准衔接主要客流方向列车到发点为原则，主要采用行车间隔匹配调优法，通过人工调优，采用调整区间运行时间、停站时间、开行交路、移动单一运行线、整体平移等方式，对刚好错过的列次进行调整，提升换乘匹配度。

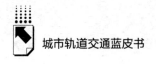

四 相关建议

（一）提升规划建设期换乘设计的合理性

1. 前瞻规划与科学论证

在轨道交通线网规划及建设阶段，应充分考虑未来城市发展趋势、人口分布变化及交通需求增长，对换乘站点的位置、规模及换乘方式进行前瞻设计。通过科学论证，确保换乘站设计既能满足当前需求，又能适应未来城市发展的需要。

2. 多维度综合评估

在换乘方式的选择上，应综合考虑乘客的步行距离、换乘时间、换乘舒适度，以及不同交通方式之间的衔接效率。通过多维度综合评估，选择最优的换乘方式，以提高换乘效率和乘客满意度。

3. 标准化与模块化设计

推广标准化与模块化的换乘站设计，可以缩短建设周期、降低成本，同时保证换乘站的设计质量和功能实现；通过制定统一的设计标准和技术规范，确保不同线路间换乘站的设计协调一致，提升整体换乘体验。

（二）深入调研乘客需求，提升换乘体验

1. 乘客需求常态调研

定期开展乘客需求调研，通过问卷调查、访谈等方式收集乘客对换乘站点的意见和建议。重点关注乘客在换乘过程中遇到的问题和不便之处，如指示标识不清、换乘路径复杂等，为后续优化提供依据。

2. 个性化服务设计

根据乘客需求调研结果，设计个性化的换乘服务。例如，为不同年龄段、不同出行需求的乘客提供差异化的换乘指引；在换乘站设置无障碍设施，方便特殊人群出行；利用大数据和人工智能技术，为乘客提供实时、精准的换乘信息服务。

3.持续改进与反馈机制

建立换乘站持续改进与反馈机制，对乘客提出的合理建议进行及时响应和改进。通过定期评估换乘站点的运营效果，不断调整和完善换乘方案，确保换乘站始终保持良好的运营状态和较高的服务水平。

（三）创新利用新兴技术提升换乘效率

1.智能化导乘系统

引入智能化导乘系统，利用 AR、VR 等先进技术为乘客提供直观的换乘指引。通过虚拟现实技术模拟换乘环境，让乘客在出发前就能熟悉换乘路径和注意事项；通过增强现实技术实时显示换乘信息，提高乘客的换乘效率和便捷性。

2.大数据分析与预测

利用大数据技术对轨道交通客流进行实时监测和分析，预测不同时间段的客流分布和换乘需求。根据预测结果调整换乘站点的资源配置和服务策略，如增加高峰时段的换乘通道、优化换乘指示标识等，以提高换乘站的运营效率和服务水平。

3.数字化管理平台

构建数字化管理平台，实现换乘站点的全面数字化管理。通过集视频监控、环境监测、客流统计等多种功能于一体，平台可以对换乘站点的运营情况进行实时监控和数据分析。同时，利用平台提供的决策支持功能，为换乘站点的优化提供科学依据和技术支持。

五 展望

城市轨道交通换乘方式的选择不仅需要聚焦其能力的优劣，同时还应结合规划设计、线路走向、客流需求等因素综合考虑，在多重约束条件下求取最优解。未来，随着综合交通体系的持续推进和城市轨道交通线网进一步织密，城市轨道交通线路间、城市轨道交通与其他交通方式间的换乘关系将日

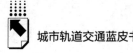
益复杂，以城市轨道交通为主干的换乘枢纽将逐步成为主流。轨道交通企业应坚持"以人为本"的发展理念，打通"规划—建设—运营"全生命周期链条，在结合远期线路规划及既有运营经验的基础上，提前谋划城市轨道交通换乘站换乘设计；对于已建成的线路充分分析当前客流情况及远期客流走势，结合现场运营管理经验，对换乘指引、客流组织等"软措施"进行灵活调整、合理优化，为广大乘客提供更为便捷舒心的出行体验。

B.8
基于乘客需求的城市轨道交通运输组织优化

城市轨道交通运输组织优化研究课题组*

摘　要： 城市轨道交通最基本的任务是安全、迅速、准确、便利地运送乘客，最大限度地满足广大人民的需要，提供优质的运输服务。随着城市轨道交通的快速发展，乘客出行需求也从基础的点对点通勤向多元化迈进。本文总结了城市轨道交通单位以乘客出行需求为导向，采取调整发车间隔、开行大站空车、组织直达列车、延长运营时间、共线运营、快慢混跑、灵活编组等举措，优化运输组织方案，最大限度适配不同乘客出行需求的成效与经验，并列举了北京地铁贯通运营、上海地铁灵活编组、成都地铁共线运营、重庆地铁三线互联等优秀运输组织案例。

关键词： 运输组织　乘客需求　城市轨道交通

---

* 课题组成员：刘泽君，工程师，现任成都轨道交通集团有限公司调度指挥中心副总经理，主要从事轨道交通运输组织、调度指挥、行车技术及新线筹建等管理工作；张波，工程师，现任成都轨道交通集团有限公司调度指挥中心技术管理部副部长，主要从事轨道交通运输组织、调度指挥及行车技术研究工作；张享慧，高级工程师，现任成都轨道交通集团有限公司技术信息部专业经理，主要从事轨道交通车站设备设施专业技术管理、智慧城轨及绿色城轨建设管理工作；张弛，工程师，现任青岛地铁运营有限公司线网管控中心运输生产部运输策划室副主任，主要从事轨道交通运输组织与优化、客流预测与分析相关工作；梁文佳，青岛地铁运营有限公司线网管控中心运输生产部运输策划室工程师，主要从事城市轨道交通运输策划与管理相关工作；富世慧，高级工程师，现任青岛地铁运营有限公司线网管控中心运输生产部经理助理，主要从事城市轨道交通运输组织相关工作。

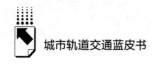

引　言

当前，各个城市轨道交通线路不断延伸和加密，轨道交通网络化运营格局已全面铺开，换乘节点不断增加，多路径通达功能有效提升，市民通勤时间大幅缩短，出行效率显著提高，生活幸福感进一步增强。轨道交通线路四通八达，与机场、铁路、公交、商圈、演艺中心、体育场馆等商圈枢纽的衔接融合不断深入，城市交通一体化功能愈加完善，轨道交通也成了城市高质量发展的重要推动力量。

城市轨道交通客流存在时空分布不均衡性，高峰时期部分线路区段运力紧张，而平、低峰时期大量线路与车辆的资源利用率较低，核心区段客流较为集中，而市郊区段的客流过小，且随着网络规模的扩张有进一步加剧的趋势。因此，为精准匹配时空分布不均衡的客流需求和满足绿色低碳、资源高效利用、降本增效的运营需求，城市轨道交通运输组织如何优化也成了当下城市公共交通发展的重要研究方向。鉴于此，各个城市轨道交通运营单位聚焦线网运输组织面临的困难和挑战，解决运输组织过程中的各项问题，竭尽全力提升线网运输组织品质，让城市轨道交通成为服务民生绿色出行的"最优解"和"必选项"，真正做到轨道交通发展为了人民、轨道交通发展依靠人民、轨道交通发展成果由人民共享。

一　城市轨道交通运输体系介绍及乘客出行需求分析

为了掌握城市轨道交通客流的出行规律，实现城市轨道交通运输组织"有的放矢"，各个城市轨道交通运营单位围绕市民多元化出行需求，挖掘线网运输潜能，多措并举，优化布局，紧扣安全管控与客运服务，兼顾节能增效，全方位思考，分层次配置，综合提升运输能效，构建了"运输策划—运输组织—运输执行—服务反馈"一套契合运营生产实际的闭环链条机制。

运输策划方面，通过常态化开展断面剖析、数据对比，分析不同圈层、组团、片区的市民出行时间点、出行量的变化情况，掌握客流在时间、空间维度上的波动，梳理各时段、各线路的运力安排，持续开展客流与运力匹配分析。同时，安排运输组织人员前往车站、列车实地踏勘现场客运组织实际情况，体验乘客出行全过程，多维度收集乘客出行需求。运输组织方面，联合乘务、站务、车辆、信号、供电、机电等相关专业，结合各线路客流特征、车辆配置、场段位置、存车需求、供电负荷能力等因素综合制定线网行车组织方案，涵盖行车间隔设置、交路套跑比例及开行时机、首末班车接驳、换乘衔接、快慢车开行方式、出收车计划等多个方面，确保行车组织方案科学合理、经济高效。运输执行方面，以列车运行图为基础，调度、站务、乘务三方联动，形成合力共同支撑运输体系的运转，根据正线客流及应急处置需要，以加减上线列数、增减站停时间、调整运行交路等方式对运输组织情况进行灵活调整，最大限度满足乘客出行需求。服务反馈方面，常态化开展运输组织执行情况分析，根据客流需求和运营生产实际需要，定期对运输组织体系进行优化研究，协调解决各方客运服务、车辆检修、人员安排、员工通勤等生产运作需求，不断提升运行图执行质效，并通过服务热线、官方网站、手机 App 等多种渠道，广泛收集乘客反馈意见和出行需求，推动意见反馈的靶向运用，从乘客视角不断优化运输组织服务举措。

乘客出行需求总体可分为以下几类。

（一）居住地与办公地的集中通勤需求

由于城市老城区迁改难度大、拆迁成本高，大多数城市采用建设新城区的发展模式，导致人口居住密集的老城区与办公集中的新城区之间存在大量通勤客流，同时城市轨道交通联通着城区与市郊区县，轨道交通作为城市通勤的主要脉络，承担着满足市民通勤的重要职责，通勤客流出行需求主要在于市民大规模出行下的运输保障。

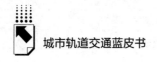

（二）机场高铁站旅客的快速直达需求

航空机场、高铁枢纽等站点因占地面积大、楼层高度限制等因素，常建于城市郊区，导致城区与交通枢纽站点之间出行距离长、行程时间久，因此，交通枢纽客流主要出行需求在于轨道交通能够快速直达交通枢纽站点，并实现与其他交通方式之间便捷的换乘衔接。

（三）展会活动散场观众的短时驳运需求

随着社会经济的繁荣，展会活动逐步增多，频繁的体育赛事、展会活动、文艺演出给轨道交通行业运输组织带来了新的挑战。展会活动运输保障的难点在于展会活动关键因素的不确定性，如参展人数、散场时间等，特别是对于户外开放性活动。参展乘客前往场馆时间分布相对分散，但活动散场时段的离场客流较为集中，进站客流短时激增，展会活动客流主要出行需求在于展会活动离场返程的短时驳运。

（四）市民游客游玩出行需求

随着节假日期间休闲、旅游乘客出行增多，以及夜间经济的蓬勃发展，节假日及夜间出行体量不断增加，乘客对于轨道交通的运输服务能力要求也在不断提高，市民游客游玩出行需求主要围绕商圈景点、交通枢纽邻近站点集散运输保障。

二 城市轨道交通运输组织优化举措

各个城市轨道交通运营单位始终将乘客的需求和感受作为服务的出发点和落脚点，将让人民满意作为运营服务的检验标准，科学施策，坚持可持续发展，使轨道交通成为城市繁荣发展的有力支撑。

（一）以精准运力匹配为导向，促进市民出行体验升级

1. 以需定运，匹配发车间隔

列车发车间隔是影响乘客服务水平最直接的因素，各城市轨道交通根据不同时段的乘客出行体量，将全天划分为高、平、低峰时段。《城市轨道交通运营技术规范》（GB/T 38707）明确规定，列车发车间隔应保持一定服务水平，维持乘客较好的舒适度，高峰时段列车发车间隔不宜大于5min。城市轨道交通单位会综合考虑客流断面、车辆选型、线网匹配等多种因素，合理设置列车发车间隔，在满足乘客出行需求的基础上，保证科学合理的运输服务水平。

大多数城市轨道交通各个峰期列车发车间隔设置原则基本如下：高峰时段，当最大运力无法满足乘客出行需求时，原则上以设备的最大供给能力安排运力；当最大运力能满足乘客出行需求时，按"以需定运"原则，工作日高峰期各区间单向小时拥挤度宜控制在100%以下，双休日高峰期各区间单向小时拥挤度宜控制在80%以下；平、低峰时段，各区间单向小时拥挤度宜控制在70%以下。

各个城市轨道交通线路客流不一，各时段列车发车间隔也不相同，以高峰客流为例，现阶段，北京、上海、广州、深圳、成都、西安、南京、苏州最小发车间隔达2分钟及以内。此外，城市不同区域的居民出行时间也是影响不同峰期运力配置的关键因素，大多数城市主城区早高峰断面客流峰值出现在8：15~8：30，高峰主要持续时段为8：00~9：00；郊区断面客流峰值出现在7：45~8：00，主要持续时段为7：30~8：30，相对主城区有所提前。主城区晚高峰断面客流峰值出现在18：15~18：30，19：00以后断面客流明显下降；郊区晚高峰断面客流峰值出现18：30~18：45，19：30以后断面客流明显下降。因此，根据不同区域客流出行差异，各线路可采用早高峰提前出车、晚高峰场段延迟收车的方式，实行主城区与郊区线路错峰运能配置，以满足不同区域的市民出行需求。

2. 交路匹配，提高周转效率

总体上集中居住地、办公区、商圈枢纽等区域客流较大，而市郊区域客

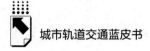

流较小，客流规律呈现线路空间分布的不均衡性。若按照市郊客流情况配置列车发车间隔，则轨道交通线路市区区段拥挤度较高，无法满足乘客出行需求，若以市区区段客流情况配置全线发车间隔，则轨道交通线路开行列车数较多，在市郊区段发车间隔较为密集，运力存在严重浪费。

因此，在线路开行覆盖全线大交路列车的基础上，又增开覆盖线路大客流区段的小交路列车，形成线路列车大小交路套跑，差异化配置不同区域的运输能力，协调满足乘客出行需求。考虑到高峰期乘客出行体量大、市郊区段出行需求旺盛，故高峰期可全部开行大交路列车，便于市郊区段居民快速通勤，平低峰期调整为大小交路套跑。也可根据客流情况，灵活选择大小交路开行比例，实现客流与运力的精准匹配。

常见大小交路套跑形式如图1、图2所示，在此基础上，又可根据客流规律和线路特点选择开行"三交路""交叉交路""Y形交路"等多种交路，但列车开行交路过于复杂，乘客获取乘车信息难度增加，不利于乘客正确选乘出行列车，因此，在复杂交路开行的情况下，应进一步优化乘客信息系统显示和人工指引服务，便于乘客正确选乘出行路径。

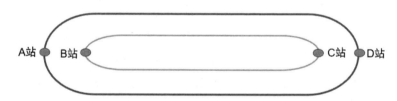

图1　常见大小交路开行形式示意一

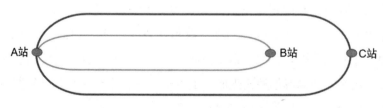

图2　常见大小交路开行形式示意二

3. 衔接优化，锚定服务时间

城市轨道交通的运营时间直接关系着城市轨道交通的运营服务水平，《城市轨道交通运营技术规范》（GB/T 38707）明确规定，城市轨道交通线路的全天运营时间不应少于 15 小时。同时《城市轨道交通设施设备运行维护管理办法》明确规定，运营单位应合理制定运营计划，保障设施设备维护工作时间，运营线路每天非运营时间内的设备设施检修施工预留时间不宜少于 4 小时。在满足国家规范的前提下，为更好地兼顾乘客出行需求，各个城市轨道交通单位根据不同线路运营特点设置了首末班车时刻，主要遵循以下原则。

（1）普通线路匹配原则

首末班车时间应立足乘客出行需求，除部分重点交通枢纽外，大多数城市客流走向在早间由市郊区域向中心城区汇集，夜间由中心城区向周边发散。因此，首末班车时间除满足本线施工、运营服务需求外，需要重点考虑线网各个线路匹配衔接，首班车原则上需能够满足市郊区段乘客换乘市中环线或其他流向中心城区的放射形线路，末班车时间则需满足中心城区换乘站点的乘客可换乘其他线路向市郊区域发散。

（2）特殊线路匹配原则

衔接机场、高铁等交通枢纽站点的线路以实现交通枢纽至城市主城区之间的双向驳运为主，可考虑进一步延长运营时间。

在节假日、特殊展会活动期间以及与地铁衔接的其他交通枢纽运输班次发生变化时，通过分析客流出行需求，结合国铁车站、客运汽车站等重要枢纽的班次情况，分线网整体或交通枢纽、商圈景点衔接线路，特殊设定线路运营时间，满足乘客夜间出行需求。

4. 灵活组织，科学停站设置

根据线路和站点运营特点与客流情况不同，总体上可将车站分为大客流站、小客流站。大客流站主要包括换乘站、交通枢纽站点、商圈景点毗邻站点等，因大客流车站站台乘降人数较多，列车停站时间也较小客流站有所延长，《城市轨道交通运营技术规范》明确规定，列车停站时间（含开关门时间）应根据沿线各车站上下乘客量的实际需求进行设置，最小停站时间不应低于20秒，最大停站时间不宜超过60秒。运营单位应通过技术和管理措施提高开关门作业效率，缩短停站时间，提高列车运行效率。全自动线路无司机操作开关门时间，由系统自动控制车门站台门开关，故全自动线路停站时间可相应减少，提高列车运行效率。

各个城市轨道交通线路根据站台乘客乘降时间需求，乘降时间全自动线路原则上设置为31~35秒，其他线路原则上设置为37~45秒，其中，机场、火车站等乘客携带大件行李的车站可适当增加停站时间；小客流车站根据客流需求，全自动线路原则上设置为30秒及以内，其他线路原则上设置为37秒以内，但不应小于最小停站时间。

除此之外，考虑到客流在全天各个时段的分布具有较大差异，综合考虑客流情况和服务水平等因素，可以调整不同时段的停站时间，如高峰期列车车厢乘降人数较多，可在平峰期停站时间的基础上适当延长站停时间，便于乘客高峰期间出行。

（二）以解决痛点问题为方向，强化重点运输服务保障

1. 应需部署，延长服务时间

随着城市规模的扩大，轨道交通长大、线路也越来越多，始发站首末班车至线路中段的运行时间长，线路中段运营服务水平相对较低，鉴于此，多

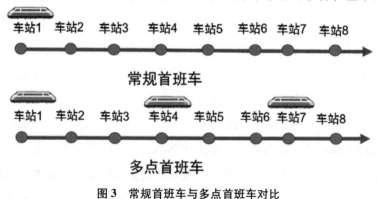

图3　常规首班车与多点首班车对比

家城市轨道交通运营单位实施了"首班车多点发车"和"末班车分段运营",即在满足线路检修条件的基础上,根据线路场段位置和夜间线上存车布置,首班车时刻点同时在正线多个站点投入载客车,开行覆盖线路大客流站点的"半程末班车",有效延长线路运营时间30~60分钟,进一步提高线路整体运营服务水平。

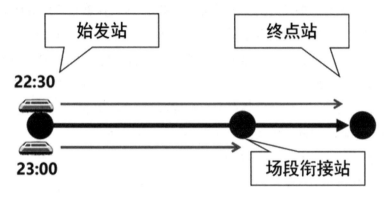

图4 半程末班车示意

2.大站空车,单点客流疏解

线路整体客流偏大时,列车车厢往往在线路前段的站点就已满载,线路中部站点乘客难以上车,导致中部站点乘客候车时间长,同时站台乘客堆积,易造成人员踩踏等安全事故。因此,可采用开行大站空车的形式,组织部分列车自始发站、场段衔接站不停站通过,运行至线路中部大客流站投入载客服务,有效缩短线路中部站点乘客候车时间,均衡整条线路运力配置,防止部分站点客流积压过于严重而引发人员踩踏事故。

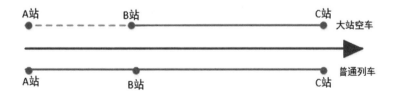

图5 大站空车示意

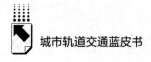

3.精细调控，换乘精准衔接

根据城市轨道交通线路的走向特征，结合不同运营时段的不同衔接目标，精细调控列车在换乘站到发时间，实现换乘衔接优化，如工作日早高峰期间，为缩短乘客候车时间，可根据换乘站主要客流流向，在同台换乘站点实现"绿波换乘"，即实地掌握同台换乘时间和主要客流走向，精细化匹配两线列车在站台的到发时刻，使两线列车到发间隔与乘客走行换乘时间相匹配，实现主要换乘方向的乘客无缝换乘。同时，随着客流的逐步增长，部分换乘客流大站的电扶梯、换乘通道成为乘客出行新的堵点，为防范因电扶梯、换乘通道通行能力受限而引发的人员踩踏事件，也可精细化调整上下行列车的到站时间，实现上下行列车错时抵达，充分利用时间/空间资源，有效减少客流短时对冲，避免车站换乘通道、电扶梯拥堵。

4.差异配置，不均衡运输组织

城市轨道交通线路穿行于城市各个区域，但城市不同区域之间的客流分布存在不均衡性，特别是存在职住分离问题的城区，早晚高峰客流潮汐现象十分明显，为匹配客流规律，通勤线路可采用不对称运输组织方式，即在客流主要走向的线路加开列车，提高线路单向运力，上下行不同方向差异化配置运输能力，特别是在城市轨道交通线路存在供车能力、人员配置不足等情况时，为缓解客流压力，将有限的列车和人力资源集中利用，安排在客流最集中的时段，更加精准地满足乘客出行需求。

（三）以运输组织创新为驱动，实现线网资源深度开发

1.共线互通，线路资源高效利用

配属于不同线路的载客列车经停同一段运营线路，乘客可同站或同站台实现换乘的运行方式为共线运行。共线运营的最大优势就是延长了线路服务范围，实现了线路间的运输资源共享，减少了乘客的换乘次数，提高了乘客输送效率和线网运输服务水平，但共线运营须两条线信号系统、轨道、供电、车辆选型等设备设施同时满足两条线运营条件。综合考虑车辆选型、客流预测、通过能力计算、行车间隔要求和折返能力等诸多因素，共线运营方

案的编制应当遵守以下基本原则：①开行方案应当与客流量和客流特征相匹配，所提供的运能应当充分满足乘客的需求；②各交路上列车的开行对数应达到一定的服务水平，方便乘客选择该类列车。

目前，全国实现轨道交通共线运营的城市有北京、上海、广州、成都、重庆等。

2. 快慢并行，多样选择服务升级

针对平均乘距较长、客流断面分布不均衡且具有快速通行需求的市域线路，通过采用"站站停"和"跨站跳停"相结合的站停方式，组织"站站停慢车"和"跨站跳停快车"按一定比例间隔发车，从而实现线路上快慢车混跑运营，快慢车混跑须在线路中部站点设置越行线，即实现快车在越行站对慢车的"超车"运行。快车减少了中途停站，有效缩短了乘客乘车的旅行时间，满足了部分乘客快速通行的需求，但快慢车混跑增加了乘客正确选乘出行列车的难度，须配合设备设施功能界面优化和人员服务引导，现阶段快慢车混跑运营模式主要运用于机场线路。

针对线路站点缺乏越行线，难以在运营时段实现快慢车并行的情况，部分城市采取早班车之前开行早间直达车、末班车之后开行夜间直达车等运输组织方式进一步提升交通枢纽站点的运输服务水平。

3. 跨线运营，多维提高出行效率

跨线运营是指由一条线路跨线到另一条线路上运营的模式，即一条线路的列车在不停车、不折返、不改变驾驶模式、不清客的情况下，通过联络线直接行驶到另一条线路上继续投入运营。这种运营模式旨在减少乘客的换乘等待时间，提高出行速度，为乘客提供更加便捷的出行体验。

在跨线运营模式下，不同速度等级的列车一般为不同的轨道交通制式，但是有条件接入另一制式线路上运行，从而实现不同线路之间的互联互通。跨线运营模式有利于发挥不同制式的技术优势，例如，市郊铁路和城市轨道交通的互联互通，能在郊区段发挥市郊线路大站距、速度快的特点，减少车辆配属，并实现市郊线路客流直达中心城区，减少乘客换乘等待时间，缓解换乘站的客流压力，通过灵活组织列车开行交路，可进一步提高运营组织的

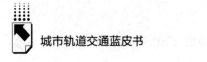

灵活性。

但是，跨线运营有一定的限制因素，除了要在线路、车站、车辆、供电、通信、信号等方面统一，还需要在运营管理上进行高效协同。

4. 灵活编组，运力客流精准匹配

城市轨道交通线路普遍穿越城市中心区域并连接外围区域，往往市区客流较大，郊区客流较小，线路断面客流不均衡，且同线路不同运营时段客流也不均衡，常规城市轨道交通线路采用固定编组的方式，在客流高峰时段，按照长编组、高密度的行车组织来应对客流压力。在平峰阶段，仍以长编组、高密度的行车组织方式必然造成运营能耗的增加，造成运力和能耗的浪费，而减少上线列车数量，又会降低运营服务水平，延长乘客候车时间。通过采用灵活编组的方式，在客流高峰期，采用单一长编组或"长编组＋短编组"的运营模式；在客流平峰期间，采用单一短编组或"长编组＋短编组"的组合运营模式，能够实现不同客流需求下的精准运能投放，并能根据客流需求调整长编组列车和短编组列车开行比例，有效降低运营成本，同时使运营服务水平保持相对较高的水平。

不同编组列车混跑，意义在于通过短编组换取小间隔，在单位时间运力（成本）一致的情况下，开行列次越多，服务水平越高，但考虑列车越多需要司机越多，故无人驾驶线路性价比更高，同时常规线路采用灵活编组涉及信号轨旁设备、ATS 信号系统、站台门、广播 PIS 接口等改造升级，成本较高，需运营方结合实际需求综合考虑，目前国内轨道交通灵活编组有代表性的案例为上海 16 号线。

三　城市轨道交通运输组织先进案例

为满足乘客出行需求，各个城市轨道交通运营单位根据所在城市发展格局、线网运营特点采取了一系列运输优化举措，力求为乘客带来更为便捷的运输组织服务，下文列举了部分城市线路运输组织优化的典型案例。

案例 1　北京地铁 1 号线与八通线实现贯通运营

北京地铁 1 号线是我国最早开通运营的市区地铁线，是服务于北京中心城区东西向联系的重要骨干线路，西起苹果园站，东至四惠东站，八通线作为北京市第一条郊区线，是通州市民通勤的交通脉络，西起四惠站，东至土桥站，两线建设开通较早，随着北京中心城区规模的扩张，大量新增人口沿着北京—通州廊道集中发展，使客流激增，两线换乘客流大，为保障乘客出行安全，避免踩踏事故发生，四惠站及四惠东站常态化采取限流措施。针对该情况，北京地铁在采取压缩行车间隔、增加列车编组、优化站停时间等一系列运输组织举措的基础上，以不中断运营为前提，顺利实现了 1 号线与八通线贯通运营。1 号线与八通线贯通运营根本性扭转了乘客换乘难的局面，降低了四惠、四惠东站换乘客流压力，消除了早高峰大客流换乘引发的安全隐患，节省了乘客换乘走行时间，提供了更加快速、更加便捷的乘车服务，北京 1 号线与八通线贯通运营示意如图 6 所示。

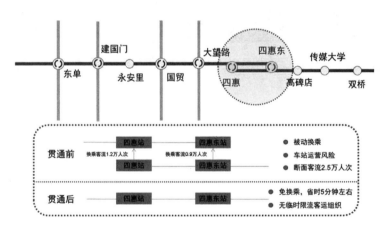

图 6　北京 1 号线与八通线贯通运营示意

资料来源：北京市地铁运营有限公司。

案例 2　上海地铁 16 号线实施灵活编组

上海地铁 16 号线连接上海的临港新片区，在龙阳路站与市中心衔接，客流潮汐现象明显，高、平峰期客流差异明显。针对该情况，上海地铁在世界范围内首次应用了高、平峰转换时正线的联挂解编作业，具体实现了ATO模式列车自动联挂、列车控制系统快速重构、列车运营状态自动识别与多系统动态适配、适配在线灵活编组的运输组织四大创新技术。现场图片如图7所示①。

图7　上海地铁16号线"3+3"编组列车连挂图

上海地铁16号线实行在线灵活编组运行模式以来，通过动态手段灵活调整地铁线路运营高峰与平峰期间列车编组方式，高峰期投入6节编组列车运营，平峰期解编为3节编组运营，实现了"平峰期短编组，高峰期长编组"的行车模式，不仅实现了"运力—需求"的快速精准匹配，以开行短编组列车的形式提升了线路运营服务水平，同时节省了能耗，降低了车辆走行公里数，从而延长了列车架大修周期，带来长足的经济效益，促进低碳轨道交通可持续发展。

---

① 资料来源：https：//mp. weixin. qq. com/s/1ZK-TOvkG7zhgrW0enIO4Q。

案例 3　成都地铁 18 号、19 号线实现"共线+直达"运营模式

成都天府机场位于成都简阳市，距成都市中心和双流机场直线距离均为50km，为提高机场线路通达性、助力双机场一体化运营，成都地铁实现了18 号、19 号线不同编组列车以不同运行速度共线运营。其中 18 号线采用8A 编组列车以 140km/h 速度运行，19 号线采用 4A 编组列车以 160km/h 速度运行，两线共计开行 6 种不同交路。成都地铁 18 号、19 号线开行交路如图 8 所示。

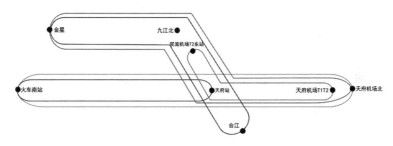

图 8　成都地铁 18 号、19 号线列车开行交路示意

在此基础上，为解决市民乘客对于机场行程时间长的痛点问题，成都地铁综合研判机场航班架次、线路日常客流特点，增开 18 号线市中心与天府机场之间的双向直达列车及 19 号线双流机场与天府机场之间的双机场直达列车共计 48 列，实现了市区与天府机场以及双机场间的"半小时"快速直达，并在首班车之前开行早间"直达车"，进一步延长了机场服务时间。[①]

为便于乘客精准选乘直达列车和普线列车，成都地铁同步提升设备设施功能和人员服务能力，在火车南站划分直达车站台及普线列车站台，对车站导向、语音广播、地铁 App、站台显示屏及列车显示屏等乘客信息显示界面进行了优化，如 18 号线采用女声播报，19 号线采用男声播报，并在直达车的各停靠站点安排专人进行引导服务，强化列车选乘指引，服务机场客流便捷出行。

---

① 数据来源于成都地铁运营有限公司。

案例 4　重庆地铁实现"4—环—5"三线互联互通直快车

重庆地铁实现"4—环—5"三线互联互通，开行直快车，"4—环—5"三线互联互通直快车运营区段为 5 号线跳磴至重庆西站段、环线重庆西站至冉家坝至民安大道段、4 号线民安大道至唐家沱段，停靠其中 12 座车站，并分别在 4 号线黑石子、环线南桥寺、5 号线中梁山越行本线普通车，直达车行车间隔约 30 分钟，[①] 有效避免了长距离旅客的频繁换乘，极大地减少了通勤链条的接驳时间，大幅减少了乘客二次集疏、换乘对不同线路的冲击，提高了出行效率，单程累计节约乘客出行时间约 33 分钟。重庆地铁三线交路示意如图 9 所示。

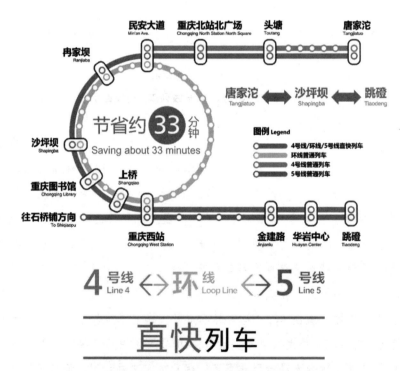

图 9　重庆地铁"4—环—5"三线互联互通方案示意

资料来源：https：//mp. weixin. qq. com/s/uLsqusJ1FUmmmY8X2O1x7g。

---

①　数据来源于重庆市轨道交通（集团）有限公司。

案例5 西安地铁开行大小交路及大站空车

随着西安轨道交通网的逐步加密，西安地铁6号线早高峰断面拥挤度持续较高，工作日早高峰期间车厢拥挤度长期保持在95%以上，根据数据分析，早高峰在8：00~9：00出现三个明显的尖峰，整体断面客流处于较高水平，其中西北工业大学、科技路站较为拥挤，常常出现乘客等候多列车仍无法上车的情况，站台滞留乘客较多，人员踩踏风险较高。西安地铁6号线早高峰断面运力匹配如图10所示。

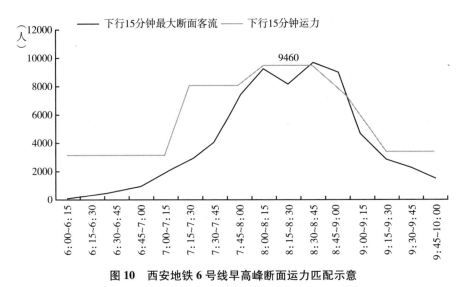

图10　西安地铁6号线早高峰断面运力匹配示意

西安地铁结合6号线客流需求、运用车配置，实施了"大小交路+定点投放空车"的运输组织模式，研究制定在早高峰以西北工业大学为小交路折返点、开行大小交路的基础上，定点投放空车，实现不均衡运输组织。即早高峰开行西安国际医学中心—纺织城、西安国际医学中心—西北工业大学1：1大小交路，并在7：50~9：00（通过西北工业大学）下行单向加开10列车。同时，为避免西北工业大学上行清客，上行小交路列车从西安国际医学中心始发不载客。根据线路客流出行走向，匹配提升了西北工业大学至未来之瞳方向的运力，有效减少了西北工业大学站、科技路站乘客候车等待时间，缓解了车站站台排队候车压力。

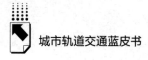

案例6　青岛地铁采取系列措施提升节假日运输组织服务质量

青岛作为旅游热门城市，逢"五一"、国庆等节假日客运量便会大幅增长，青岛地铁历史单日最大客运量也均出现在节假日期间，为应对客流增长、满足乘客出行需求，青岛地铁采取多种举措提升节假日运输服务质量。

青岛地铁针对节前一天离青返乡客流和抵青游玩客流增长的情况，晚高峰增加衔接交通枢纽线路与远郊线路运力，并提前晚高峰峰期。节假日期间按照"一线一策、一日一策、细化峰期"原则提供运力，"一线一策"是指根据不同线路客流情况设置运力。"一日一策"是指针对假期时间较长的"五一"、国庆等节假日，在客流最高峰的第2日、3日和其他日期实行不同运力配置。如2024年"五一"假期，青岛地铁对8条线路实行不同的运力组合，形成超高阶、高阶、中阶三种运力标准。"细化峰期"是指青岛地铁对全日峰期进行细化，在乘客出行最为集中的9：00~11：00、17：00~21：00设置高峰，进一步强化高峰运力保障。

每年7~8月为青岛旅游季，为更好地服务市民游客的便捷出行，自2019年起，连续6年采用季节性延时运营，执行时间一般为7月1日至10月8日。旅游季期间，线网各线路提前首班车15~20分钟，末班车延后15~30分钟，延时后，线网运营时间由17小时56分钟延长至18小时36分钟，延时时段累计运送乘客100万人次，缓解了地面交通压力，同时提高了机场、国铁等交通枢纽衔接水平。①

四　城市轨道交通运输组织前置研究

轨道交通运输组织的基础是隧道、轨道、车辆、信号、供电等设备设施，各设备设施系统的应用能力深深影响和制约着轨道交通运输组织服务，在城市轨道交通运营规划建设阶段，大多是"就规划论规划、就建设论建

---

① 数据来源于青岛地铁运营有限公司。

设"，缺少运营单位参与，导致建设规划阶段的部分线路缺陷，对后续运营生产造成了极大不便，线路运营成本、改造成本也有所增加，部分难题甚至无法通过设备改造从根本上得以解决。如存车线未与上下行线路联通，存车线备车加开方向受限；中途折返配线设置未充分考虑本线客流情况，开通运营后，交路设置无法满足客流实际需求；线路中部场段出入线未设置"八字形"，导致出车方向受限，出收车组织效率降低；部分线路起终点站仅设置站后折返线或站前交叉渡线，故障情况下，行车调整灵活度降低，且夜间存车能力不足。部分问题详见表1。

表1　建设规划设计阶段运输组织遗留问题清单

相应图例	不利影响	改进建议
	存车线未与上下行线路联通，存车线备车加开方向受限	存车线应与上下行四个方向相衔接，保障行车组织灵活性
	小交路折返站点设置未充分考虑本线客流情况，导致开通运营后，交路设置无法满足客流实际需求。如大客流站点在B站，但中途折返线设置于A站	建议线路设计时结合城区布局和客流预测数据，充分考虑既有和规划中的大型赛事中心、体育场馆客流需求，合理设置小交路折返点
	线路中部场段出入线未设置"八字形"，导致出收车方向受限，出收车组织效率降低	建议线路设计时充分考虑行车组织需求，线路中间场段应实现"八字形"接轨
	部分近期无延伸计划或永久起终点站仅设置站后折返线或站前折返线，应急情况下，无法变更折返方式	永久折返站及近期无延伸计划的起终点站应配置站前折返线及站后双折返线

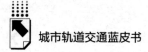

　　轨道交通承载着人民群众对美好生活的向往，托举着一座城市的经济动能和发展脉络，地铁规划建设关乎运营生产的百年大计，所以运输组织工作不仅是在线路开通运营以后研究运输组织方案，而且要在线网规划、建设规划、可行性研究、初步设计、施工图设计五个阶段全面执行运营前置要求，在确保运营安全的前提下，从全生命周期综合效益最优出发，充分考虑运营后的设备设施改造成本、人力增配成本、乘客换乘走行耗时等因素，结合客流预测结果、夜间存车需求、场段出收车安排等要素，对车辆购置、配线设计、越行线选址等"硬件"规划建设提出合理意见，最大限度满足运营服务需求，打牢运营服务硬件基础，同时深入剖析线路功能定位，预先分析断面客流分布、共线运力分劈、重点车站保障等要点，立足乘客视角，以客为尊，抓细抓好行车交路设置、互联互通等运输服务"软件"功能完善，推动轨道交通运输组织暖民惠民、幸福民生。

五　思考与建议

　　城市轨道交通运输组织作为运营生产的基础，引领各个专业开展生产运作，运输组织精细化调整的过程也是对乘客服务优化提升、运营成本综合管控的过程。目前国内已有 50 余座城市开通运营轨道交通线路，但对于如何定制运输服务，如何抓准出行需求与运输供给的平衡点，实现高水平运输服务，尚未有明确的标准与规范。同时，随着 5G、大数据、云计算、物联网、区块链、人工智能等高精尖技术的发展，如何推动城市轨道交通运输组织智慧化发展，更好地适配乘客出行需求，有效降低城市轨道交通运营成本，还需行业内部进一步加强交流与合作，相互学习借鉴，促进服务质量和运输效能的双重优化提升。

B.9
城市轨道交通无障碍服务实践

城市轨道交通无障碍服务实践课题组*

摘　要：　随着中国老龄人口规模日趋庞大，以及残疾人的出行需求不断增加，全社会对存在活动障碍的特殊群体的关注度不断提高，国家和行业高度重视无障碍及适老化服务提升工作，各城市轨道交通运营单位积极探索实践。基于法律法规及标准规范的相关要求，各地陆续出台了城市轨道交通无障碍设计、建设标准，城市轨道交通运营单位在车站及列车配备了各类无障碍设施，并不断迭代升级运营服务举措，为特殊人群出行提供了极大便利。后续，各城市轨道交通运营单位还要从统一新线无障碍建设及验收标准、完善既有线无障碍设施改造及日常维护、关注站内外盲道衔接、提升车站无障碍服务质量等方面持续发力，推动城市轨道交通无障碍服务朝更好更优方向不断发展。

关键词：　城市轨道交通　无障碍设施　无障碍服务

---

* 课题组成员：张大华，教授级高级工程师，现任杭州市地铁集团有限责任公司党委委员、副总经理，主要从事轨道交通运营管理工作；朱杰，高级工程师，现任杭州市地铁集团有限责任公司运营管理部部长，主要从事轨道交通运营管理工作；韩帅，工程师，现任杭州市地铁集团有限责任公司运营管理部运营服务科副科长，主要从事轨道交通客运服务管理工作；肖琼，高级工程师，现任南宁轨道交通运营有限公司党委副书记、董事、总经理，主要从事轨道交通运营管理工作；刘绍潇，工程师，现任南宁轨道交通运营有限公司运营二中心副主任，主要从事轨道交通客运服务管理工作；廖春婷，工程师，现任南宁轨道交通运营有限公司线网管控中心经理，主要从事轨道交通客运服务管理工作。

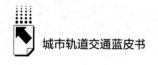

一　法律法规及标准规范

（一）法律法规

我国的无障碍环境建设从 20 世纪 80 年代起步，2012 年《无障碍环境建设条例》颁布，对包括残疾人、老年人在内的全体社会成员融入社会生活发挥了重要作用。2023 年 9 月 1 日《中华人民共和国无障碍环境建设法》（以下简称《无障碍环境建设法》）正式施行，将《无障碍环境建设条例》中有效的规定上升为法律并予以充实、补充，对城市轨道交通而言，《无障碍环境建设法》将残障服务与适老化服务结合，并对公共交通运输设施的建设及改造提出更高要求，同时设立外在监督机制（如试乘体验等），丰富了信息交流内容，鼓励交通出行系统逐步符合国家无障碍标准，要求车站自助设备具有相应无障碍功能，扩展了软服务内容，并要保留现场人工办理等传统服务方式。

为推动各地更好地贯彻落实该法律，2024 年 1 月 12 日交通运输部等 6 部门联合印发《关于进一步加强适老化无障碍出行服务工作的通知》，对无障碍建设纳入城市公共交通规划、新购置地铁列车应设置无障碍安全保护设施、城市轨道交通"爱心预约"乘车服务需求响应、车站无障碍设施设备维护管理、人工服务保留优化等工作作出更明确的要求。

（二）标准规范

目前，无障碍设计国标主要有两本：2012 年 9 月 1 日实施的《无障碍设计规范》及 2022 年 4 月 1 日实施的《建筑与市政工程无障碍通用规范》。对照两本标准，后者在盲道、无障碍电梯、轮椅坡道、楼梯、无障碍卫生间、低位服务设施、标识及验收维护等方面作了更明确或更强制性的要求。

此外，列车无障碍设施配置、无障碍渡板配置应符合《城市轨道交通工程项目规范》《地铁车辆运营技术规范（试行）》等规范要求；无障碍标志应符合现行国家标准《标志用公共信息图形符号》及《城市轨道交通客运服务标志》的有关规定；盲文应符合现行国家标准《中国盲文》的有关规定。

二 当前存在的问题分析

（一）新线无障碍设施建设标准不明确

城市轨道交通领域缺乏明确的、贴合无障碍服务需求的无障碍设施设计、建设标准。城市轨道交通站点盲道设置标准、盲道衔接标准、盲道设置路径、无障碍卫生间设施尺寸及安装标准、无障碍卫生间扶手设置标准、轮椅坡道扶手样式、盲文位置标准及盲文信息等暂无相关针对性明确规范。城市轨道交通站点无障碍设施验收及体验试用流程也暂无明确规范。标准不明确，故无法为城市轨道交通无障碍设施建设提供系统、规范性指导。

（二）既有线无障碍设施改造实施困难

线路及车站建成投运后，无障碍设施增加及环境改造会受到车站空间、其他设备固定点位、资金投入等多方面制约，各城市轨道交通运营单位（以下简称"运营单位"）除了要面对改造施工给车站既有服务及安全带来的影响及风险，还要考虑改造投入资金的来源，从而在短时间内无法对无障碍设施开展大面积改造提升工作。

（三）服务设施缺少或不达标

服务设施缺少或不达标问题主要集中在车站内无障碍服务设施缺失，设施位置、制式、数量等不符合标准，例如，轮椅坡道设置坡度过陡、未设置扶手或扶手样式不符合要求；无障碍电梯出入口处未设置提示盲道、轿厢内未设置电梯运行显示装置和报层音响、未设置安全扶手；盲道铺设不连续，与障碍物的间距不足，提示盲道未铺设或铺设错误、被占用；未设置低位服务窗口、低位服务设施下方未留出足够的供轮椅乘客膝部和足尖部移动的轮

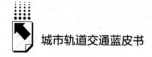

椅回转空间；未设置盲文、盲文拼写错误、中英文盲文混用；站内无障碍设施的引导标识缺失；无障碍卫生间门槛存在高差，内部设施（扶手、镜面、洗手台、紧急通话装置、马桶等）配置不符合国标；等等。

（四）服务"精准度"及"体贴感"不强

车站人员的无障碍服务技能及考评机制相对欠缺，对残障人士服务动作不规范、用语不恰当易引发乘客反感及网络舆情。同时，服务预约机制不完善，乘客有协助出行需求时，无法第一时间精准接应，影响乘客出行体验。此外，车站的无障碍设施缺少语音交互系统，信息化水平不高，过多依赖人工引导及服务。

三　无障碍服务实践及应用

（一）建章立制

以规划为引领，在《无障碍设计规范》等国标的基础上，全国多地陆续出台城市轨道交通领域无障碍设计、建设标准及规范，并将无障碍服务标准纳入城市轨道交通运营服务规范中，例如，北京市率先推出《城市轨道交通无障碍设施设计规程》，适用于北京城市轨道交通新建车站及已建成车站的新增建出入口、列车车厢等的无障碍工程设计，以及已建成车站的无障碍改造；[①] 杭州地铁推出《杭州地铁无障碍设施设计规程》，提出了盲道衔接、无障碍卫生间设施及尺寸、盲文设置位置等多条具有地铁特色的标准内容；江苏省土木建筑学会推出团体标准《城市轨道交通工程无障碍设施技术标准》，作为推荐性标准，对规范江苏省轨道交通工程无障碍设施的建设和运行维护具有重要意义。

---

① 北京市规划和国土资源管理委员会、北京市质量技术监督局：《城市轨道交通无障碍设施设计规程》，2016。

（二）设施配备

针对无障碍服务设施缺少或不达标的问题，运营单位按照国标及规范要求，通过新建或改造来满足乘客需求。无障碍设施主要包含通行设施、服务设施及信息交流设施三类。

1. 通行设施

（1）出入口台阶及楼扶梯

依据《无障碍设计规范》[①] 等国标要求，出入口室外台阶踏步宽度宜为 300～350 毫米，高度宜为 100～150 毫米。车站无障碍楼梯应采用直线型楼梯，确有困难时，可采用折返楼梯，但靠墙扶手应保持连续。楼梯侧面临空时，在扶手栏杆下端宜设有安全挡台；同一楼梯梯段的踏步高度、宽度应一致，第一节台阶和最后一节台阶以及平台位置宜设置色差大的警示条，警示条不应突出踏面和踏步前缘。车站楼梯扶手也应保持连贯，满足规范要求。

（2）无障碍电梯

一般地铁车站会在车站公共区站台到站厅、站厅到地面不同层设置无障碍电梯。无障碍电梯的位置应避开换乘通道进出口等人员密集处。电梯轿厢内设施与配件应符合《无障碍设计规范》等国标要求，满足轮椅回转空间，并设有扶手、摄像、对讲、电梯运行显示装置和报层音响等设施，门扇关闭时应有非接触式探测器等安全措施，候梯厅及轿厢侧壁上应设有带盲文的呼叫按钮、选层按钮。此外，为方便无障碍人士进出站，建议站厅至站台无障碍电梯的梯门朝向与设有站外无障碍电梯的出入口一端最好一致，避免绕行。[②]

---

① 中华人民共和国住房和城乡建设部：《无障碍设计规范》，中国建筑工业出版社，2012。
② 北京市规划和国土资源管理委员会、北京市质量技术监督局：《城市轨道交通无障碍设施设计规程》，2016。

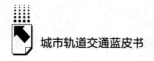

案例1　上海地铁2号线无障碍"梯"升 方便乘客出行

因受限于老线路的历史条件，上海地铁2号线车站无障碍电梯存在跨费区的情况较为普遍，乘客在使用时需要求助工作人员，增加了等待时间，电梯使用较为不便。为改善这一状况，上海地铁2号线逐步对线路车站的无障碍电梯进行加装或改造。如南京西路站的无障碍电梯经过近5个月的施工建设，已正式投入使用。新投用的无障碍电梯实现了自助使用，减少了等待时间，进一步方便了携带大件行李、婴儿车的乘客及老年乘客出行，提高了电梯的通行效率和安全性，让乘客享受更加舒适、便捷的出行体验。

资料来源：上海地铁官方网易号，2024年9月6日。

（3）轮椅坡道

依据《无障碍设计规范》等国标要求，轮椅坡道应设计为直线形、直角形或折返形，不应设计为圆形或弧形，纵向坡度宜等于或缓于1∶12，地面应为防滑材质。当轮椅坡道的高度超过300毫米且纵坡坡度大于1∶20时，还应按照规范要求设置扶手。扶手形状应易于抓握、下层扶手应水平贯通，方便坡道上的轮椅使用者持续抓握。

案例2　杭州地铁实施轮椅坡道改造

因老线路建设条件受限，杭州地铁1号线、2号线个别站点的轮椅坡道坡度存在问题，经地铁集团与属地各区城管对接沟通、协调用地事宜后，将不满足标准的轮椅坡道进行整改，主要方式有延伸坡道长度、将直通形坡道改为折返形、平衡两段坡道坡比、调整或增加休息平台等。坡度调整后，使轮椅乘客在使用无障碍电梯进出车站时更加安全。

（4）楼梯升降机/无障碍升降平台

当车站设置无障碍电梯困难时，例如已建成车站无法增设站外无障碍电梯、车站换乘通道存在高差等，均可设置升降平台为轮椅乘客提供服务。在使用时，需呼叫车站人员现场服务，将轮椅轮子在台板上固定好后，再操纵开关控制平台上下升降。需要注意的是，日常不使用时应将升降平台折叠紧靠墙壁放置，防止撞伤乘客。

案例 3 北京、青岛等地多家地铁设置轮椅升降平台

北京地铁对 1 号线、2 号线"老线"的爬楼车和轮椅升降平台完成更新，使其承载力更高、更平稳且适用于电动轮椅，给地铁出行提供了更多方便。青岛地铁海泊桥（海慈医疗）站的换乘站厅线路之间存在高度差，受地形结构的影响，站内无法建设无障碍电梯，通过在车站换乘楼梯的一侧加装楼道升降机，让特殊乘客充分感受"零高差"换乘。

资料来源：北京日报客户端，2022 年 3 月 30 日；中国山东网，2023 年 2 月 16 日。

（5）盲道

车站盲道设置路径宜简化，建议按照"站外前广场—出入口—通道—站厅—站台公共区"至少设置一条连续盲道原则，并与车站范围内的无障碍设施相连，出入口处应考虑与市政盲道体系接驳。其中，站内盲道路径建议按照"出入口多路径盲道引导进站—通过安检通道—经进站宽闸机进入付费区—通过站内无障碍电梯或楼梯到达候车区—下车后引导进入无障碍电梯或楼梯—通过出站宽闸机出站"设计，换乘站建议每条线路设置一处无障碍进出闸盲道。

依据《无障碍设计规范》等国标要求，盲道应距离装修完成面、各类服务设施不小于 250 毫米，不应被遮挡；行进盲道在起点、终点、转弯处及其他有需要处应设提示盲道。建议在站前广场台阶/坡道起终点前、无障碍楼梯距踏步起终点处、无障碍电梯门（含护栏）处、自动扶梯及自动人行步道踏板前、宽闸机处、客服中心靠边门侧窗口处、无障碍卫生间门前、站台门前等处设置提示盲道。

案例 4 北京、杭州部分地铁站点盲道衔接及改造

2023 年以来，北京地铁持续开展无障碍环境提升工作，特别是针对

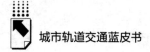

2 号线安装站台门及 10 号线部分车站客运流线优化后的盲道位置需要调整的情况，对 1 万余块盲道砖组织全面检查和调整，确保引导准确性和行走舒适度。①

为保障亚运会、亚残运会召开，杭州地铁于 2022 年对全线网车站盲道完成改造及衔接工作。此外，依照《杭州市无障碍环境建设和管理办法》要求，按照"后建接先建"原则，杭州市无障碍办组织各相关部门及单位完成地铁站点出入口与市政道路衔接盲道问题整改工作，使"无障碍"从地面至地下有序接续。

资料来源：北京市政务服务网，2024 年 1 月 26 日。

（6）无障碍检票通道

根据《城市轨道交通自动售检票系统运营技术规范（试行）》② 要求，车站每个自动检票机群组应至少设置 1 台双向宽通道自动检票机，宽通道自动检票机通道净距为 900 毫米，方便乘客使用。

2. 服务设施

（1）无障碍卫生间/第三卫生间

无障碍卫生间/第三卫生间作为特殊人群出行必要设施，新建车站均需设置，既有线车站也应将其作为重要改造项目推进完成。无障碍卫生间/第三卫生间在满足《无障碍设计规范》等国标要求的基础上，还应参考《城市公共厕所设置标准》相关条款，在建设过程中对房间使用面积、室内外地面高差及找坡、地面防滑处置、轮椅回转空间等情况重点关注。房间内应设有坐便器、小便池、洗手台等设施，其中，主要无障碍设施（包括洗手台、小便池、坐便器等）前方轮椅直径不小于 1.5 米且设置防滑安全抓杆。

此外，考虑实际使用需求，建议设置 10 度左右斜面镜、烘手器、语音交互装置、智能感应装置等设施。对单设的无障碍卫生间/第三卫生间建议

---

① 李博：《地铁站小改造提升出行体验》，《北京日报》2024 年 1 月 26 日。
② 中华人民共和国交通运输部：《关于印发〈城市轨道交通自动售检票系统运营技术规范（试行）〉的通知》，http://xxgk.mot.gov.cn/2020/jigou/ysfws/202206/t20220609_ 3658774.html。

采用电动平移门，设置门内外可紧急开启的门锁。

案例5　无锡地铁全线网首个"智能卫生间"正式投用

无锡地铁全线网车站卫生间设置了无障碍卫生间，内设安全扶手、紧急呼叫按钮，更好地满足特殊乘客需求。此外，2024年全线网首个"智能卫生间"正式投用，卫生间在照明、排风、空间布局等方面都有显著提升，并设有亲子卫生间、补妆区、母婴室和第三卫生间，满足不同出行人群的需求。公厕门厅处设置的显示屏上，公厕厕位数、实时温度、空气质量等信息一目了然。

资料来源："无锡发布"微信公众号，2024年6月11日。

（2）低位服务设施

车站可设置的低位服务设施的范围包括服务窗口（问询台）、自动售票机低位、求助电话、饮水机、查询机等。成都、深圳、杭州、苏州、常州等地地铁车站已基本实现每站设有至少一个低位服务窗口（问询台）。

案例6　广州、杭州地铁高低位客服中心设置

广州地铁将漫步彩虹桥站的站厅智能客服中心台面调整为高低位服务台，并预留了方便轮椅乘客使用的容膝空间，窗口也从封闭式改为开放式，各类乘客均能在高低位客服中心与工作人员"面对面"交流。

杭州地铁全线网车站的站厅客服中心均设有至少一处低位票亭，窗口处的大理石台面，上表面距离地面0.7～0.85米，下部留出宽0.75米、高0.65米、深0.45米的空间，为轮椅乘客提供了更多容膝空间；此外，还设计了直径不小于1.5米的回转空间，保障轮椅轻松进出。

资料来源：《广州日报》2023年11月16日。

（3）母婴室

母婴室考虑哺乳环境不应设置坐便器，设施可一体化建设，房间面积根

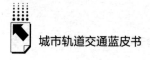

据客流量确定，室内可分为婴儿护理区、哺乳区及换洗区，按需配备婴儿安全座椅、护理台、哺乳椅等设施。

目前，城市轨道交通车站母婴室配备未作为强制要求执行，但从母婴关怀及保护的角度出发，各家运营单位都在积极推进母婴室的建设工作，其中西安、杭州、常州、呼和浩特等地地铁公司在全线网车站均设有母婴室，上海、南宁、北京等地地铁在新建线路车站均设有母婴室，成都、无锡、徐州等地地铁在线网内重点换乘站、大客流站设有母婴室。

（4）无障碍车厢

无障碍车厢是指设置了轮椅座席及扶手、固定装置或其他安全保护措施的车厢。根据《城市轨道交通工程项目规范》等规范及交通运输部相关要求，各运营单位均已在运营列车车厢内部设置报站语音提示和到站显示屏，设有1~2处轮椅席位，席位处设置醒目的无障碍标识、使用须知及轮椅约束装置，并在车站配置了无障碍渡板，辅助轮椅乘客上下车。

3. 信息交流设施

（1）导向标识

车站在无障碍电梯入口、低位售票窗口、无障碍检票通道、无障碍车厢门外侧、轮椅坡道周边等位置均需设置无障碍标志，标志应采用国际通用标志图案，并符合现行国家标准《标志用公共信息图形符号》的有关规定。此外，在车站综合咨询图、站外引导图、导向灯箱等部位，建议增加无障碍设施导引信息，方便乘客查看。

案例7　上海地铁增补、优化无障碍引导信息

上海地铁车站采用悬挂式、站层图、信息带、站名牌、服务信息等多种提示方式，为乘客提供无障碍设施信息指引。针对线网部分车站地面层无障碍电梯位于商场或其他建筑体内等隐蔽处情况，上海地铁在出站口设置明显的导向牌，完成标识优化和连续引导新增工作，实现车站无障碍电梯连续引导，使乘客能够便捷地找到无障碍设施位置。此外，为进一步加强车站信息引导告知，对40座换乘站入口位置标识也进行了优化，完善出入口无障碍电梯提示，优化标识版式图形文字。

资料来源："上海地铁 shmetro"微信公众号，2024 年 5 月 17 日。

（2）盲文

盲文是视障乘客获取信息的非常重要的途径之一，需要在主要乘车环节为乘客提供盲文服务，如在出入口及站厅站台楼梯栏杆扶手的起终点处、无障碍电梯按钮处、无障碍卫生间操作面板按钮处等，保证乘客对前往的地点和服务设施的使用有足够的了解。

建议按照中文拼音翻译设置，体现内容可根据需求设定，例如，出入口楼扶梯处，盲文需体现所在出入口编号和所在楼层信息，站厅及换乘通道楼扶梯盲文需体现所在楼层信息，无障碍电梯按钮盲文体现开/关门、上/下行、紧急呼叫、开门延长信息，无障碍卫生间操作面板需在开/关门按钮上设置盲文。

（3）智能软件及技术

针对听障乘客，通过引入各类手语在线翻译软件或技术，实现实时面对面手语翻译无障碍沟通，可引入音频环路助听装置，帮助佩戴助听器乘客听清楚广播和报站。

针对视障乘客，除了车站及列车正常的广播之外，还可引入 AI 语音识别技术，智能系统感应到人员后，对无障碍服务设施进行语音介绍及对答，方便视障人士快速了解设施方位及使用方式，在没有人员引导的情况下也能快速找到设施。

案例 8　杭州地铁 19 号线配备音频环路助听装置

杭州地铁 19 号线（机场快线）所有运营列车的车厢内均配有音频环路助听装置，该装置可将车厢广播声音转为磁场感应从而被助听器接收，帮助听障乘客听清。同时，针对听障乘客，车站人员提供手语服务，并在客服中心处设有贴心本，如有需要，可以用纸、笔与工作人员进行沟通，用心保障听障乘客和言语障碍乘客畅通出行。

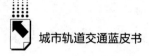

此外，在新线投运前，建议将"无障碍试乘体验"作为线路运营开通前的重要环节之一，邀请相关单位及残联、无障碍专家等至新线车站及列车，体验包括盲道、盲文、无障碍坡道、低位服务设施、无障碍电梯、无障碍卫生间、母婴室、无障碍标识、无障碍车厢在内的无障碍设施，发现问题及时整改，可有效减少运营后再进行改造的工作量，降低难度。

（三）服务升级

各家运营单位通过上线"爱心预约"服务、设置绿色通道、制定盲文手册或盲文卡片、提高员工服务水平、推出含有无障碍引导内容 App 系统等举措，不断提升无障碍服务的"精准度""体贴感""便捷性"。

1. 上线爱心预约及接力服务

根据交通运输部印发的《2022 年推行适老化交通出行服务等 5 件更贴近民生实事工作方案的通知》要求，各运营单位均已开通爱心预约乘车服务。通过小程序、互联网网站、服务热线等渠道，为老、弱、病、残、孕，以及携带婴儿或较多行李的乘客等提供购票、安检、进站、乘车、出站等一站式无忧服务，实现"一次预约、覆盖全网"。此外，对需要依靠无障碍渡板上下车的乘客，车站还提供"爱心接力"服务，全程保障乘客安全、便捷、衔接有序地上下地铁列车。

2. 增设绿色通道

车站按进出站流线，在站厅无障碍电梯、宽闸机、低位票亭、安检等位置设置无障碍绿色通道，引导乘客出行，必要时车站人员亦可通过边门提供服务。车站在对应无障碍车厢的站台门处，设置爱心候车区（也称"无障碍绿色通道"），粘贴专用服务标识，以便轮椅乘客迅速找到上车位。

案例 9　南宁地铁设置站台便民座椅与爱心候车区

南宁地铁在车站站台中部垂直电梯附近设置爱心候车区，粘贴专用服务标识，为老弱病残等乘客设置专用候车区，且在车站站台、中部等不影响乘客通行与排队的位置设置了适量的便民座椅。

3. 推出盲文服务手册

车站推出无障碍服务手册、盲文线路卡，供有需要的乘客取阅。文本使用凸点盲文，视障乘客可以通过摸读了解车站无障碍服务设施位置、可提供的无障碍服务、地铁乘坐须知等内容。

案例 10 北京、厦门、杭州等地地铁推出盲文服务手册

京港地铁 4 号线和北京地铁 8 号线推出使用了"北京地铁盲文线路卡"，盲人乘客可以通过摸读手册了解地铁沿线经过的各站，可以了解起点和终点的首末车时间，还可以通过凸起的地铁线路示意图了解整条线路的轮廓。线路卡使用"3D 绿色盲文印刷技术"和现代感十足的包装方法，让整个线路卡既时尚又便携。

厦门地铁推出的《厦门地铁无障碍出行攻略（盲文版）》及杭州地铁推出的《杭州地铁盲人乘坐指导手册》，全文采用凸点盲文，向视障乘客介绍了乘坐地铁的实用性须知，视障乘客通过摸读手册可了解地铁无障碍设施设置，如盲道、盲文、无障碍卫生间、无障碍电梯等；还可了解地铁爱心服务及流程。此外，杭州版本还可通过扫描手册上的二维码获得语音信息，方便"阅"读。

资料来源：北京日报客户端，2022 年 3 月 10 日。

4. 提升服务人员技能，优化客服中心配置

车站服务人员定期参与无障碍服务知识和技能培训。培训内容包括服务理念、票务优惠政策、基础手语知识、助残设施操作、标准服务动作、服务交流用语等，此外，车站安检人员还需注意保护乘客佩戴的助听器、植入的人工耳蜗等辅助器具。

车站客服中心应配备纸、笔、白板、电子手写板等，便于与有听障或语

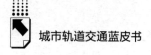

言障碍的乘客交流；部分重点车站还可配置手语服务人员，为乘客提供服务时应正面朝向乘客，以便乘客看到服务人员的动作和口型。

5. 增强母婴关怀

运营单位陆续推出孕妈徽章、孕妈关怀、母婴室分布电子地图/手册等温馨服务，车站导向标识内增加母婴引导标志，从而让更多的母婴享受到社会的关爱。

案例 11　广州、福州、武汉、南宁等地地铁推出孕妇徽章

广州、福州、武汉、南宁等地多家地铁推出孕妇徽章，佩戴徽章的孕妇可以在客流管控期间通过爱心通道优先进站，避免排队等待；在安检时，采取"人检模式"优先安检进站；在乘车过程中，徽章有助于其他乘客识别孕妇身份，提供帮助。此外，车站工作人员会主动为佩戴徽章的孕妇提供指引和帮助，确保她们的安全和舒适。

6. 迭代应用程序功能

运营单位不断迭代自身 App 或小程序的功能，增加无障碍服务信息及内容：

①线网各站无障碍卫生间、轮椅坡道、盲道、无障碍电梯、楼梯升降机/无障碍升降平台、宽通道闸机、母婴室等无障碍设施具体位置及状态（正常使用或维修等）的查询服务；

②线上爱心预约服务；

③提供大字信息服务；

④提供语音信息，应使用普通话中速播报；

⑤支持语音读屏软件或具有语音读屏功能。

此外，还可与地图运营商合作，开发能实现具备地铁无障碍出行路线导航功能的地图程序，常见的无障碍出行路线导航功能有路线规划、实时到站信息、到站提醒、语音导航、无障碍出入口显示等。

案例 12　杭州 7.9 万个无障碍设施点上线"轮椅导航"

在杭州亚残运会期间，许多运动员用上了"轮椅导航"，通过高德地图可以直接找到位于杭州各个区域的无障碍公共卫生间和无障碍电梯。经过多次升级和不断完善，目前杭州已有 7.9 万个无障碍设施点被收入"轮椅导航"，包括地铁出入口、人行天桥及地道和城市无障碍公厕等点位坐标信息。其中，杭州地铁出入口和无障碍公厕实现了高德地图可搜索、可导航、可应用；开启"无障碍导航"模式后，它能在导航时避开台阶、陡坡，优先规划有无障碍电梯等无障碍设施的路线，尤其便于轮椅人群使用。

资料来源：新华网浙江，2023 年 10 月 29 日。

四　思考与建议

为更好地保障残疾人、老年人、伤病人、儿童等特殊社会成员出行安全和使用便利，进一步提升城市轨道交通的无障碍服务水平，结合无障碍服务现状及还未解决的问题，提出以下建议。

（一）统一新线建设及验收标准

目前，除个别城市外，大部分运营单位是按照国标开展设施建设及验收工作，建议结合城市轨道交通出行场景，在充分吸收残障人士及技术专家意见、建议的基础上，编制满足城市轨道交通服务需求的无障碍设施新线建设标准。细化制定城市轨道交通新线开通前无障碍设施功能验收标准，规范验收程序，确保新线无障碍设施全面达标，从源头上提升轨道交通无障碍设施水平。同时，邀请残障人士及技术专家代表试用体验无障碍设施和服务，根据试用体验意见、建议，从细节处不断优化完善无障碍建设和服务，并将经验成果应用推广至后续新线建设。

（二）完善既有线改造及日常维护

运营单位需按照法律要求，对不满足无障碍服务的既有线车站，逐步开

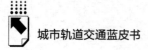

展"硬设施"改造工作，并通过收集乘客日常对无障碍服务反馈的问题、建议等，梳理问题清单，逐一复核、整改、验收，解决无障碍卫生间、轮椅坡道、盲道、盲文等无障碍设施细节问题，不断完善既有线无障碍设施。

此外，建议将对无障碍设施状况的巡查巡视纳入车站、车厢综合巡查工作，加强设施日常维护保养工作，避免出现无障碍设施被占用、遮挡等问题。

（三）重点关注站内外盲道衔接

为便于视障乘客进站，自内向外优化站口与市政道路盲道衔接问题，建议运营单位与政府相关部门、无障碍设施管理单位等建立机制，共同推动解决车站出入口部位的盲道衔接等问题。

（四）提升车站无障碍服务质量

针对人员培训方面，建议运营单位加强与市残联、协会等单位及机构的共建联建工作，建立机制，增加交流互动环节，增进乘客对地铁服务的了解。同时，邀请专业机构及人员，定期组织培训并建立相关考评标准；通过上线新技术，增强与视障、听障乘客的交流和信息传达，减少人为因素干扰；对车站"常乘客"建立爱心档案，摸清乘客需求，精准服务；畅通乘客投诉、建议等沟通渠道，分析、解决乘客提出的意见和建议。

综上，随着社会的发展，关心残障人士、关爱一老一小已成为政府部门及社会各界关注的重点，《交通强国建设纲要》中提到的总目标首先是"人民满意"，"人民满意"是交通强国建设的根本宗旨，强调坚持以人民为中心的发展思想，建设人民满意交通。而城市轨道交通已然成为人民日常出行的重要交通方式之一，应遵从"以人为本"的理念，在不断完善轨道交通网络的同时，也要不断提高出行的舒适度、安全性，从"强建设"逐步向"优服务"转变，为残障人士、一老一小参与社会和经济活动提供必要条件，强化残障人士、老年人、小朋友和社会紧密联系的纽带，体现社会文明和社会关怀。

运营单位应参照国家市场监督管理总局和国家标准化管理委员会2024年发布的《城市轨道交通无障碍运营服务规范》内容，深化轨道交通无障碍服务细节，以无障碍需求为导向、以无障碍服务为抓手，将无障碍服务作为轨道交通品牌线路创建的重要组成部分，在全方位、全链条、全环节上保障特殊人群出行权益，为他们营造更健康、更舒适、更安全的活动空间，使人性化的服务理念得以充分体现，真正践行人民交通为人民。

B.10
城市群都市圈轨道交通融合发展实践

胡湲　张知青　陈悦勤　朱杰　陆杰钢*

摘　要：　随着城市群都市圈的快速崛起，我国城镇化迈入新的发展阶段，轨道交通面临建设轨道上的城市群都市圈的新使命。本文结合城市群都市圈轨道交通融合发展需求，梳理了多地轨道交通融合发展的实践经验，并在此基础上总结分析了目前存在的多个运营监护主体、票务清分系统不互通、服务政策未统一、应急联动未互通、缺少牵头主管部门等问题，最后提出了未来轨道交通融合发展，需从推动网络融合、完善规划体系、研究技术标准、协同融合发展四个方向出发。

关键词：　城市群　都市圈　轨道交通

一　城市群都市圈轨道交通融合发展需求

城市群和都市圈是城市发展的两种重要形态。城市群范围较大，通常有一个或几个特大城市作为核心，周围围绕着其他大大小小的城市，大家共同发展，形成一个相对完整的城市"集合体"，如长江三角洲城市群。都市圈

---

* 胡湲，高级工程师，现任上海申通地铁集团有限公司运营管理部副部长，主要从事轨道交通运营管理工作；张知青，正高级工程师，现任上海申通地铁集团有限公司总师室运营专业技术总监，主要从事轨道交通运营技术研究与运营对标工作；陈悦勤，高级工程师，现任上海申通地铁集团有限公司运营管理部客运市场科副经理，主要从事轨道交通运营管理工作；朱杰，高级工程师，现任杭州市地铁集团有限责任公司运营管理部部长，主要从事轨道交通运营管理工作；陆杰钢，高级工程师，现任杭州市地铁集团有限责任公司运营管理部票务清分科科长，主要从事轨道交通运营管理工作。

是在城市群内部以一个或多个中心城市为核心，以发达的联系通道为依托，由核心城市及外围社会经济联系密切的地区所构成的城市功能地域，如上海都市圈。无论是城市群还是都市圈，其核心内容均指向协调发展，而发展基础依靠的是便捷、快速、高效的综合交通网络。

为支持城市群都市圈发展，中共中央、国务院和国家主管部门连续发布了多项重大政策。2014年《国家新型城镇化规划（2014—2020年）》提出了都市圈的概念，指出要推进中心城区功能向1小时交通圈地区扩散，培育形成通勤高效、一体发展的都市圈；2019年国家发展改革委《关于培育发展现代化都市圈的指导意见》指出，要打造轨道上的都市圈，构建以轨道交通为骨干的通勤圈，推动干线铁路、城际铁路、市域（郊）铁路、城市轨道交通"四网融合"；2021年《国家综合立体交通网规划纲要》提出了2035年"全国123出行交通圈"的目标，即都市区1小时通勤、城市群2小时通达、全国主要城市3小时覆盖。

在地方层面，各地省市政府认真贯彻国家各项政策和目标要求，结合区域实际情况推进都市圈轨道交通融合发展工作。2021年6月，江苏省交通运输厅下发《沿江城市群轨道交通多网融合三年行动计划（2021—2023年）》，明确将推进"多网融合"列入主要任务；[1] 2021年11月《西安市"十四五"综合交通运输发展规划》明确了打造轨道上的西安都市圈快速通勤网；[2] 2022年10月《上海市交通发展白皮书》提出"共建轨道上的长三角"理念，加强市域铁路与长三角城际轨道交通衔接，加强运营服务标准统一，推动安检便利化和信息共享，实现联网运营。[3]

---

[1]　江苏省交通运输厅：《沿江城市群轨道交通多网融合三年行动计划（2021—2023年）》，https：//jtyst. jiangsu. gov. cn/art/2021/6/21/art_ 77132_ 10124341. html。

[2]　西安市人民政府：《西安市人民政府关于印发"十四五"综合交通运输发展规划的通知》，https：//www. xa. gov. cn/ztzl/ztzl/lwlbzt/zcwj/6182365af8fd1c0bdc61f6b5. html。

[3]　上海市人民政府：《上海市交通发展白皮书》，https：//jtw. sh. gov. cn/zxzfxx/20221014/1ac0342daa9e48a390420a6d211c8686. html。

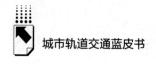

二 轨道交通融合发展实践情况

在各项政策支持下和各方的大力推动下，上海、广东、西安、重庆等地针对轨道交通融合发展进行了探索与实践，包括地铁跨省市、同制式互通、双制式贯通等方式，相关案例如下。

（一）上海地铁11号线跨省运营与票务融合

2013年10月16日，上海地铁11号线花桥段开通，标志着国内首条地铁线路实现了跨省运营。2023年6月24日，苏州地铁11号线开通，沪苏两地轨道交通可在花桥站实现无感换乘，两地乘客只需使用"苏e行"或"Metro大都会"App乘车码，无须二次安检、刷卡及扫码，即可通过换乘通道乘坐另一城的11号线，实现了双城轨道交通网络的无缝对接，对推动长三角区域一体化、沪苏同城化发展有极其重要的示范意义，主要做法如下。

1. 规划需求对接

城市轨道交通不像普通铁路和高速铁路那样能够跨省运营，一般只在一座城市内部运营。若要实现跨省运营，首先要在规划层面进行对接，双方都应有相应的规划支持，同时还要有相应的客流需求，为跨省线路的建设和审批提供依据。上海地铁11号线花桥段建设之初，苏州昆山市已规划S1线和S3线两条轨道交通线路，其中S1线终点站与上海地铁11号线安亭站衔接；此外，昆山花桥国际商务城的快速建设和发展，为上海地铁11号线延伸至花桥国际商务城奠定了客流基础。

2. 标准接口对接

城市轨道交通跨省运营，有直接延伸和双方互通两种方式。直接延伸比较简单，只需要按照既有线的技术标准建设；双方互通难度较大，存在信号制式、车辆制式、供电制式等差异，一般通过安装双套系统来实现互通运营，代价和难度较大。上海地铁11号线跨省运营，采用了直接延伸的方式，即延伸段也采用高架线、A 型车 6 辆编组和 CBTC 制式，统一了标准和接口，促进了不同城市间基础设施的互联互通。

3. 运营管理对接

为推进沪苏两地轨道交通 11 号线运营深度融合，上海申通地铁集团和苏州轨道交通集团开展了以下运营管理对接工作：一是在组织保障上，共同成立上海、苏州"双 11 号线"运营管理对接小组，形成了"1 个领导小组+4 个工作小组"的工作格局，有序落实互联互通各项事宜；二是在服务对接上，优化了 11 号线导向标识和首末班车运营时间，梳理了两地互联互通后相关票务规则，建立两地服务热线常态化对接机制，促进两地服务一致性；三是在安保安检上，以"属地负责、协同管理"的原则，建立运营信息互通及公共安全保障机制，明确"双 11 号线"安检标准；四是在应急处置上，制定互联互通背景下花桥站大客流联合处置预案，建立了应急联动指挥机制，明确应急联动指挥启动场景和条件以及突发事件信息传递和处置流程。

（二）上海市域铁路互联互通

在规划层面，按照"一张网、多模式"的理念，上海构建了由城际线、市区线、局域线等 3 个层次组成的轨道交通网络，明确了不同交通方式在服务范围和旅行速度上的差异。其中，上海市域铁路主要服务于主城区与新城及近沪城镇、新城之间的快速、中长距离联系，采用相同的车辆、信号和供电等制式，以保障市域铁路线内部之间的互联互通运行，同时预留与江苏、浙江多条市域铁路的互联互通空间；市域铁路与地铁之间主要通过节点车站实现换乘融合。

根据《上海市城市总体规划（2017—2035 年）》《长江三角洲地区多层次轨道交通规划》，上海规划了"十射十三联"共计超过 1200 公里的市域铁路网，其中新建市域铁路 12 条 650 公里。目前已有机场联络线、南汇支线、嘉闵线、示范区线 4 条市域铁路在建，18 座车站将与运营、规划的地铁线路实现换乘，其中的嘉闵线北段将延伸至江苏太仓境内，未来将实现上海市域铁路的跨省运营。

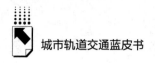

（三）粤港澳大湾区城际"四线"贯通且公交化运营

2024 年 5 月 26 日，广东广佛南环（佛山西站—番禺站）、佛莞城际铁路（番禺站—东莞西站）开通，并分别与在此之前已经运营的莞惠（东莞西站—小金口站）、佛肇（佛山西站—肇庆站）接驳，标志着从肇庆到惠州的 4 条城际铁路实现"四线"贯通，形成了一条连通广州、佛山、肇庆、东莞、惠州 5 座城市的东西走向交通大动脉，总里程 258 公里，总车站数达 39 站，① 有效地促进了粤港澳大湾区的区域交通联系。

与传统城际线路不同，"四线"贯通的广肇、广惠城际铁路采用公交化运营模式和"12306+城际铁路公交化多元支付"双票务系统，无须对号入座，让旅客随到随走，无须提前购票，乘车体验接近地铁。

"四线"贯通运营后，肇庆与惠州之间的城际线采用了"站站停+大站快车"的快慢车运行方式，开行"肇庆站—小金口站"和"佛山西站—小金口站"两个交路，平均行车间隔为 26 分钟。② 截至 2024 年 9 月 4 日，广肇、广惠城际铁路全线快车停靠站为 16 座，肇庆、佛山、东莞、惠州均可实现 1 小时内到达广州。③

（四）无锡市域锡澄线与无锡地铁1号线贯通运营

2024 年 1 月 31 日，连接江阴与无锡的无锡市域锡澄线开通，并与既有无锡地铁 1 号线实现贯通运营。

为满足贯通运营需求，市域锡澄线在前期设计时，各专业系统设备选型与既有 1 号线技术标准保持一致，其中牵引供电采用 DC1500V 接触轨供电、CBTC 信号系统制式、自动售检票统一接入无锡地铁线网控制中心 ACC 和 MLC，根据两条线路的不同管理主体需求实现统一清分。为实现票务互通，

---

① 《本周日，广东城际"四线"贯通，横跨湾区五城！》，广东交通，2024 年 5 月 24 日。
② 《今日起通车！惠州小金口直达广州、佛山、肇庆城际票价来了！》，惠州本地宝，2024 年 5 月 26 日。
③ 《广肇、广惠城际铁路客流累计破千万》，广东交通，2024 年 9 月 10 日。

在前期的项目合同中提前考虑并规定了后续票务互通的原则，并在建设过程中促进运营主体双方达成一致，后续由实施机构向无锡市发改委汇报票制和票价方案，并签订了清分协议，同时通过对无锡地铁线网既有 AFC 系统进行升级改造，解决了接入过程中的票卡兼容性问题，实现一票通、一卡通。在安检管理方面，两条线路执行统一标准，严格遵循《无锡市轨道交通条例》中严禁携带物品内容，同时加强互通交流，在作业流程、作业纪律、安检要求等方面达成统一，实现安检互认。

（五）西户铁路与西安地铁5号线实现票务互通

西户铁路于 1956 年 2 月 20 日建成通车，自 2022 年 7 月 21 日起实施改造提升工程，于 2022 年 11 月 1 日完成并重新办理客运业务。

在线路换乘方面，西户铁路与西安地铁 5 号线在阿房宫南站通过换乘通道实现站内换乘。该换乘通道全长 127 米，连通西户铁路阿房宫南站付费区与 5 号线阿房宫南站站厅西侧付费区，乘客可由此通道实现西户线与地铁 5 号线的"付费区快速换乘"。[①] 在票制票价方面，西户铁路售检票系统与西安地铁售检票系统已实现同网同价、互联互通，乘客可采用扫码、刷脸、刷卡、购票等多种方式进站乘车。在运营管理模式方面，西安地铁负责开行西户铁路客车，组织客运服务，并委托国铁西安局负责调度指挥、行车组织等工作，其中 7：00~18：40 开行客运列车，其余时段由国铁西安局负责开行货运列车。

（六）重庆市郊铁路江跳线与重庆轨道交通5号线贯通运营

重庆市郊铁路江跳线于 2022 年 8 月 6 日开通运营（跳磴站至圣泉寺站），是国内首条商用双流制市域（郊）铁路。2023 年 11 月 30 日起，重庆市郊铁路江跳线与重庆轨道交通 5 号线实现贯通运营，共享的线网资源包含车辆基地、控制中心、主变电站、机电设备、换乘站、共用列车等。其中，

---

① 《明日投用，事关西户线与地铁 5 号线换乘》，西安发布，2023 年 9 月 25 日。

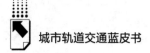

贯通运营的车辆是江跳线的双流制车辆，该车辆以既有成熟 As 型车为技术基础，采用双制式供电方式，具有根据不同供电制式进行动态自动切换功能，能同时满足城市外围线路运行速度快、站间距大的 25 千伏交流需求和城市内部线路站间距小、快起快停的 1500 伏直流需求。

江跳线与 5 号线换乘站为跳磴站，双方依据约定对土建及装饰装修、通信、信号、供电、通风空调、给排水、动力照明、FAS/BAS、站台门、电扶梯等设备设施进行维护管理并共享为双方使用。5 号线跳磴—石桥铺区段，江跳线提供贯通运营列车载客，5 号线为江跳线列车共享接触网、信号 ATS 系统（列车自动监控系统）、通信专用无线系统、通信 PIS（乘客信息系统）、通信车地无线系统、土建、站台门设备等设备设施提供运营保障。在票务方面，江跳线接入重庆轨道集团清分系统，与线网保持统一参数及票务规则，实行计程票制。

（七）东京都市圈市郊铁路与地铁间开行直通列车

日本东京都市圈范围内拥有各类轨道交通，包括 JR 市郊铁路（原国铁系统）、私营铁路、地铁等，除了东京都市圈的轨道交通总规模全球领先之外，多种轨道交通制式之间开行直通列车是其最显著特点。一方面，东京的市郊铁路网以国家铁路为主体架构，由于建设标准一致，可以实现互联互通；另一方面，多家铁路公司与地铁公司合作，在轨距、建筑、限界、供电制式、信号系统等技术标准方面保持一致，提供开行直通列车的条件，可与地铁直通的市郊铁路达 695 公里，① 扩大了地铁的通达范围，同时也为市郊铁路进入核心区提供了便利。

三 轨道交通融合发展目前存在的问题

目前正处于城市群都市圈轨道交通融合发展的探索阶段，各地在实践过

---

① 武剑红、沈砾子：《东京都市圈市郊铁路特点及对我国的启示》，《中国铁路》2017 年第 9 期。

程中发现管理主体、票务清分、政策标准、应急联动等方面还存在诸多问题。

（一）多方运营监护主体

跨省市的轨道交通，势必存在多方运营监护主体，导致管理标准不统一、运营效率低下。同时，由于各运营主体之间的利益诉求不同，协调难度较大，城市群轨道交通网络难以形成高效、便捷的无缝对接。此外，城市群轨道交通的规划和建设缺乏统一的顶层设计，导致线路布局不合理、重复建设等问题。例如，《长江三角洲地区多层次轨道交通规划》中的沪苏嘉城际线，在江浙沪三地分成三段，分别是上海地铁示范区线、水乡旅游线城际铁路和嘉善至西塘线，三地分别委托不同的设计院进行设计，对后期的贯通运营有很大影响。

（二）票务清分系统不互通

不同城市之间的轨道交通系统在票价计算和清算方面缺乏统一的标准和机制，导致乘客在跨城市轨道交通出行时面临复杂的票价计算问题，增加了出行成本和不便。同时，乘客在不同城市的站点之间换乘时，可能无法享受连续计费的优惠，不仅增加了乘客的经济负担，也降低了出行效率。此外，城市群轨道交通的票务系统尚未实现完全的互联互通，导致乘客在使用电子支付或一卡通时，无法在城市群内所有轨道交通系统中无缝使用。上述局限性不仅影响了乘客的出行体验，也制约了城市群轨道交通的整体竞争力和吸引力。

（三）服务政策未统一

在城市群都市圈轨道交通融合发展的背景下，各城市在轨道交通建设方面取得了一定的进展，但在服务政策的统一性上仍存在诸多不足。一是票价体系不统一，导致乘客在不同城市间换乘时面临较高的成本和不便，例如乘客在城市群内从一个城市到另一个城市，可能需要购买多张车票，无法一次

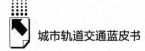

购票实现跨城市线路换乘，便捷性较差，降低了轨道交通的吸引力，影响了区域一体化的进程。二是跨城市轨道交通对于安检管理标准要求也存在不一致现象，可能导致发生重复安检的情况，难以在确保安全的同时提高出行效率。三是运营时间不一致，使城市群内部的轨道交通网络难以实现真正的无缝对接。四是票务系统和信息服务平台的互联互通程度较低，乘客在使用过程中难以获得一致的体验。

（四）应急联动未互通

一是应急信息不畅。各城市之间的应急信息共享机制尚未完全建立，导致在突发事件发生时，信息传递不畅，应急响应速度慢，协调效率低。例如，在高峰时段突发暴雨天气或紧急安全事件时，不同城市的轨道交通系统无信息共享机制及手段，存在影响现场应急处置效率的风险。二是应急联动机制的标准化和规范化程度不足。城市群内各轨道交通的应急联动预案、操作流程和指挥体系存在差异，缺乏统一的标准和规范，在一定程度上会影响跨区域应急联动的实施效果。例如，对于跨区域轨道交通线路而言，大客流等场景下的应急公交接驳开行目前难以实现，跨城市轨道交通区域的应急场景应对能力有待提升。三是不同城市之间的应急联动演练和培训也缺乏统一的组织和协调，导致应急联动的实际操作能力参差不齐。

（五）牵头主管部门不明确

目前，城市群都市圈轨道交通在融合发展推进过程中存在牵头部门管理职责不明确或重复的情况，导致出现标准不统一、沟通协调难、政策不完善等现象。一是缺乏统一的规划和标准。城市群内各轨道交通建设标准不一，导致互联互通性较差。由于各地规划、设计和建设主体不一致，虽然在制式层面基本保持一致，但部分影响一体化运营的技术参数未能实现统一（如站台有效长度、隧道直径等），导致运营一体化前置条件无法满足。此外，缺乏统一的规划，使轨道交通建设与城市发展、土地利用、公共交通系统等其他方面难以形成有效的协同效应。二是投资和融资机制不健全。城市群轨道交通建设需要巨额资金投入，但目前尚无明确的投融资机制来保障项目的顺利进行。地方政府财政压力较大，难以独立承担全部建设费用，而中央政府的支持政策尚不明确，导致轨道交通项目在资金筹措上面临困难。此外，轨道交通项目投资回报周期长，盈利模式不清晰，也影响了社会资本的参与积极性。三是政策法规体系不完善。城市群轨道交通融合发展需要一系列配套政策和法规的支持，但目前相关法规体系尚不健全。例如，轨道交通建设、运营、安全等方面的法律法规尚需进一步完善，以适应城市群轨道交通发展的新要求。此外，城市群轨道交通涉及多个行政区域，跨区域的政策协调难度较大，亟须建立有效的政策协调机制。

四 城市群都市圈轨道交通融合发展方向

多个运营监护主体、票务清分系统不互通、服务政策未统一、应急联动未互通、牵头主管部门不明确等问题，是城市群都市圈轨道交通融合发展实践过程中发生的普遍问题，而如何解决这些问题是实现轨道交通四网融合、支持交通强国战略、推动城市群都市圈发展的关键。中国城市轨道交通协会在《中国城市轨道交通融合城轨发展指南》一文中，已为我国轨道交通融合发展指明了方向、明确了四网融合的发展目标和路径。

（一）推动网络融合，实现"功能融合、管理协同"

推动网络融合，实现"功能融合、管理协同"的目标，细化四网融合的具体实施路径，构建更加高效、更加便捷、更加协同的多层次轨道网络体系。一是明确四网融合的核心目标，通过网络整合、通道分工、枢纽一体、运营融合等，打破传统交通网络的壁垒，实现各种交通方式之间的无缝对接和高效协同；二是实现网络融合的全面感知、智能分析和精准决策，实现各种交通方式之间的信息共享和互联互通；三是优化交通枢纽的布局和设计，确保网络间的无缝换乘和便捷衔接，实现设施互联、票制互通、安检互认、信息共享和支付兼容等目标；四是充分挖掘既有资源的潜力，利用开行公交

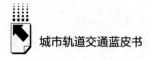

化市域（郊）列车等方式，为城市提供更加优质、更加高效的交通服务，提高人民群众的出行满意度和幸福感。

（二）四网融合理念引领，创新完善规划体系

四网融合理念引领，创新完善规划体系，实现对未来城市、城际交通格局前瞻性布局。一是参照城市轨道交通规划管理模式，建立跨部门、跨平台协调机制，有效整合资源，提高规划的科学性和前瞻性，对多层次轨道、都市圈市域（郊）铁路规划编制、项目报批和审核流程进行全面优化；二是鼓励开展多层次轨道交通融合发展研究，加强对已有城市群都市圈轨道交通存在问题的深入分析，如运营效率低下、换乘不便等，为四网融合规划提供更加翔实的数据支持和案例参考，探索一条符合国情的四网融合发展之路；三是坚持问题导向，针对"四张网"独立运营、融合发展不足等问题，明确四网融合规划主体内容和技术路线，以"功能互补，服务兼顾，互联互通，资源共享"为导向，强化网络一体化、通道一体化、枢纽一体化、建设运营管理一体化等内容，实现不同类型的轨道交通网络各司其职、优势互补，提高四网融合后的整体运行效率。

（三）互联互通多元共享，深化技术标准研究

互联互通多元共享，深化技术标准研究，推动我国轨道交通行业持续进步。一是在建设过程中，充分考虑线路互联互通性，对土建工程、信号制式、供电制式、车辆选型、通信信息等系统进行统一的技术规划和标准制定，重点推动有需求、有条件的轨道线路间的直通运输，实现轨道网络设施的高效贯通，促进区域经济均衡、协调发展；二是以分工清晰、责权明确和协同运行为目标，统一维修管理、修程修制、维修标准和资源配置，建立信息共享机制，实现各系统之间的数据互通和资源共享，从而建立多层次轨道交通一体化运营运维平台，打破行政壁垒和行业壁垒，实现轨道交通的高效运营和运维；三是推动四网融合的深入发展，研究建立四网融合标准体系，开展都市圈轨道设计规范和车辆、信号、通信、供电、AFC 等关键系统标

准的编制工作，实现不同轨道交通系统之间的技术统一和标准兼容，提高整体运输效率和服务水平。

（四）铁路城市融合发展，路地协同开创新局

铁路城市融合发展，路地协同开创新局，推动区域经济一体化，优化城市空间布局，提升居民生活品质。一是精准定位服务通勤人群，在都市圈通勤圈中，四网融合的服务对象明确指向了庞大的通勤人群，故而市域（郊）铁路应采用公交化运行模式，实现"随到随走"的便捷体验。二是优化既有资源，挖掘潜力，都市圈内丰富的既有铁路资源是四网融合发展的先天优势条件，通过优化运输组织方式、补强既有铁路、改扩建局部线路、改造站房站台、增建复线支线及联络线、增设车站等方式，提升既有铁路运输效率，满足既有和潜在的通勤需求。三是突破传统模式，双向进入共创共赢。一方面，城市轨道交通企业应勇于进入市域（郊）铁路市场，通过参与市域（郊）铁路的建设与运营，拓展业务范围、增强市场竞争力；另一方面，铁路运营企业也应积极进入城市轨道交通市场，凭借在长距离运输、运营管理等方面的丰富经验，为城市轨道交通提供技术支持与管理服务，促进两者之间的资源共享与优势互补。

B.11
地铁利用富余运能开展小件物流运输的
可行性与发展前景

陈潇 郭岑 蒋果 岳晓辉 崔建明*

摘　要:　传统货物运输方式面临交通拥堵、环境污染以及高昂物流成本等严峻挑战。发展地铁货运成为缓解城市物流压力的一种创新解决方案。本文以地铁货运为主题,探讨了地铁货运的独特优势及其在城市物流体系中的定位,并从政治、法律等多个维度论证得出地铁开展小件物流运输具有可行性;通过调查,总结了国内一些先行城市的地铁货运试点运营现状,对面临的问题提出了对策建议。同时,以南京地铁为例,面向拟开展物流业务的城市地铁阐述了所需考虑的关键因素,包括但不限于物流流程、资源配套、收益模式等。最后,揭示了新时代地铁货运广阔的发展前景和系列挑战,旨在为我国城市轨道交通领域探索更加高效环保的小件物流解决方案提供坚实的理论依据与实用指南。

关键词:　地铁货运　富余运能　小件物流

---

* 陈潇,高级工程师,现任南京地铁运营有限责任公司资产管理部部长,主要从事资产资源经营开发及品牌创建相关工作;郭岑,工程师,现任南京地铁运营有限责任公司资产管理专员,主要从事资产资源经营及项目管理相关工作;蒋果,经济师,现任南京地铁运营有限责任公司对标管理专员,主要从事统计分析以及国内外对标管理相关工作;岳晓辉,高级工程师,现任天津轨道交通线网管理有限公司调度指挥部经理,主要从事运营、调度指挥及应急处置管理;崔建明,高级工程师,现任天津轨道交通线网管理有限公司监督管理部考核评价室主任,主要从事指标分析、运营及行车组织管理。

一　探索地铁货运模式的背景及意义

物流连接着生产端与消费端，是现代经济的"毛细血管"，更是加快推进新质生产力、经济高质量发展的重要支撑。2023 年，我国快递业务量累计完成 1320.7 亿件，同比增长 19.4%。① 高速增长的地面货物运输导致交通拥堵、环境污染、物流成本高等问题，传统物流模式亟须绿色转型。

2019 年，中共中央、国务院印发的《交通强国建设纲要》要求，加速新业态新模式发展，积极发展无人机（车）物流递送、城市地下物流配送等；2021 年国家发展改革委编制《"十四五"现代流通体系建设规划》，指出拓展物流服务新领域新模式，开展高铁多样式、大批量快件运输试点，逐步构建多点覆盖、灵活组织的铁路（高铁）快运服务网络；2024 年政府工作报告提出实施降低物流成本行动，充分体现了国家对绿色物流的重视和要求。

近年来，部分城市密集出台了诸多政策，高度重视物流业绿色低碳转型发展，鼓励探索物流配送与城市轨道交通融合的新模式，推动轨道交通行业高质量发展。

2019 年 1 月，北京市规划和自然资源委员会发布的《北京城市副中心控制性详细规划（街区层面）（2016 年—2035 年）》，将地下物流纳入北京市未来的规划发展方向。文件强调，未来要建设智慧高效、安全快捷的现代物流体系，提出利用设施服务环建立地下物流配送干线系统，同步完善地面物流系统。推动智能快件箱（信包箱）、快递货物集散站等物流服务终端设施建设，形成地下地上互为补充、规范有序、高效集约、绿色智慧的配送网络。为进一步推进落实地下物流系统的发展，北京市交通委将探索轨道交通非高峰时段物流配送列入 2023 年工作计划，提出推进轨道微中心建设，拓展便利店、生活服务等便民设施，提升高品质、个性化服务水平，打造轨道

---

① 《国家邮政局公布 2023 年邮政行业运行情况》，https://www.spb.gov.cn/gjyzj/c100015/c100016/202401/59eeb6e8b0e7404f8127aa2c7aebded6.shtml。

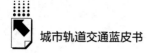

上的都市生活。

2022年7月，深圳市出台了《深圳市现代物流基础设施体系建设策略（2021—2035）及近期行动方案》，提出将深圳市建设成为全球物流业高质量发展标杆城市，聚焦打造多层次、多模式、多功能、多业态的全球物流枢纽城市，着力打造三大中心——全球供应链服务中心、国际物流转运中心和全国物流创新应用中心。该行动方案明确，将地下物流作为立体城市物流体系的重要环节，打造"低空—路面—地下管廊"现代立体城市物流体系，探索利用地下综合管廊基础设施、地铁等轨道交通设施开展城市配送。该行动方案的出台实施，将助力深圳市加快建设现代物流基础设施体系，高效整合各类资源和要素，建设全球物流业高质量发展标杆城市。

二 地铁货运模式可行性分析

（一）地铁货运模式的优势及定位

1. 地铁货运比较优势

目前，地下物流作为物流学科的分支领域，国内外的主流研究方向有地下货运系统（Underground Freight Transport System，UFTS）[1]、地下分拣通道系统（Underground Distribution TUnnel，UDT）、地下物流系统（Underground Logistics System，ULS）[2] 等。但真正意义上的城市地下物流系统建设难度大、成本高、周期长，世界范围内实际投入运营的屈指可数，而地铁货运系统（Metro-based Underground Logistics System，M-ULS）因建设成本低、环境友好、人群覆盖面广等优势已成为城市地下物流探索的焦点。

---

[1] Rijsenbrij J. C., Pielage B. A., Visser J. G., "State-of-the-art on Automated (Underground) Freight Transport Systems for the EU-TREND Project," 2006. Mohammadi M. M., "Integrating Underground Freight Transportation into Existing Intermodal Systems," 2016.

[2] Hu W., Dong J., Hwang B. G., et al., "A Preliminary Prototyping Approach for Emerging Metro-based Underground Logistics Systems: Operation Mechanism and Facility Layout," *International Journal of Production Research*, 2024-08-09.

地铁货运系统通过优化配置地铁富余资源，结合现代物流设施设备及技术，将地铁站改造成包含储存、转运、配送等物流功能的空间，从而实现客流与货流的协同运输。[①] 随着城市公路运输问题日益凸显，地铁作为一类路权专有、高密度、高质量的城市轨道交通，具有不拥堵、多次数往返运输、运输过程平稳等优点，都是公路运输目前不具备的，且满足最大服务、最大利润、最大竞争、最小资产配置的现代物流系统战略目标。

2. 地铁货运功能定位

从各地开展地铁物流业务的情况来看，小件物流运输是地铁尝试货运新业态的可行性探索。"小件物流运输"是指以地铁车站为基准点，运送的物品为城市轨道交通乘车规则规定范围内的体积较小、质量较轻的物品，在限定时间内送达客户指定车站（或周边一定范围内）。"小件物流运输"的市场定位是：以提供小型物流服务为主，如办公文件或信件、化妆品、图书、服饰、食品、车票等城市居民日常生活小件易耗品；服务时间一般为地铁非高峰时期的运营时间；运货模式往往采用运营时间内的地铁列车进行运输。[②]

从小件物流的运营性质来看，大致有三种——面向市民的公益性服务、政府绿色物流的政策性安排和试点经营性业务，前两种主要是非营利性质，第三种为营利性质。

（二）非繁忙线路实施的可行性

1. 政治经济层面

在绿色环保层面，政府鼓励创新物流方式，尤其是利用现有基础设施提高效率，减少城市交通拥堵和环境污染。利用地铁非繁忙线路开展快递运输，有利于降低快递公路运输需求，是践行国家节能减排号召，助力实现碳

---

① 王月丽、杨中华、刘邹洲等：《国内外地铁货运系统的研究现状与进展》，《物流科技》2023 年第 1 期。

② 燕玲：《城市轨道交通小件物品快递业务可行性探讨》，《城市轨道交通研究》2015 年第 4 期。

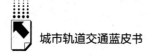

达峰、碳中和目标，推动城市可持续发展的重要探索。

在城市交通发展层面，地铁货运是践行新质生产力，探索运营服务高质量发展，推进城市轨道交通盘活资产资源、降本增效方面的有力尝试。

2. 法律制度层面

从法律制度层面来看，地铁配送具备可行性。根据我国《民法通则》和《侵权责任法》的规定，从事高度危险作业造成他人损害的，经营者应当承担侵权责任。特别是对于使用高速轨道运输工具（如地铁）造成他人损害的，经营者（地铁公司）应当承担无过错责任。因此，地铁公司应积极承担在保障乘客安全方面的责任和义务，同时遵守《城市公共交通条例》和相关运输安全管理法规，采取必要措施，确保在实际运输过程中人、货的安全、效率和公平。

3. 市场环境层面

当前各大城市内小件快递业务蓬勃发展，地铁结合自身优势，发展物流及其延伸业务市场前景广阔。一方面，地铁公司通过渗入小件物品快递市场，发展"地铁+物流"新业态，吸引一批时效性要求较高的小件物流客户群体；同时，通过提升物品到达的准点率、寄送快递的便捷性等优质服务，提高客户黏性。相对传统路面快递方式，地铁物流具备更低廉的运输成本、更高的时效性和可达性，在市场上更具竞争力。

另一方面，在四通八达的地铁线网中，每个地铁站都可打造为城市服务驿站，立足物流业务延伸多元生活服务场景，辐射至地铁站周边小区、写字楼、商业、商超等地，物流业务市场前景广阔。

4. 技术及配套条件层面

在"共享经济"时代，倡导在乘客和货物/包裹之间共享使用公共交通系统，如公共汽车、地铁、有轨电车和轻轨。其前提是，包裹可以在非高峰时段由未充分利用的公共交通系统运送。2023 年，全国地铁在非高峰时期的满载率较低[①]，且地铁以高准点率、良好的运行平稳性和安全性、地铁站

---

① 根据《2023 年城市轨道交通运营数据速报》分析得出，非高峰时期地铁满载率最高的是广州地铁（20.84%），仅有 4 个城市地铁满载率达 15%。

务人员"一岗多能"的职业素养等诸多优势，具备利用车厢富余运能运输小件物品的技术及配套条件的可行性。

5.社会效益层面

从社会效益层面来看，地铁开展小件物流业务具备良好的外部效益。一方面，降低公共交通风险。自2014年以来，公共交通的安全被提到前所未有的高度，要求城市轨道交通各站点加强对乘客携带物品的安全检查。多地地铁在小件物品进闸前实行"双重安检、客货分流"方式，最大限度地保障了公共交通安全。

另一方面，实现多主体受益。地铁公司、物流企业、客户等参与主体，均在不增加运营成本的同时提高了效率和效益：地铁增加了人流量和效益，物流企业实现了提速和运营成本的降低，客户收货时间缩短。此外，从交通物流部门、市政管理部门到环境保护部门，地铁物流业务可以提高城市物流效率、降低运输成本、促进城市绿色出行，对城市管理者而言意义重大。

三 部分地铁公司物流试点建设及应用现状

（一）建设情况

自2023年起，北京、上海、深圳、无锡等一、二线城市的地铁公司陆续试点了物流业务，多在非繁忙线路、非高峰时段运送小件快递，涉及大规模的站台或设施设备改造的较少，按照开展地铁物流的时间顺序，主要城市建设运营情况如下。

1.深圳市

2023年8月，深圳市地铁集团与顺丰速运举行"福田至碧海湾空铁轨联运合作协议"签约仪式，这标志着顺丰集团与深圳市地铁集团将在"轨道物流"领域携手打造深圳首个空铁轨联运物流示范线项目。根据商业合作协议，地铁公司的业务收益主要为运营票款、堆场租金、物业费，并针对"福田—碧海湾"示范线，编制了《轨道物流运输项目安检工作规定》。

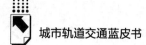

深圳地铁采用"客货混载"模式，在不改变地铁原结构和组织的基础上，对福田、碧海湾站点实行堆场改造、增添货梯等改造项目，选择晚高峰后的平峰期专厢模式组织运货，充分利用富余运力。转运过程：快递包裹在各集散点集中—运输至福田站堆场安检—地铁转运—碧海湾站散货。下一步，将采用"枢纽到站"模式，在福田枢纽—碧海湾地铁站—深圳顺丰机场基地间开展物流联合运输，利用地铁这一地下管廊成为快件运送新渠道，打造"低空—路面—地下管廊"现代立体城市物流体系。

2. 北京市

2023年9月，按照《北京市利用轨道交通非高峰时段开展快递运输试点工作管理办法》的要求，北京地铁成功试点非高峰时段"运快递"，通过前期调研和供需匹配分析，最终选定4号线（景区线）、9号—房山—燕房线（郊区线）作为试点线路。其中，9号—房山—燕房线由北京市轨道交通运营管理有限公司牵头，与物流单位签署"燕房线快递运输试运营协议"。协议约定仅可运送报纸、期刊、杂志类纸质品，并享受安检免检，但运输过程中的安全问题由物流方承担全部责任。

9号线转运过程：工作日上午8：30~11：00，物品由9号线六里桥站进站—郭公庄站同台换乘进入房山线—阎村东站同台换乘进入燕房线—终点站燕山站出站。在宣传方面，北京市交通委、邮政管理局会同市地铁公司、市轨道运营公司、邮政北京集团同步宣传。未来，利用日间轨道车作为货运专列，车辆段/停车场富余空间用作物流集散基地。

3. 无锡市

2023年11月，无锡顺丰、邮政和地铁集团三方签约，推出长三角首条"空铁轨联运"物流示范线，通过城市轨道交通非高峰时段富余运力运输快递。

无锡地铁在"不调整列车发车时间和停站时间、不影响乘客出行、不进行设备设施改造"（以下简称"三不原则"）的基础上，选取3号线的两个非高峰运营时段11：00和13：00，试点运输快递业务。该线路采用"机场地铁"发运模式，串联了硕放机场站、无锡火车站等重要交通枢纽，途经 14 个站。转运过程：物流方自行购票并安检—进入硕放机场站—末节车厢尾部笼箱转运—无锡火车站—配送人员推出站台。试点期间每日件量约 100 票，相比原有的发运模式时效提升 0.5 个工作日。[①]

为更好地保障快递的运输，无锡地铁集团在地铁站内设置暂存区，为快递上下地铁提供专属通道，以运营安全和乘客舒适为原则，兼顾了快递运输效率。未来，考虑由地铁人员进行地铁站间点对点的运输护送工作，根据运输量加开物流专列，按照计件方式收费；同时，积极寻求与高铁快运合作，达成城轨与高铁快运的无缝衔接。

4. 上海市

2023 年 12 月，上海申通地铁集团与上海邮政分公司、上海顺丰快递合作，开展地铁运送快递业务。该业务也是在"三不原则"的基础上，通过固定线路、专人押运的方式实施快递运送。

为进一步拓展地铁邮路，实现快递运输效率提升和运输成本降低，试运营路线选定为上海地铁 1 号线运送报刊和 2 号线运送文件。1 号线：延长路—莘庄站共 2 站。2 号线：静安寺站—陆家嘴—世纪公园站共 3 站。运营期间一天各一班，快递业务仅在午后的客流平峰时段进行，在地铁头部或尾部车厢划出区域提供给快递运输业务，探索打造"上海模式"的轨道物流网络体系。

5. 天津市

2024 年 4 月，天津轨道交通集团与京东物流合作，双方就非高峰时段运力合作达成一致合作意见，共同推进轨道交通与现代物流融合发展，探索构建"一网多用"的轨道物流网络体系。在"三不原则"的基础上，天津地铁在工作日平峰时段开展同城快递运送业务，实现"忙时送人、闲时送货"。

目前，试运营阶段只运输文件类快递，由快递企业定制专用笼车和周转箱，建立点对点专人配送机制。选定 5 号线、6 号线、9 号线，在工作日

---

① 《线路扩面、快递柜入驻，无锡"快递上地铁"又有新动作》，《现代快报》2024 年 6 月 26 日，https：//www.xdkb.net/p1/js/j9m7i/480450.html。

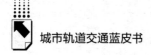

12：30~14：00 低峰期，由京东快递员选择从东海路、塘沽站、一号桥、梅江道、天拖、复兴路、淮河道、幸福公园、西南楼、凌宾路站，共 10 个站定点入站，到直沽出站。

在运输过程中，笼车和周转箱整齐放置在首车厢第一个车门的固定区域，配送人员全程防护，在保障快递运输安全性的同时，确保在运输过程中不影响乘客出行。下一步，在合作范围方面，结合天津轨道交通线网运力情况、京东物流点位情况，探索既有线路返程运送、增加合作线路等，更好地提升运送效能；在业务量方面，结合地铁安检的相关要求，有计划性地拓展运送种类，同时引入更多商家加入，实现业务量的提升。

6. 厦门市

2024 年 4 月，厦门地铁与顺丰速运开展试点合作，依托现有顺丰城市网点和轨道低峰富余运力，选择 1 号线试点开展快递运输业务。选取 1 号线将军祠站、殿前站和厦门北站为试点站，其中将军祠站为顺丰思明区网点交接站，殿前站为顺丰湖里区网点交接站。

快递公司以每日 11：00、14：00 两个批次进站托运。在行李需求较少时采用"小板车"工具并全程跟车运输，在行李需求较大时，采用"笼车"工具运输。市民和游客们通过"U 裹智行"微信小程序，预订行李托运服务。转运过程：顺丰工作人员收取酒店行李快件—网点仓管—交接地铁站（将军祠站或殿前站）安检—到达厦门北站—托运至专用行李寄存点—客户取件。运营单位负责提供行李托运的临时存放点、行李在地铁网络内的运输工作及明确站内指示标识，助力来厦游客、出差人士实现出行自由。

7. 杭州市

2024 年 9 月，杭州地铁联合顺丰速运试点运输快递业务。杭州地铁与物流方签订"杭州地铁快递运输配合服务协议"，明确配合服务的具体工作事项和双方权责，并主导编制《杭州地铁快递运输试运营阶段车站作业规范》，保障相关试点工作有序开展。

经过调研，选择的试点线路为 6 号线桂花西路站至伟业路站区间，每次运输由杭州地铁和顺丰速运工作人员联合开展。每天 16：00，工作人员从地铁 6 号线的桂花西路站出发，运输一箱快递至伟业路站。快递运输前，根据《杭州市轨道交通禁止携带物品目录》，先由物流企业初步筛选货物，再经车站专用安检通道查验，通过的货物密封至专用箱进站。在运输过程中，使用的小推车固定停放在首节车厢规定区域。

试点以来，同城快递每天可分担近百件，相对厢式货车运送，平均每件快递可节约 20 分钟左右。下一步，杭州地铁将持续提高地铁物流分担率，发展"TOD+物流"模式，实现轨道多元化经营。

（二）运营情况

地铁利用非繁忙线路开展运送快递业务，在不影响乘客出行的前提下，有效利用非高峰时段的富余运力，具有合理性和可持续性。地铁运送快递不仅是助力快递业务的有益尝试，也是地铁公司增强盈利能力的举措。在地铁公司试运营期间，业务开展情况综述如下。

1. 地铁货物运输量及效率

目前，大多数地铁物流业务在试点初期阶段，地铁货物运输量通常较小，主要目的是测试流程和技术可行性，随着业务模式的成熟和市场接受度的提高，地铁货物运输量有望显著增长。

2. 正面积极的影响

地铁公司在平峰时段利用富余运能，盘活列车空间开展物流业务，受到多方支持，产生了诸多积极影响。

（1）环保节能

通过利用地铁列车的闲置运力运输货物，可实现在不增加额外能源消耗的情况下提高地铁运输效率。尤其是在大城市，大量的货物运输往往依赖柴油或汽油驱动的卡车和货车，这些车辆是城市空气污染的主要来源之一。地铁货运模式可减少对传统货运车辆的需求，有助于城市节能减排。

（2）提高效率

据不完全统计，在已经开展地铁物流业务的城市中，与传统的道路运输相比，地铁运输快件的效率普遍提高了20%以上，平均可以提前1小时送达

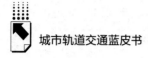
目的地。这一效率的提升主要得益于地铁运输不受地面交通状况的影响,即便是早晚高峰时段也能保持稳定的运行速度。此外,地铁网络通常覆盖城市的中心区域以及重要节点,保证了货物点对点的运输效率。

(3)缓解交通压力

随着部分城市地铁物流业务规模的不断扩大,越来越多的货物开始通过地铁系统进行运输,从而逐步减少了城市道路尤其是繁忙路段附近的货车数量。这不仅有助于缓解城市交通拥堵,还能降低交通事故的发生概率。尤其在核心商务区或人口密集地区,地铁货运模式能显著降低地面货运交通的压力。

(4)提升服务质量

为了满足不同客户群体的需求,多个城市的地铁公司推出了针对小件物品的"小时达"服务。这种服务特别适合那些对时间敏感的同城快递业务,如生鲜配送、紧急文件递送等。与地面运输相比,地铁物流不受天气变化和交通拥堵的影响,客户可以获得更稳定、更可靠的递送体验。

3. 面临的问题

部分城市地铁物流在试运营期间也面临一些问题和困难。

(1)舆情的有效应对

部分市民可能对地铁开展物流业务持有疑虑,认为地铁的核心功能应是为乘客提供便捷的公共交通服务。因此,有必要通过各种渠道向公众解释这一做法的意义,包括它有助于减少碳排放、缓解交通拥堵等,强调地铁物流业务不会牺牲乘客的利益,以此来获得公众的理解和支持。

(2)成本的评估和控制

地铁物流业务虽然降低了道路运输的成本,但是地铁公司的相关资源配合需增加一定的地铁运营成本。在试运营阶段,需结合成本效益分析,明确最佳的资源配置方案。同时,可与物流公司建立合作伙伴关系,通过共担运营成本、共享收益的方式,激励双方持续优化服务。

(3)运输的复杂性较高

一方面,从装卸货、转运、安检过闸到候车运输等流程复杂;另一方面，在站台门上下客的短时间内，需要平衡小件物流运输量和现有的地铁调度系统的准点率，确保不影响乘客正常出行。因此，运输流程的标准化管理、现代信息技术的引入、针对意外情况应急预案的制定等，都是地铁公司试运营期间应考虑的事项。

（4）与路面交通协调难度大

地铁物流业务的开展除了涉及地下线路运输，在地铁站点周边的地面装卸和停车的过程中还涉及路面交通的多方协调。例如，在货物从卡车等路面交通工具卸载至地铁站台的过程中，以及从地铁站点重新装载到路面交通工具时，都需要占用地铁站周边的路面资源。协调不善可能增加路面交通的压力，甚至引发拥堵等问题。因此，地铁公司要与城市规划部门、交通管理部门和物流公司协调合作，通过提高装卸效率、开辟临时停车点位等方式，最大限度地减少对路面交通的影响。

四　南京地铁的物流业务前期研究

截至 2023 年 12 月，南京地铁运营有限责任公司已开通运营线路 12 条，管理车站 217 座，线路总长 459.66 公里，构成了覆盖南京全市 11 个市辖区及句容市的交通网络。按照市区线、郊区线来划分繁忙和非繁忙线路，郊区线路（S1 号线、S3 号线、S6 号线、S7 号线、S8 号线、S9 号线）平均列车空载率为 79%，单位富余运力为 0.53 万人/时[①]，富余运力充足，如图 1 所示。

2024 年，为响应上级部门资产资源盘活行动工作的部署，充分释放地铁"流量经济"发展动能，南京地铁考虑与物流公司合作开展物流业务并做相关前期研究，拟选择地铁运营低峰或者非运营时段配送货物，搭建"客货共运"地铁物流模式，实现社会效益与经济效益双赢。

（一）建设目标及定位

综合考虑站点改造成本、影响乘客出行程度、富余场站资源与运力利用

---

① 资料来源：南京地铁内部统计数据。

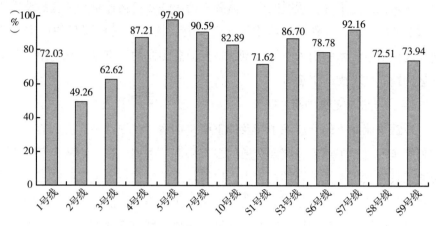

图1　2023年南京地铁各线路平峰时段空载率

资料来源：南京地铁内部统计数据。

效率等因素，借鉴其他已开展物流业务的地铁公司运作模式，南京地铁以保障运营安全和乘客舒适为原则，兼顾快递运输效率，在不调整列车运行图、不影响乘客出行、不进行设备设施改造的基础上，通过"固定线路、专人押运、双重安检"的方式，开展同城快递运送业务。未来，可借助南京四通八达的地铁线网，尝试"跨市—区县—区区"及"空铁轨联运"物流示范线，打造合规、高效、有序的地铁物流体系。

（二）物流流程设计

地铁物流流程包括集货和散货，选择一个中心地铁站作为集散点，再根据物流需求，从始发地铁站到中心站点集货，或从中心站点至目的地地铁站散货。

南京地铁考虑郊区线路物流中心与线路、站点的距离，平均客流、区域快递业务量、线路行车间隔、平均停车时间等因素，拟选择S8号线与3号线的换乘站（泰冯路）为中心地铁站，搭建"1+6"物流线路。在S8号线选定5个站，3号线选定2个站，可覆盖周边9个大型快递网点。据统计，发货三班次，共集货1366件，散货1606件（见表1）。

以中午12：00，六合开发区站—泰冯路站线路为例，物流转运流程为

"地面—楼梯/直梯—安检—过闸—扶梯—上车—下车—直梯—地面",全程约 15 分钟。在六合开发区站停车时间约 25 秒,运输至泰冯路中心站点 102 件。

表 1 南京物流线路集散快件统计

单位:件

地铁线路	地铁站	集货件量	12:00	15:00	17:00	散货件量	15:00	18:00	20:00
S8 号线	龙池	261	102	51	108	239	77	56	106
S8 号线	六合开发区	172	73	34	65	190	60	46	84
S8 号线	大厂	90	36	16	38	147	45	32	70
		78	27	9	42	104	41	20	43
S8 号线	信息工程大学	98	41	18	39	156	58	41	57
S8 号线	泰冯路	115	50	22	43	113	48	29	36
3 号线	天润城	105	45	24	36	123	36	33	54
3 号线	林场	244	83	62	99	244	96	45	103
		203	88	37	78	290	99	69	122
总计	7	1366	545	273	548	1606	560	371	675

资料来源:南京地铁内部统计数据。

(三)资源配套模式分析

资源配套主要涉及物流公司和南京地铁的人员、空间、设施设备等,有停车点、中转仓、安检通道和地铁工作人员,以"始发地铁站—中心地铁站—目的地地铁站"进行全流程分析,各物流环节资源配合情况见表 2。

表 2 各物流环节资源配合情况

物流环节	位置	地铁方资源
卸货	路面	协调路面固定停车点或临时停车点
安检过闸	地铁站厅	明确托寄物品标准、固定安检通道、滞留件保管

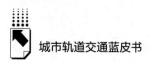

物流环节	位置	地铁方资源
始发地铁站	车厢	开辟车厢内固定独立位置,跟车人员1名(引导路线、配合押运)
中心地铁站	站厅	固定分拣场地或中转仓库
		站内辅助堆放
目的地地铁站	站台	跟车人员配合装卸货
	站厅	配合出站交接

资料来源:南京地铁内部统计数据。

涉及的内部配合单位有资产管理部(项目立项、推进及产业链打造)、技术设备部(设施设备配合及技术标准制定)、工程管理部(站点及空间改造)、运输管理事业部(运行图调度)、客运分公司(装卸运协同)、安防科技有限公司(安检及滞留件保管)、物业管理有限公司(场地清洁、物流延伸服务及经营)等。

(四)经营收益模式分析

物流成本包括直接成本和间接成本。物流公司的直接成本主要包括运输、仓储及配送费,间接成本包括管理费、销售费等。直接成本在总成本中所占比例较大,为80%。

南京地铁成本涉及固定运营成本、人员服务成本、场地清洁管理成本;物流公司成本涉及闲置场地的仓库化改造或固定空地改造成本、配套搬运设施设备成本、负责押运的物流人员成本等。从长远看,地铁方可从场地租金、配送费、人员服务费及物流衍生的其他业务合作中实现盈利,物流公司实现部分物流业务成本大幅降低,衍生的合作业务市场前景广阔。

(五)项目问题及下一步计划

南京地铁试点物流业务还需要考虑几个问题。

地下空间的适度改造问题:涉及中转仓库或固定交接场地、装卸区、配套运输拖车及周转箱的定制等。转运物流通道的设置问题：由于没有专用货梯及通道，人货并行将影响地铁运输货物的整体效率。运输货物标准及安检问题：地铁货运的运输内容及标准尚不明确，大批量货物安检对物流时效提出的挑战等。下一步，南京地铁将以物流规划为指导，以可行性研究为基础，以试点线路货运为切入点，有效盘活运力资源，积极开拓新商业模式。

五 地铁物流发展的机遇与挑战

（一）地铁物流发展的机遇

地铁运营处于亏损状态是各个城市的现状，想走出亏损状态实现盈利是地铁运营的需求。扩大地铁业务范围、拓展地铁盈利空间、"跑"快递业务就是优化地铁业务构成、增强其自身盈利能力的举措。

1. 拓展"地铁+物流"产业链

地铁物流业务在城市中具有巨大的发展潜力，不仅可以提升城市的物流效率，还能促进相关产业的发展、提高市民的生活品质。

（1）发展"地铁+"物流服务相关产业

通过充分利用地铁线网及地铁站富余空间，发展物流服务相关产业。在空间利用上，大部分城市地铁均可利用站点闲置商铺或地面空间，建立中转仓库和物流驿站，解决物流转运空间问题；在业务合作发展上，与电商企业合作，针对特定群体，开发定制化的物流解决方案，实现线上"一键下单"、线下"小时达"服务；在配送内容和形式上，利用地铁网络作为城市内配送的最后一环，可探索国际快件的快速通关和转运服务、冷链物流服务、必需品订购及定期配送服务等；在智慧物流建设上，探索运用云计算、物联网、区块链、大数据等技术，搭建地铁物流公共信息平台，建立物流追踪系统、站点仓储系统、运营服务系统等，实现地铁配送各环节可验、可测、可控。

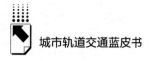

（2）打造"地铁+"多式联运物流网络

全国一、二线城市地铁线网密布，依托线网探索构建"一网多用"的轨道物流网络体系，打造"地铁+"空铁轨多式联运物流网络，可充分利用城市轨道交通运力资源，减少路面交通拥堵，助力物流绿色化、低碳化发展。

在中长途运输方面，地铁可作为铁路运输的重要补充，可通过发展"地铁+公交""地铁+轻轨"等形成综合交通枢纽；在短途运输方面，推广城市内"最后一公里"配送服务，以"地铁+电动自行车""地铁+无人机"等形式快捷配送，尤其应把握"低空经济"新赛道，加快培育"低空+轨道"多元化新业态，助力搭建"低空—路面—地下管廊"现代立体城市物流体系。

2. 创新多元地铁便民场景

地铁运输物品保障了运输过程的时效性和安全性，但物流延伸的其他便民服务也是城市地铁拓展服务的着力点和开展多元经营的收益点。

（1）配送物品的存放和提取

利用地铁站内富余地面空间，可扩展各类便民设施，便于快件存取。如设置智能储物柜，专门用于存放和提取快递包裹，方便乘客取件；开设24小时无人值守物流服务中心，提供有偿打包、寄送服务；新设计地铁站内的广告牌、休息区等空间，用作物流存取休息等待区，为乘客提供更加便捷的服务体验。同时，可开发地铁快递预约小程序，允许用户在线预约时间领取或寄送包裹。

（2）多关联性业态融合发展

2021年，交通运输部发布的《关于服务构建新发展格局的指导意见》明确提出，鼓励具备条件的综合客运枢纽、大型地铁站结合实际引入商贸、餐饮、购物、寄递服务等关联性消费产业。地铁物流可以与餐饮、零售等业态相结合，形成一站式的消费体验中心。如面向通勤族、游客等经常乘坐地铁的人群，提供即买即送服务。商店与地铁公司合作，乘客在地铁站内商店购买商品后继续游玩，商品通过地铁物流配送到指定地铁站，再由物流人员配送到家，乘客支付一定的配送费用（或者达到一定金额免运费）。这种方式尤其适用于高峰期，乘客无须担心携带大件物品的不便。

（二）可持续发展面临的挑战

各城市需要不断探索和完善相关政策、技术和管理体系，以确保地铁物流业务的可持续发展。同时，还需要加强跨部门之间的协作，共同解决地铁物流发展中遇到的问题。

1.专门的制度规范体系有待完善

法律法规方面目前缺乏针对地铁物流的专项法规，需要制定相关的法律法规来规范地铁物流的操作流程、责任归属等问题。标准制定方面应建立一套完整的标准体系，涵盖货物包装、安全检查、运输流程等方面，以确保货物的安全和质量。监管机制方面，监管机制暂不健全，包括对物流企业的资质审核、运输过程中的监控等制度缺失，不能有效确保整个物流链条的透明度和合规性。

2.地铁列车的货运化改造成本高

未来，随着地铁货物运输体量的增长，采用客货共运的地铁货运模式将不足以满足大体量货运的需要。若对地铁列车进行货运化改造，涉及硬件改造（增加货物固定装置、调整车厢布局、定制物流专列等）、软件升级（升级列车控制系统等），改造成本较大。此外，货运化改造后的列车可能需要更频繁地维护和检修，增加了运营成本。

3.地铁物流的相关配套有待健全

地铁物流相关配套包括但不限于地下物流配送转运中心建设、运行图定制、绿色安检通道、货运直梯、人员配备等。尤其是物流通道的配备问题，地铁等轨道交通设计之初并未考虑到物品的运输通道，因此在货物转运等方面存在一定的困难。此外，在部分站点和通道人货并行的情况下，地铁物流可能影响乘客的出行秩序。仓储设施问题，地铁站点附近应配套合适的仓储中心，用于货物的暂存和分拣，以便于高效转运。物流信息系统问题，要实现货物信息的实时更新和跟踪，提高物流效率，还应构建一个集成化的物流

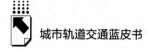

信息系统。人员培训问题，地铁站务人员缺少物流知识以及应对漏件、坏件等特殊情况的应急处理能力，需要对参与地铁物流工作的员工进行专业培训。

4. 货物、人货及行车的安全保障问题

货物的安全运输保障、人货间冲突对乘客安全乘车影响的应对措施和因货物上下车不及时、漏件、掉件等可能危及行车安全的保障措施等尚不成熟。

目前，北京、上海等城市地铁运送的快递，大多局限于运送报刊、文件等小件，但也存在充电宝等小件物品在列车、车站内爆燃的可能，故在安检互认的基础上，严格限制轨道货运的品类，增加相应的安检和专门货物通道。一旦发生事故，地铁方能够迅速采取行动，采取有效的隔离措施，确保乘客与货物的安全疏散，避免交叉污染或安全隐患。

六 总结与展望

随着城市轨道交通规模的持续扩大，地铁尝试利用非高峰时段富余运力开展快递运输业务，充分利用了城市轨道交通资源，是城市轨道交通网络与快递服务有机结合的新模式。特别是在人口密集的大城市中，可有效缓解道路交通拥堵、提高配送效率。但是地铁在设计之初服务的对象主要是城市居民，从线路规划、车辆设计、乘客需求等多个环节综合考量，确保地铁系统的顺利运行和乘客运输的安全便利，并没有考虑货物运输的需要。比如，没有考虑物流通道的问题，这将给货物转运等环节带来难度。

从目前的情况来看，北京、上海、深圳等城市地铁已成功试点物流业务，既有的地铁线网比较适用于办公文件或信件、化妆品、图书等小件物流运输。当然，地铁货运模式不能孤立发展，从轨道交通规划之初就要做好物流通道及相关配套工程规划建设，更需要积极寻求干线运输和城市配送的结合点，探索地铁与城轨、高铁、飞机等多式联运，创新多业态融合发展模式，实现合作共赢。

借鉴篇 ᗷ

B.12

国际先进城市轨道交通运营服务品牌
创建经验借鉴

陈绍宽　陈哲轩　石梦彤　肖迪　王尧*

摘　要： 　我国城市轨道交通系统面临客流增长、服务需进一步提质及乘客体验需进一步优化的挑战。本报告借鉴国际先进城市轨道交通运营服务品牌的创建经验，从以下四个层面总结分析典型城市轨道交通的应用案例与实施效果：一是品牌形象设计，包括标识设计、引导图设计和建筑设计；二是品牌文化建设，强调文化融入，促进社区交流与艺术创新；三是运营质量保障，促进运输效能、安全性与信息化水平提升；四是乘客体验保障，优化乘客无障碍与便民设施，保障清洁舒适，重视乘客反馈。在此基础上，结合我国城市轨道交通的实际发展情况，提出城市轨道交通运营服务品牌建设应重

---

* 陈绍宽，工学博士，教授，现任北京交通大学交通运输学院城市轨道交通系主任、博士生导师，中国系统工程学会常务理事，主要从事交通运输规划与管理、城市交通工程、综合交通运输等领域的研究；陈哲轩，北京交通大学交通运输学院博士研究生，研究方向为交通运输规划与管理；石梦彤、肖迪、王尧，北京交通大学交通运输学院硕士研究生，研究方向为交通运输规划与管理。

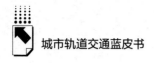

点考虑形象设计、文化建设、运营质量及乘客体验。

关键词： 城市轨道交通　服务品牌　形象设计　乘客体验

一　概述

城市轨道交通运营企业通过系统建设，在市场上树立了独特标志与良好形象，其运营服务品牌涵盖了硬件设施、企业文化、社会责任、视觉形象及市场定位等多个方面。通过品牌建设，轨道交通运营企业不仅在乘客心中建立了信任和忠诚度，还在市场中形成了差异化竞争优势。目前，国内外许多城市已经将城市轨道交通运营服务品牌建设作为推动城市发展和塑造城市形象的重要途径。

城市轨道交通运营服务品牌建设涉及品牌形象设计、文化建设、运营质量保障和乘客体验提升等多个方面。品牌形象设计包括地铁标志、标识、颜色和整体视觉风格，通过一致的视觉设计提升品牌辨识度；文化建设通过将艺术、历史和文化元素融入地铁站点，使其不仅是交通枢纽，还成为展示城市文化的窗口；运营质量保障确保高效、安全和准时的服务，是赢得乘客信任和忠诚度关键；乘客体验提升通过提供无障碍设施、便民服务、清洁舒适的环境和良好的乘客服务，提升乘客的整体出行体验。

目前，我国城市轨道交通运营服务品牌建设取得了一定进展，但仍面临品牌形象不突出、文化内涵不足、高峰时段运营挑战及乘客体验待提升等问题。相比之下，国际先进地铁系统在品牌形象个性化、文化丰富性、运营高效性及乘客服务细致化方面表现出色。因此，借鉴国际经验对我国城市轨道交通运营服务品牌进行建设至关重要。加强城市特色设计、深化文化建设、优化运营质量及提升乘客体验，将有效提升品牌的影响力与竞争力，为城市交通注入新动力。

二　国际先进服务品牌形象设计与文化建设

在国际先进城市轨道交通运营服务品牌建设中，品牌形象设计和品牌文化建设被广泛应用，成为其成功的关键因素。企业通过设计独特且富有吸引力的品牌形象，包括引导图、标识以及建筑设计等元素，在公众中树立了鲜明的形象并增强了品牌认知度，在为受众带来视觉享受的同时，也激发了品牌认同感。同时，品牌文化建设也在城市轨道交通运营服务品牌建设中发挥着重要作用。通过丰富多样的艺术活动、不同文化融合传承和品牌联动宣传等，国际城市轨道交通运营企业成功创造了丰富的文化体验和社区交流空间，打造了具有生命力、能够产生价值观认同和情感共鸣的品牌文化。

（一）品牌形象设计

1. 标识设计

标识作为城市轨道交通系统中的视觉表达方式，不仅仅是一种设计展示，而且是乘客导航、品牌认同和运营企业整体形象的重要组成部分。

以伦敦地铁为例，其"红环蓝杠"品牌标志不仅是伦敦地铁的标志性符号，也是英国文化和历史的重要组成部分。该标志的主体是一个红色的圆环，圆环中间有一条深蓝色的横杠。这种搭配不仅醒目易识别，还巧妙地融入英国国旗的色彩元素（红、白、蓝），体现了英国历史文化。横杠上清晰地标注着"UNDERGROUND"字样，传达了标志的用途和所属领域信息。[1]此外，伦敦交通局将其应用于出租车、游船和有轨电车等其他交通工具和公共设施上，进一步提升了这一标志的知名度和影响力。

地铁通过简洁精确的设计、独特的字体选择和巧妙的图形组合，可以有

---

[1]　娄文冰：《城市地铁品牌识别的整合传播设计与人文价值积淀——从伦敦到东京、香港》，《装饰》2012 年第 11 期。

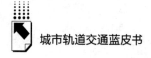
效地传递城市轨道交通企业的品牌形象，提升乘客的出行体验和品牌认同感，并与城市的整体视觉景观相协调，反映其文化和风格。

2. 引导图设计

引导图作为城市轨道交通系统内的重要信息传达手段，既要帮助乘客准确、方便地获取所需信息，又要体现运营企业的品牌形象特色。

以伦敦地铁为例，其线路设计采用了不同颜色进行编码，比如，红色代表中央线，蓝色代表皮卡迪利线。这种颜色编码系统能够帮助乘客迅速识别自己所处的线路以及需要换乘的线路。此外，伦敦地铁引导图上不仅会清晰标注出各个站点的名称、换乘站以及线路之间的连接关系，还会在关键位置设置方向指示和出站后的主要道路及建筑引导信息，以便乘客更好地规划行程。[1]

地铁引导图设计遵循简化、标准化、信息明确等原则，旨在提高地铁系统的运营效率和服务质量，为乘客提供更加便捷、舒适的出行体验。

3. 建筑设计

建筑设计涵盖地下空间设计、建筑物风格和雕塑装饰等多个方面，下面以莫斯科红门地铁站为例介绍城市轨道交通系统在建筑设计方面展现出的风格与特点。

红门地铁站地下大厅采用红色大理石装饰，将宽达8米的承柱划分成三段，中间部分设计成凹进"门"的造型，并以此作为车站内部装饰的韵律主题和尺度标准，形成颇具韵律感的地下空间环境。建筑师象征性地把它与城市这个地方曾经有的红色凯旋门联系起来，从而凸显红门地铁站在城市中的方位感。[2]

地铁的建筑设计可以反映出城市的文化背景和城市形象；同时，建筑设计注重功能性、美学性和创新性的结合，凸显了其在提升城市交通品质、打造城市形象和提供乘客舒适体验方面的重要性。

---

① https：//m. thepaper. cn/kuaibao_ detail. jsp？contid＝25022239.

② 董玉香：《俄罗斯地铁站地下空间人性化设计》，《建筑学报》2004 年第 11 期。

图 1　红门地铁站地下大厅

资料来源：https：//www.bilibili.com/video/av597593670/。

（二）品牌文化建设

1.走进社区交流

社区交流指运营公司针对社区群众组织的一些社区文娱体育活动等，它为品牌文化的传播和发展提供了有力的支持。

（1）纽约地铁社区公园

纽约市的地铁系统四通八达，许多社区公园紧邻地铁站。Balsley社区公园曾经是一个贫瘠的广场，经过改造后变成一个集花坛、幼儿游乐区、咖啡座、绿色购物市场等于一体的多功能社区公园。公园内定期举办各类文娱体育活动，如亲子运动会、户外音乐会、健康讲座等，吸引了大量社区居民参与。

（2）巴黎地铁文化节

在巴黎市政府联合地铁公司举办的"巴黎地铁文化节"上，不仅有专业的导览员带领居民和游客参观地铁站点，介绍地铁的历史、建筑特色、文化故事，同时还在社区周边设置寻宝游戏或探索任务，鼓励参与者深入了解地铁与周边社区的联系。

图 2　Balsley 社区公园

资料来源：https://mp.weixin.qq.com/s/vxjZQTTxbe4oS9Sl6PiGOQ。

在当今社交媒体盛行和信息传播快速发展的背景下，社区交流成为城市轨道交通运营服务品牌与公众之间密切互动和有效沟通的手段。社区交流能够帮助城市轨道交通运营企业了解公众需求、解决公众问题，与公众建立起紧密联系，同时传递品牌价值观，构建积极正面的品牌形象，提升城市轨道交通运营服务品牌的认可度。

2. 人文文化融合

在当今社会，城市轨道交通运营服务品牌文化的设计已经不仅仅局限于商业层面，而且逐渐融合进历史文化、主流价值文化和社会发展方向，文化活动和人文价值的融入也让运营品牌更具影响力。

（1）铭牌海报设计

伦敦贝克街车站站台上的特制铜牌上镌铭文"此站台系 1863 年世界第一条地铁的一部分"。"国王十字车站"（King's Cross）作为交通枢纽早已闻名遐迩，加之电影《哈利·波特》在此取景，成为世界各地游客尤其是影迷们到伦敦的必游景点，自然而然地融入这座城市独特的人文历史景观中。

（2）站名识别设计

巴黎地铁公司设专人研究历史，旨在为站点选择富有历史意义的名称。例如，位于 3 号线的 Louise Michel 站，以法国工人阶级和女性权力斗争的重要人物 Louise Michel 的名字命名，体现了巴黎地铁对历史人物及其贡献的尊重；同样位于 3 号线的 Simone Veil 站，以纳粹幸存者、欧盟第一位女主席 Simone Veil 的名字命名，她的生平事迹与女性权益紧密相关，这个站名也传递了女权主义的思想。此外，巴黎地铁的站名还经常与当地的文学、艺术、历史事件等相联系，如 11 号线的 Goncourt 站，其名称来源于法国著名的龚古尔文学奖，这种命名方式使地铁成为一个移动的"文化课堂"。[①]

（3）品牌价值延伸

伦敦与巴克莱银行合作推出的"伦敦自行车"（Cycle Hire）计划，其标志图形、字体系统等设计，俨然是对百年品牌识别的再演绎。在旅游纪念品商店里，伦敦地铁品牌标志以及线路图等相关图案素材被广泛应用在各种纪念品的设计上。伦敦地铁品牌及线路图与英国女王头像相结合，推出专门的纪念邮票。伦敦地铁的品牌形象已提升为城市形象乃至英国人文历史的代表与象征，其品牌沟通力远远超越地铁品牌范畴。[②]

图 3　"伦敦自行车"标志

资料来源：https：//www.iriding.cc/community/topic/detail/12151。

这些内容帮助城市轨道交通运营服务品牌在与公众交流的过程中传递更多的人文关怀和文化价值，品牌文化与社会价值的高度结合也推动了公共交通和社会的共同发展。

---

① https：//zhuanlan.zhihu.com/p/652526321.
② 娄文冰：《城市地铁品牌识别的整合传播设计与人文价值积淀——从伦敦到东京、香港》，《装饰》2012 年第 11 期。

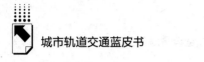

3. 艺术形式创新

当今城市生活中，地铁乘客已不再仅仅满足于基本的出行体验，他们更加渴望获得丰富的视觉享受、文化体验和情感共鸣。

（1）地铁特色列车

纽约地铁自 2003 年推出假日怀旧列车，该列车在每年的 11 月和 12 月的星期日运行。特别地，在 2011 年至 2023 年，列车还扩展至周六运行。

（2）壁画涂鸦艺术

20 世纪 70 年代以来，涂鸦和壁画在纽约逐渐成为一种艺术形式。著名波普艺术家 Keith Haring 曾用粉笔在地铁站台上标记空白广告牌。2014 年，艺术家 London Kaye 用针织面料包裹金属手杆，对列车进行了"纱线轰炸"。2019~2020 年，布朗克斯博物馆举办了一场涂鸦地铁车厢展览。①

（3）艺术生活活动

莫斯科地铁作为一座融合了历史、文学、艺术与时尚的地下空间，不仅承担着日常交通的功能，还时常成为各类艺术表演和文化活动的舞台。在莫斯科地铁中，音乐厅、图书馆、舞蹈、时装秀等艺术形式一应俱全，成为艺术爱好者的天堂。例如，纪梵希曾在索科尔地铁站举办了一场时装秀，英国时尚教父亚历山大·麦昆出席了该活动。

1986 年，美国作家 Judith Chernaik 首次提出"地下诗歌"计划，在伦敦地铁车厢中展示一系列诗歌史诗。地下诗歌计划得到伦敦交通局、英国艺术委员会和英国文化协会的支持，它宣传了若干古典、当代和国际作品，并激发了从纽约到上海等世界各地城市的类似计划。

在融合了历史、文学、艺术与时尚的地下空间内，类似的艺术形式可以为乘客带来丰富多样的体验，在满足乘客对文化、艺术和个性化需求的同时，也为品牌赢得了更多的认可和忠诚度。

4. 外界创作宣传

城市轨道交通运营服务品牌文化建设逐渐将流行文化、游戏、电影电视

---

① https：//zh. wikipedia. org/zh-cn/%E7%B4%90%E7%B4%84%E5%9C%B0%E9%90%B5.

节目、文学等元素融入其中，并用广告宣传的方式来传播品牌理念和吸引乘客。

（1）品牌广告联动宣传

《纽约时报》在纽约通过改装运行于时代广场与中央车站间的 S 列车，以多彩图案和 slogan 装饰地铁站阶梯与车厢外壳，并按专栏内容着色，为推广"A Times"线上订阅服务打造沉浸式地铁营销，如"游戏"车厢挑战单词联想，"烹饪"车厢扫码享食谱等。

图 4　《纽约时报》在纽约地铁推广"A Times"

资料来源：https：//www.digitaling.com/projects/259195.html？plat=ios。

地铁与品牌广告多样又富有创新性的联动宣传以及趣味性的互动设计，成功地吸引了乘客的关注，提升了地铁与合作品牌的形象和影响力。

（2）文娱中的地铁元素

地铁元素经常出现在影视作品中，例如，Skyfall，Death Line 等电影和电视节目，英国作曲家 Daniel Liam Glyn 还发行了基于伦敦地铁网络 11 条主要地铁线路的概念专辑 Changing Stations。此外，许多游戏中也不乏地铁元素，伦敦地铁莫宁顿新月站有与其相关的概念游戏和棋盘游戏；1999 年，卡尔顿电视台首播了一个游戏节目（仅限大伦敦地区），被称为 Mind the Gap。[①]

通过与现代文娱相结合，品牌可以打造独特的文化体验，赋予地铁更多的生动性和情感共鸣，从而实现品牌与乘客的深度互动。同时，通过广告宣传手段，品牌可以提升知名度和影响力，达到品牌建设的目标。

---

①　https：//zh.wikipedia.org/wiki/%E4%BC%A6%E6%95%A6%E5%9C%B0%E9%93%81.

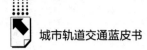

如今，城市轨道交通已经成为一个国家综合国力、城市经济实力、人民生活水平现代化的重要标志。国内外许多城市已经将城市轨道交通的品牌形象设计与文化建设作为推动城市发展和塑造城市形象的重要途径。通过品牌形象设计，城市轨道交通运营企业将地铁与城市特色相结合，为乘客提供生动而富有创意的出行体验，使其留下深刻的品牌印象；在品牌文化建设中，城市轨道交通运营服务品牌则走进生活，通过艺术、文化和传统元素的融入以及文娱宣传，为乘客创造独特的文化价值观体验和情感共鸣窗口，进一步加深其品牌认同感。这对我国建设先进的城市轨道交通运营服务品牌具有参考意义和借鉴价值。

三 国际先进服务品牌运营质量与乘客体验

在全球化和城市化进程不断加速的今天，地铁系统作为城市公共交通的中坚力量，不仅承担着大量的客流运输任务，还肩负着提升城市生活质量和形象的重要使命。运营质量与乘客体验是地铁服务品牌建设的核心指标，也是衡量一个城市地铁系统先进程度的关键要素。国际典型城市在这些方面的表现尤为突出，旨在通过严格的运输效能、可靠性、安全性管理，完善的无障碍设施和便民设施建设，以及高效的意见反馈机制，打造具有国际先进水平的服务品牌。

（一）运营质量保障

1. 运输效能

运输效能是指在既定条件下城市轨道交通所发挥的运输能力和效率，从而达到快速有效地运输城市轨道交通乘客的目标。高运输效率有利于缩短乘客候车以及在车厢内的旅行时间，高运输能力有利于在一定时间内运输更多乘客。因此，为不断提升运营服务质量，国际先进服务品牌致力于保障地铁网络的整体运输效能，大多围绕优化服务时间、运行速度、发车频率等方面展开。

（1）服务时间

部分国际先进城市轨道交通运营服务品牌延长运营服务时间，提升城市轨道交通夜间竞争力，推出了24小时运营服务。例如2016年伦敦地铁在维多利亚线和中央线推出此项服务，[①] 夜间地铁于周五和周六晚上在中央线、千禧线、北线、皮卡迪利线和维多利亚线运行。在夜间服务期间，所有车站仍然有伦敦地铁员工值班，工作人员随时待命帮助乘客解决问题。此项服务将乘客夜间旅行时间平均缩短了20分钟至一个多小时不等，并且在促进伦敦夜间经济发展方面发挥了至关重要的作用。[②]

（2）运行速度

为了追求更高的运行速度，国际先进运营服务品牌不断升级信号系统。伦敦地铁正在改造环状线、区域线、汉密史密斯及城市线、大都会线，这将使伦敦地铁运行更可靠、出行更快、更舒适。新信号系统运行的区域（截至2023年3月）覆盖了62公里轨道沿线的62个车站和4个复杂路口，包括完整的环状线和汉默史密斯及城市线以及区域线的东端。新系统已经为运行速度带来了一定程度的提升，2022年9月，伦敦地铁推出了新的时刻表，将纪念碑、富勒姆百老汇、侯爵宫和帕丁顿之间的环线和区域线的旅行时间平均缩短了约5%；2021年9月以来，汉默史密斯和阿尔德盖特之间的旅行时间缩短了约10%，显著提升了乘客的出行效率。

（3）发车频率

为了减少乘客的等待时间、提高运输能力，国际先进城市轨道交通服务品牌提供频繁的发车服务。哥本哈根地铁的无人驾驶列车间隔不到两分钟，最短可达90秒，多次被评为世界上最好的地铁。[③] 哥本哈根地铁高频率发车满足了乘客的出行需求，频繁的服务意味着乘客几乎不需要在车站长时间等待，使哥本哈根地铁成为一种方便可靠的出行选择。

综上，国际上的先进城市轨道交通运营服务品牌大多围绕服务时间、运

① https：//en. wikipedia. org/wiki/London_ Underground#Infrastructure.

② https：//tfl. gov. uk/modes/tube/tube-improvements? intcmp＝1251.

③ https：//m. dk/om-metroen/metroens-koncept/.

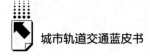
行速度、发车频率等方面来保证运输效能，对减少乘客在站台的等待时间、减少乘客的旅行时间、提升一定时间内乘客运输数量发挥了积极作用。

2. 可靠性

轨道交通系统每天承担着大运量、高强度的运输任务，为城市居民日常生活与出行提供了巨大便利，带来了大量的社会效益和经济价值。因此，国际先进城市轨道交通服务品牌对系统可靠性提出了非常严格的要求，下文将通过准点率、运营稳定性来说明城市轨道交通运营服务的可靠性。

（1）准点率

准点率是乘客关心的重点，也是最直观反映可靠性的指标。国际先进城市轨道交通运营服务品牌十分重视保障高准点率，例如，莫斯科地铁准点率高达99.98%。[①] 为了确保准点，值班站长会定期检查时刻表。如果火车偏离时刻表，值班站长会立即向位于市中心的控制中心报告。地铁调度员密切关注所有列车，以便及时应对。莫斯科抛弃了原有的容易发生故障的线路转换系统。12条莫斯科地铁线完全独立运行，每条线都有各自特有的路线，即使在地铁线交叉口，列车也会运行在不同的轨道上。某条线路延误不会影响其他线路。正是准时、高质量的运输服务使莫斯科地铁广受欢迎，在运输领域保持领先地位。[②]

（2）运营稳定性

运营稳定性是另一个反映可靠性的指标，以哥本哈根地铁为例，哥本哈根地铁没有实际的时刻表，而是依据列车之间的固定时间间隔来运行。地铁的运营稳定性是通过所有车站的实际出发次数与预定出发次数的比值来计算的。[③] 2023年哥本哈根地铁运营稳定性始终保持高水平，高峰时段的运营稳定性为99%。

综上，国际上的先进城市轨道交通运营服务品牌十分重视准点率和运营稳定性的提升，因为这将最直接地影响服务质量，可靠性达标是提升地铁在

① https://m.dk/om-metroen/metroens-koncept/.

② https://www.sohu.com/a/545313142_516458.

③ https://m.dk/om-metroen/metroen-i-tal/.

城市运输服务中核心竞争力的重要前提之一。

3. 安全性

安全是城市轨道交通运营的基础,保证服务的安全性也是城市轨道交通运营服务品牌实现高质量发展的首要前提。城市轨道交通运营安全主要包括线路列车安全、安全事故预防和应急救援方面。

(1)线路列车安全

国际先进城市轨道交通运营服务品牌致力于提供安全的列车服务,这对于乘客享受顺畅舒适的出行至关重要。哥本哈根地铁列车符合最严格的安全要求,列车的所有重要系统都受到双重保护,当某个功能失效,将启动替换功能。地铁采用无人驾驶,由全自动控制系统进行控制,该系统用于监控运行,充当自动驾驶仪并在发生故障时进行干预。由于这种自动控制系统的使用,人为失误的风险被降至最低。所有列车上都有全天候的视频监控和呼叫点,乘客可以与地铁工作人员取得联系。此外,地铁配备了全自动关门系统,车门被异物卡住时会立即停止关闭,直到车门关闭并锁定,地铁才会运行。①

(2)安全事故预防

预防安全事故发生的手段针对的对象主要有三类,分别是设施设备及建筑、乘客、工作人员。

针对设施设备及建筑,消防安全一直是重中之重。为了防止地铁火灾,哥本哈根地铁的列车和车站都是由耐火材料建造的,这些材料在点燃时只会产生极少且无毒的烟雾。与此同时,地铁还配备了自动火灾报警器和灭火器。如果发生事故,将有明确的应急响应,并且,地铁公司会定期举行全面演习。②

针对乘客,巴黎地铁采用了多种宣传手段,以确保巴黎地铁系统的安全。一方面利用安全标志与公告,巴黎地铁在所有地铁车站和列车内张贴明

① https://m.dk/om-metroen/metroens-koncept/togsystemet/.
② https://m.dk/om-metroen/metroens-koncept/togsystemet/.

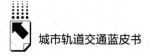

确的安全标志和公告，告知乘客紧急出口的位置、安全逃生路线和应急设备的位置；另一方面开展宣传活动与互动教育，巴黎地铁定期在车站内组织安全宣传活动，向乘客提供关于地铁安全和应急响应的教育材料。

针对工作人员，伦敦地铁通过增设警力提升威慑作用，增加在地铁中巡逻的人数和频率，并配备一定数量的警犬辅助及时发现非法材料和物资。此外，所有的员工都接受过相关的培训，可以应对异常情况并及时联系控制室和警方。[①]

（3）应急救援

安全事故的发生无法杜绝，因此，发生安全事故后的应急救援措施至关重要。地铁是支撑交通的重要基础设施，应致力于完善发生安全事故后减轻损害的措施，并快速实现运营恢复。

纽约地铁有一套完整的应急预案，涵盖火灾、恐怖袭击、列车故障等各种突发情况。预案包括详细的应对步骤、部门职责和协作机制。纽约地铁的指挥中心在事故发生后会立即启动应急响应程序。指挥中心负责实时监控地铁系统，协调救援和指挥列车、站点工作人员的行动。发生重大安全事故时，指挥中心会立即命令相关列车停运，切断电力，并隔离事故区域，防止进一步的危害扩散。同时，指挥中心协调应急疏散行动。此外，纽约地铁会迅速与警察局、消防局等应急响应部门沟通共享信息，确保跨部门的协调和合作，并在事件现场建立联合指挥中心。应急医疗团队会在现场设立临时医疗站，为受伤乘客提供急救和医疗支持，严重伤员会被迅速转送至附近的医院接受进一步治疗。在大规模事故发生后，纽约地铁和纽约市政府会为乘客和地铁员工提供心理辅导，帮助他们应对心理创伤。[②]

地铁安全直接关系到广大人民群众的出行安全、生命财产安全。保障地铁安全运行是城市轨道交通服务品牌的责任和义务。国际先进城市轨道交通运营服务品牌大多针对线路列车安全、安全事故发生前的预防、安全事故发

① https：//tfl. gov. uk/travel-information/safety/staying-safe? intcmp=5437.

② New York City Subway Safety Assurance, https：//new. mta. info/safety-and-security.

生后应急救援这三点进行安全性建设。

4.信息化

信息化是城市轨道交通运营服务品牌建设的必然趋势，可以为乘客提供更加舒适便捷的出行体验。国际先进城市轨道交通运营服务品牌针对票务和用户界面两个方面重点进行了信息化建设。

（1）票务信息化

纽约地铁的票务系统已经实现高度信息化，旨在提升乘客购票和乘车体验、减少拥堵，并提供更加便捷的支付方式。纽约大都会运输署通过新的票务技术和系统，逐步淘汰传统纸质地铁卡，转向更加智能化的票务系统。

OMNY系统是MTA推出的全新无接触支付系统，图5所示是安装了OMNY读卡器的闸机，它允许乘客使用信用卡、借记卡、智能手机和智能手表等设备直接刷卡进站，无须单独购买地铁票。OMNY系统兼容各种支付方式，包括Visa、Mastercard、American Express、Discover等，并支持多种国际支付卡，为国际游客提供了便利。OMNY系统记录了乘客的进出站数据、支付模式和出行时间，MTA可以利用这些数据进行大数据分析，优化地铁线路和班次安排，改善服务质量。通过MTA的官方应用程序和网站，乘客可以实时查询车票余额、充值情况、乘车历史等信息，这极大地便利了日常通勤。通过OMNY系统及其他票务信息化措施，纽约地铁进一步提高了票务管理的效率并为乘客提供更加便捷的服务，为未来的智慧城市发展奠定了坚实基础。[1]

（2）用户界面信息化

为了提升乘客体验和运营效率，国际先进城市轨道交通运营服务品牌关注乘客界面信息化水平的提升。这些信息化界面包括车站和车厢内的电子显示屏、自动售票机、手机应用程序、网站以及其他数字化设施，提供实时交通信息、票务服务、安全提示等内容。

新加坡地铁为乘客提供智能信息显示与动态导航，车站和车厢内安装了

---

[1] OMNY Introduction，https：//zh. wikipedia. org/wiki/OMNY.

图 5 安装了 OMNY 读卡器的闸机

资料来源：https：//omny. info/。

显示屏，显示实时列车到达时间、换乘信息、安全提示等。车站内还设置了动态导航系统，帮助乘客快速找到出口、洗手间、商店和换乘路线。另外，新加坡陆路交通管理局（LTA）推出的官方应用程序"MyTransport. SG"为乘客提供地铁服务状态、路线规划、车站设施、票价信息等一站式服务，图6为该应用程序界面，结合了增强现实（AR）技术，帮助乘客更直观地找到目的地。[①]

国际先进城市轨道交通运营服务品牌在票务信息化以及乘客界面信息化建设中不断完善和创新，为乘客带来了更便捷的票务服务以及更详细、及时的引导信息，同时促进了当地城市轨道交通智能化发展。

5. 接驳交通

城市轨道交通是公共交通系统的骨干线，主要运输中长距离出行的客流。常规公交作为公共交通系统的主体，线路布设较为灵活，是城市轨道交通主要

---

① https：//www. lta. gov. sg/content/dam/ltagov/Home/PDF/MTM. pdf.

图 6 "MyTransport. SG" 应用程序界面

资料来源：https：//play. google. com/store/apps/details？ id = sg. gov. lta. mytransportsg&hl＝en_ SG&pli＝1。

接驳的公共交通方式，可有效填补轨道交通网络中公共交通服务的空白。

接驳巴士旨在将乘客从车站运送到住宅区或商业区，以便公共交通系统可以覆盖更多区域。例如，迪拜地铁在每个地铁站均设置了接驳巴士站点，方便乘客在此换乘巴士。值得关注的是，在迪拜乘坐接驳巴士的票价已包含在总票价中，但必须在30分钟内从地铁换乘巴士，票价才能涵盖巴士费用。此外，接驳巴士的路线图也可以在巴士站和一些较大的地铁站领取。

国际先进城市轨道交通运营服务品牌将接驳巴士作为重要建设环节，利用公交的有效衔接充分发挥轨道交通运输能力，提升轨道交通出行服务水平，从而提升城市轨道交通运营服务品牌竞争力。

图7　迪拜地铁接驳巴士

资料来源：https：//dubai-metro.me/feeder-buses。

（二）乘客体验保障

现代城市地铁系统不仅是城市交通的命脉，更是乘客日常出行的重要组成部分。为了提升乘客的出行体验，各地地铁公司不断优化和升级服务，从无障碍设施建设、便民设施配置、清洁与舒适性管理以及乘客意见反馈与权益保障等多方面入手，力求为乘客提供一个安全、便捷、舒适的出行环境。

1.无障碍设施

随着社会对无障碍环境需求的不断增加，国际上许多城市在地铁系统中不断提升无障碍设施水平，以确保所有乘客都能平等、便利地使用公共交通工具。以下将从车站设施和车内设施两个层面，介绍国际先进城市地铁系统在无障碍设施建设方面的相关案例，并探讨其应用效果。

（1）车站设施

伦敦所有的轻轨车站以及近半数的地铁站已经实现全电梯无障碍通

行，伦敦地铁还在售票处和部分站台安装了助听环系统，[①] 以便听障人士获取语音信息。2016 年以来，伦敦地铁伊丽莎白线和北线延伸段的 21 个车站已实现无梯式设计（Step-free Stations）。目前，大伦敦地区轨道交通网络（包括地铁、码头区轻轨、地上铁、有轨电车等）站点中有一半以上（51%）采用无梯式设计。2021 年，相对于整个轨道交通网络而言，只使用无梯式轨道交通所需的平均额外行程时间减少到 7.3 分钟，比上年减少了 12%。[②]

在适老化方面，巴黎地铁和东京地铁等一些人口老龄化城市地铁也在进一步研究适老化导视设计。东京地铁导视系统的设计清晰明了，有一套较为规范的设计原则，并且对于弱势群体的导视系统设计也是各国参考的典范。欧美国家一直倡导老人独立生活运动，关注老人"移动的尊严"，因此在其地铁导视系统设计上也更加注重对老年人群的人文关怀。[③] 国际地铁适老化导视系统也逐渐向简洁便捷、多形式展示的设计理念发展。

（2）车内设施

国际上各城市针对地铁列车无障碍服务的设计主要考虑了轮椅使用者和视听障碍人士等特殊乘客的乘坐需求，从列车座椅设置、车厢分类、让座规定等方面进行无障碍设施的建设。

伦敦地铁向残障人士发放"请给我一个座位"的徽章与卡片，以帮助这类乘客更容易地找到座位，并在列车内安装便于轮椅使用者请求帮助的无障碍按钮；[④] 迪拜地铁在车内设施方面同样作出全面的改进，车厢内轮椅使用者的专用空间以及为视障人士提供的对比触觉指导和闪灯信号，展示了迪拜在无障碍设施方面的先进设计。此外，迪拜地铁还设有女士、儿童专属车厢，车厢内设有额外空间，以容纳折叠式婴儿车。[⑤] 这种人性化的设计不仅

[①] London Transport accessibility, https：//tfl. gov. uk/transport-accessibility/.

[②] 伦敦交通局：《伦敦出行报告》，2022。

[③] 杜艳春：《地铁导视系统的适老化服务设计研究——以武汉地铁为例》，武汉理工大学硕士学位论文，2020。

[④] https：//tfl. gov. uk/modes/tube/tube-improvements？ intcmp=1251.

[⑤] https：//www. visitdubai. com/zh/articles/guide-to-dubai-metro.

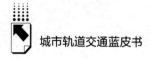

满足了残障人士的需求，也为女性乘客提供了更加舒适的出行选择，体现了迪拜地铁对不同群体乘客需求的全面考虑。

图 8 伦敦地铁"请给我一个座位"徽章

资料来源：https：//www.bbc.com/news/uk-england-london-42427867。

国际上各城市在提升地铁系统的无障碍服务水平方面都作出了巨大努力，这些措施不仅改善了残障人士和有特殊需求乘客的出行体验，也为所有乘客提供了更加安全、便利的交通环境。

2. 便民设施

地铁系统不仅是城市交通的重要组成部分，更是城市生活质量的体现。为了提升乘客体验，许多国际大都市在地铁系统中引入多样化的便民设施，涵盖了 WiFi 和数据信号覆盖、商业化设施建设、物业开发以及国际乘客出行等方面。下文将从这些角度介绍国际典型城市地铁进行便民设施建设的相关案例，并探讨其应用效果。

（1）WiFi 和数据信号覆盖

在提升乘客的数字化体验方面，伦敦等城市的地铁系统作出积极努力。伦敦地铁在所有地铁站内提供免费 WiFi 服务，并计划将这一服务扩展到地铁隧道中，使乘客在列车运行期间也能保持联网状态。目前，伦敦地铁所有地铁站售票厅、站台和隧道均将实现不间断的 4G 和 5G 移动信号覆盖。到 2024 年底，约 80% 的地铁站（约 220 个车站）将实现网络连接。[1] 这些城

① https：//tfl.gov.uk/campaign/station-wifi#on-this-page-1.

市通过提供稳定且高速的网络连接，大幅提升了地铁系统的数字化水平。

（2）商业化设施建设

在商业化设施建设方面，新加坡和巴黎地铁系统均展现了出色的规划和执行能力。新加坡地铁在地铁站内设有各种商业设施，包括便利店、餐馆和自动售货机，方便乘客在出行过程中满足日常需求。[①] 此外，巴黎地铁在主要地铁站内设有书店、咖啡馆和其他零售店，为乘客提供了一个舒适的候车环境和丰富的购物选择。[②] 这些商业设施的引入，不仅提高了地铁站的利用率，还增强了地铁系统的吸引力，增加了地铁公司的收入。

（3）物业开发

在物业开发方面，新加坡地铁公司通过与地产开发商合作，充分利用地铁站周边的资源进行开发，取得了显著成效。新加坡地铁公司通过开发"综合交通枢纽"，将地铁站与购物中心、办公楼和住宅楼无缝连接，提供了一站式的生活和工作场所。[③] 这些物业开发项目不仅提升了公司的盈利能力，还为城市的经济活力和可持续发展作出了贡献。

（4）国际乘客出行

在国际乘客出行方面，韩国首尔地铁采取"一线一色"的方法，这种方法可保证乘客根据颜色准确地选择线路，避免乘客在地铁站内不必要的滞留。同时，车站的名称也更加国际化，方便其他国家乘客乘车，各标识也均有不同的语言版本，最大限度地满足了不同国家人群的需要。[④] 这些措施充分保障了视觉标识的醒目性，从而引导国际乘客快速进出车站，更加方便出行。

各国在提升地铁系统便民性和现代化水平方面采取的措施不仅改善了乘客的出行体验，也为城市的可持续发展提供了重要支持。这些成功的经验和

---

① https：//www.smrt.com.sg/Kaizen/Kaizen-For-Service/Communities/Communities-In-Stations.

② https：//www.ratp.fr/en/tickets-and-fares/points-sales.

③ https：//www.lta.gov.sg/content/ltagov/en/upcoming_ projects/road_ commuter_ facilities/integrated_ transport_ hub.html.

④ 李宁川：《地铁站乘客引导标识优化设置研究》，西南交通大学硕士学位论文，2016。

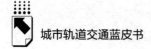

做法，值得全球其他城市地铁系统学习和借鉴，共同推动地铁便民设施的进步和发展。

3. 清洁和舒适性

地铁系统的清洁和舒适性对于提升乘客的出行体验至关重要。国际上许多城市通过有效的清洁管理、通风与空气质量控制、空调与温度控制等措施，确保地铁环境的卫生和舒适。下文将介绍斯德哥尔摩、悉尼、多伦多等城市在这些方面的典型案例，探讨其具体做法及应用效果。

（1）车站和车厢清洁

在全球各大城市地铁系统中，车站和车厢的清洁工作至关重要。悉尼地铁拥有全天候的清洁团队，不仅定期进行深度清洁，还在车站设置了自助消毒站，方便乘客使用。[①] 多伦多地铁则实施了严格的清洁标准，每天多次清洁车站和车厢，并在高接触区域增加消毒频次。[②] 这些城市通过严格的清洁管理措施，确保地铁系统的环境卫生，为乘客提供了更加舒适的出行体验。

（2）通风与空气质量控制

通风与空气质量控制是确保地铁环境舒适的重要环节。斯德哥尔摩地铁采用了天然通风系统和绿色植物墙，有效改善了空气质量，增加了车站内的绿色环境。印度德里地铁安装了空气处理机组和轨道排气扇上的变频驱动器，为车站提供了舒适的室内气候条件和更好的空气质量。[③] 这些城市的地铁系统通过多样化的通风与空气质量控制措施，确保了乘客处于空气清新的环境中。

（3）空调与温度控制

为了应对不同季节的温度变化，伦敦和多伦多等地的地铁系统在空调与温度控制方面做了大量工作。伦敦地铁致力于为乘客提供四季舒适的出行环

---

① https://www.rdfm.com.au/services/transport-cleaning-sydney/.

② https://www.ttc.ca/covid-19/keeping-the-ttc-safe-and-clean.

③ https://timesofindia.indiatimes.com/city/delhi/metros-combat-plan-less-cooling-more-of-fresh-air/articleshow/76099609.cms.

图 9　斯德哥尔摩地铁绿色植物墙

资料来源：https：//www.zcool.com.cn/work/ZMjkwMjY1Mg==.html。

境，全年保持车厢温度在 26℃ 及以下，并将轻轨列车上的空调故障减少到每月三次以下。[1] 多伦多地铁通过精细的温度控制系统，根据车厢内外的温度变化自动调节空调温度，保持车厢内的适宜温度。[2] 这些城市通过先进的温度控制技术，确保了地铁环境的舒适性，为乘客提供了良好的出行体验。

国际上各典型城市在提升地铁系统卫生和舒适度方面采取的措施不仅改善了乘客的出行体验，也为其他城市地铁系统提供了有益的借鉴。未来，我国地铁可以参考这些成功经验，在清洁管理、空气质量控制和温度调节等方面进一步提升服务水平，为乘客提供更优质的出行环境。

4. 乘客意见反馈与权益保障

现代地铁系统不仅要确保运营的高效和安全，还需要重视乘客的反馈与权益保障。通过建立有效的沟通渠道、处理乘客意见以及提供补偿措施，全球各大城市的地铁系统在提升乘客满意度和信任度方面作出了积极的努力。

---

① https：//zh.wikipedia.org/wiki/%E4%BC%A6%E6%95%A6%E5%9C%B0%E9%93%81.

② https：//www.bcbay.com/news/2017/05/16/494830.html.

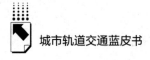

下文将介绍伦敦、新加坡、温哥华等城市在这些方面的典型案例，并探讨其具体做法及应用效果。

（1）乘客沟通渠道

伦敦地铁在每个地铁站和车厢内设置了反馈表和意见箱，方便乘客填写和提交。此外，伦敦地铁还开设了24小时服务热线，确保乘客在任何时间都能与地铁运营方取得联系。[1]

（2）乘客意见处理

新加坡地铁引入"服务质量保证计划"，确保所有收到的意见和投诉都能在7天内得到回复。[2] 温哥华地铁引入"乘客满意度调查"机制，确保乘客的问题及时得到反馈。[3] 哥本哈根地铁定期委托外部分析公司进行独立的客户满意度调查，通过对M1/M2和M3/M4路线上随机选择的乘客进行个人访谈的方式，助力运营公司继续确保其乘客对城市轨道交通运营服务品牌的满意度。[4]

（3）乘客权益补偿

在乘客权益受损的情况下，各城市地铁系统也提供了多种补偿措施。墨尔本地铁和有轨电车晚点时间过长时，使用Myki卡的通勤者将有权要求免除乘车费用。[5] 温哥华地铁在发生服务中断时，会迅速安排替代交通工具，同时为受影响的乘客提供赔偿。

国际上各典型城市地铁系统在乘客沟通渠道、意见处理和权益补偿等方面都采取了积极有效的措施。这些措施不仅提高了乘客的满意度和信任度，也为其他城市地铁系统提供了有益的借鉴。未来，中国地铁可以参考这些成功经验，在乘客沟通、意见处理和权益保障方面进一步提升服务水平，为乘客提供更优质的出行体验。

① https：//tfl. gov. uk/help-and-contact/.

② https：//www. smrt. com. sg/contact-us/.

③ https：//www. translink. ca/about-us/customer-service/feedback.

④ https：//m. dk/om-metroen/metroen-i-tal/kundetilfredshed/.

⑤ https：//www. chinaqw. com/hqhr/2019/04-10/219923. shtml.

四 典型城市轨道交通运营服务品牌建设案例

（一）中国香港

1. 品牌形象设计

（1）标识设计

自 1975 年成立以来，香港铁路有限公司（MTR）凭借高效、便捷的铁路交通网络，不仅塑造了香港独特的都市景观，更深刻影响了广大市民的日常出行。港铁公司的核心业务是以香港地区为主的公共交通运输服务，其品牌标志图案如图 10 所示，该图案主要有以下两层含义：①上下的两个半圆环，分别代表九龙半岛与港岛的地理特征，中央贯通的竖线则象征了跨越维多利亚海港的"贯通、联系"，同时也表示城市轨道交通的两个车站与其营运区间；②深红椭圆色块与反白线条的整体组合颇似一枚"阴刻白文"的汉字闲章，该图案不仅颜色与中国红颜色一样，而且字形与中国的古体"寿"字类似，取平安吉祥之意。

图 10 香港地铁标识

资料来源：https：//www. mtr. com. hk/ch/customer/main/index. html。

（2）车站设计

香港地铁不仅承载着城市的流动与活力，更以独特的设计美学，成为展现香港多元文化的又一窗口。将地域特色、文化象征融入每个站点中，让乘客感受到香港独有的韵味。其中，东铁线、荃湾线与港岛线便是这一设计理念下的杰出代表。

东铁线的车站设计结合其地标特点融入不同的花卉元素：红磡站作为香

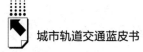

港城际客运铁路总站，以香港特别行政区区花紫荆花为主题；太和站以黄色的牡丹花为主题等，车站设计各具特色、易于识别，为乘客出行增添了趣味性。荃湾线车站设计则融入了色彩元素：用不同颜色的马赛克作墙壁贴面，如太子站的淡紫色、旺角站的红色和灰色以及尖沙咀站的黑色和黄色。类似地，港岛线在以不同色彩区分车站的基础上，还结合了色彩联想与象征意义，与车站名称相辅相成。例如，彩虹站的站台立柱用七色马赛克装饰，成为多部港产电影和电视剧的热门拍摄地点。①

图11　香港地铁车站马赛克墙壁贴面

资料来源：https://www.rail-stdaily.com/newsinfo/1345470.html?templateId=1133604。

2. 品牌文化建设

（1）社区交流

作为加强社区联系与促进健康福祉的典范，港铁公司不断创新公益合作模式，其中"港铁竞步赛"尤为引人注目。自2005年起，港铁公司与香港业余田径总会共同举办"港铁竞步赛"，所筹得的善款将用作推动小区健康

---

① 燕敏：《地铁导视系统的色彩创意设计研究——以香港地铁为例》，《美与时代》（上）2014年第4期。

教育，并为医管局慈善基金筹集资金。[①] 该活动在 2005 年吸引了 800 多名参与者，2012 年吸引了 1500 名参与者，参与者中不仅有香港人，还有来自不同国家的运动员。2005~2016 年，活动通过慈善基金为健康资讯天地募得超过 1400 万港元，先后资助了"理想 BMI"防病工程健康推广项目和健康资讯天地改善工程两个大型项目。

（2）文化融合

港铁公司通过在地铁站内开展创新文化项目，推动了城市文化多样性，促进了城市地铁与文化的融合。例如，港铁公司在红磡站推出名为"站见铁路展"的全新铁路体验馆，展出多款退役列车和部件以及一系列铁路珍藏。该体验馆以"站见"（在车站相见）为主题，设有三大展区。每个展区均有独特的主题和内容，融入历史、教育和休闲元素，让参观者从多角度了解铁路的发展并感受铁路文化。

图 12　香港地铁"站见铁路展"

资料来源：https://stationrailvoyage.mtr.com.hk/event/3027。

---

① https://www.ha.org.hk/visitor/ha_ visitor_ text_ index.asp? Content_ ID = 225158&Lang = CHIGB.

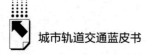
（3）艺术创新

在提升公共交通空间文化价值及乘客体验方面，港铁公司自 1998 年起实施了一项名为"港铁艺术计划"的举措。该计划旨在通过艺术手段丰富乘客的出行体验，促进艺术与城市公共交通的深度融合。

港铁艺术计划实施以来，港铁站成为艺术与日常生活交会的多元空间。该计划不仅引入现场表演、艺术展览等多种形式，还广泛接纳知名艺术家、新兴创作者、学生及幼儿的艺术作品，展现了艺术参与性和包容性。以机场快线九龙站的港铁画廊为例，该画廊通过一系列精心设计的艺术作品，如标志性马赛克墙港铁"票务万花筒"和新设计的"T Chai's Hong Kong Adventure"巨型主题墙，生动展现了港铁的发展历程、现状与未来愿景，为参观者提供了一个深入了解港铁文化的独特视角。

图 13　香港地铁"票务万花筒"马赛克墙

资料来源：https：//www.mtr.com.hk/archive/corporate/en/press_release/PR-23-081-E.pdf。

3. 运营质量保障

港铁公司始终秉持以乘客需求为核心的原则，不断优化运营策略，致力于为乘客提供安全高效的出行体验。

（1）运输效能及可靠性

港铁公司定期审查列车时刻表，旨在为乘客提供最大便利，此理念贯穿运营全程，从调度到站点服务均体现了对乘客需求的重视。公司承诺确保至少 99.5% 的列车可靠性，展现了运营自信及对乘客的承诺。自 2007 年合并以来，港铁保持 99.9% 的准点率，成为全球最高效的主要公共交通网络之一。①

（2）安全性

港铁公司在地铁运营维护上实施严格的维护策略，确保列车高标准运行，提供安全可靠的服务。公司承诺每百万公里故障率低于一次（不含轻轨）。面对重大故障，尤其是可能导致服务中断超 20 分钟的故障，港铁将迅速响应，以最快速度恢复服务，从而最大限度地减小对乘客出行体验的影响。

在乘客安全教育上，港铁推行多元化宣传活动，提升公众安全意识，如通过自动扶梯安全海报广泛宣传。同时，制定严格附则，禁止携带易燃物、强闯车门等危险行为，并予以严厉法律制裁，强化规则执行。

员工安全管理方面，港铁增加警力部署，加强车厢及车站巡逻，设立警察哨所快速响应。香港警务处设立铁路区，专门管理港铁系统安全，彰显了公司在维护地铁安全上的专业性与系统性。②

（3）信息化

在公共交通系统数字化转型与智慧城市构建的背景下，港铁公司持续深化信息技术在运营管理与乘客服务领域的融合应用。港铁公司于 2023 年 12 月正式推出非接触式银行卡支付服务，该服务允许乘客在指定入口利用 Visa 卡进行便捷支付。为增强乘客的操作便利性，港铁公司对支持新支付功能的闸机进行设计调整，采用浅蓝色作为识别标识，便于乘客快速定位。乘客可通过浅蓝色闸机上配备的信用卡读卡器，轻松实现非接触式信用卡/借记卡、智能手机及智能手表等多种设备的支付操作。

（4）接驳交通

为增强地铁系统的连通性，提升乘客的出行体验，港铁公司为地铁线路

---

① https：//www. mtr. com. hk/en/customer/main/index. html.

② https：//en. wikipedia. org/wiki/MTR.

提供了高效接驳巴士服务。港铁公司的接驳巴士车队由 172 辆巴士组成，每天为公众服务 19 小时，港铁公司承诺将努力确保巴士服务兑现率至少达到 99%，并且至少99%的接驳巴士每天都在投入使用前进行清洁。[①] 以九龙巴士 13M 线为例，该线路为配合地铁修正早期系统观塘至石硖尾段通车而投入运营，主要为宝达、秀茂坪地区的居民提供往来港铁观塘站的便捷接驳服务。此后，该线路不断调整和优化，以满足乘客的出行需求。

图 14　香港地铁 Visa 卡便捷支付闸机

资料来源：http://www.zj178.com/newsfile/details/20231213/37ba7962357e4b959cb000920ce0b4d0.shtml。

4. 乘客体验保障

（1）无障碍设施

在车站无障碍设施配置方面，香港地铁更加注重细节。针对需要照顾幼儿的乘客，港铁公司在油塘站、调景岭站、荔景站等 14 个车站的站厅内设立了育婴间，并提供婴儿尿布更换垫，让乘客能于较舒适的环境照顾婴儿。

---

① https://www.mtr.com.hk/en/customer/main/index.html.

图 15　香港地铁 13M 线巴士

资料来源：https：//hkbus. fandom. com/wiki/% E4% B9%
9D%E5%B7%B413M%E7%B7%9A。

此外，所有港铁站厅和站台均备有自动体外心脏除颤器（AED），车站工作
人员会于紧急时使用以协助有需要的乘客，如发生紧急情况，乘客可自行取
出使用。① 这些无障碍设施的细致设计，确保了残障人士和有特殊需求的乘
客能够轻松、舒适地使用地铁服务。

（2）便民设施

香港地铁系统以公营的地铁公司为主导，采用"轻资产"运营模式
吸引开发商参与运作，并通过合约享受物业销售分成。港铁公司通过在地
铁站附近开发大量物业项目，包括住宅、写字楼和商场，不仅实现了可观
的收入，同时也促进了城市的可持续发展②。此外，香港地铁还在许多主
要车站内设有大型购物区，包括各种零售店、餐饮店和服务设施，形成了
一个综合性的商业空间，例如，毗邻九龙湾地铁站的德福广场、位于青衣
站上盖的青衣城广场等。③

---

① https：//www. mtr. com. hk/ch/customer/services/socket_ for_ powered_ wheelchair. html.

② https：//www. mtr. com. hk/en/corporate/consultancy/property-development. html.

③ https：//www. mtr. com. hk/ch/corporate/properties/mtrshopping_ centres. html.

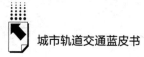

（3）清洁及舒适性

港铁公司在车站和列车车厢的清洁中，引入双氧水雾化消毒机器人。这些机器人通过自动喷洒雾化后的消毒剂，能够深入平常清洁工作较难触及的细微缝隙，有效消除病毒和细菌。这种深层清洁方式特别适用于列车车厢等相对密闭的空间，确保了乘客和员工的健康安全。在特殊情况下，如列车上有乘客呕吐时，除了传统的稀释漂白水清洁外，还会使用这些机器人进行进一步的深层清洁。①

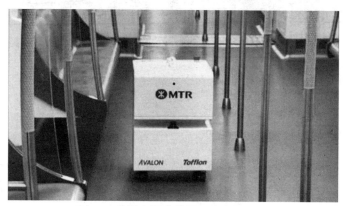

图 16　港铁车厢内的雾化消毒机器人

资料来源：https：//news.now.com/home/local/player？newsId＝383903。

（4）意见处理及权益补偿

在乘客意见处理方面，香港地铁设立了专门的乘客服务中心，负责接收和处理乘客的投诉和建议，港铁公司将确保至少99%的意见在6个工作日内得到答复，以提升乘客在港铁的出行体验。②

在乘客权益补偿方面，港铁公司根据与政府就服务表现安排的既定机制，按发生延误产生的服务影响时间，将罚款作为乘客的权益补偿。例如，港铁公司2022年共发生8宗由港铁控制范围因素引起的超过31分钟的服务

---

① https：//www.mtr.com.hk/archive/corporate/en/press_release/PR-20-039-C.pdf.

② https：//www.mtr.com.hk/en/customer/main/index.html.

延误，总计罚款 6550 万元，该款项将按服务影响时间补偿给乘客。① 此外，港铁和政府在 2023 年完成了每五年进行一次的 FAM 检讨，于 2023 年开始向乘客提供 1.2% 的特别票价减免，并推迟 1.85% 的总票价调整率。

（二）日本东京

1. 品牌形象设计

（1）标识设计

东京地铁系统主要由两个运营商管理：东京都营地铁（Toei Subway）和东京地铁（Tokyo Metro）。东京都营地铁由政府部门东京都政府交通局运营，负责 4 条线路的运营管理；东京地铁由私营企业东京地铁株式会社运营，负责 9 条线路的运营管理。

在品牌标识设计上，东京都营地铁采用东京城市标志"银杏绿叶"，该图案主要有以下三层含义：①银杏树为东京的"都树"，作为地铁品牌标志，不仅体现了东京的地域特色，也展示了东京作为国际化大都市的独特韵味；②标志的形状简洁而富有辨识度，三道圆弧巧妙地组合成一片银杏叶的形态，这种设计使乘客在乘坐地铁时能够迅速识别出都营地铁的品牌，从而加深对品牌的认知和记忆；③银杏叶作为地铁品牌标志，也寓意着都营地铁致力于提供持久、可靠的服务，同时关注环保和可持续发展。

图 17　东京都营地铁标识

资料来源：https://baike.so.com/doc/2660579-2809487.html。

---

① https://www.hk01.com/。

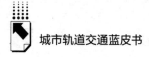

东京地铁则设计为天蓝色的"M+心形"标志，该图案主要有以下三层含义：①天蓝色象征着清新、宁静与广阔，与地铁作为城市公共交通系统，为市民提供便捷、舒适的出行环境的宗旨相契合；②"M"取自"Metro"首字母，简洁明了地传达了品牌的核心信息，同时"M"的设计也具有一定的辨识度，使乘客能够迅速识别品牌；③"心形"图形象征着东京地铁致力于为乘客提供真诚、贴心的服务。

图18 东京地铁标识

资料来源：https：//www.sohu.com/picture/273069712。

（2）车站设计

日本东京地铁在车站设计方面一直以创新性和人性化举措著称，这些设计不仅提高了乘客的出行效率，还极大地提升了乘客的出行体验。

东京地铁涩谷站位于东京都涩谷区，是东横线、东京地下铁银座线、副都心线等多条线路的总站，是东京最繁忙的换乘车站之一。涩谷站由建筑师安藤忠雄主持设计，于2008年建成通车。该站设计方案以"能使人们留下印象的车站"、"安全舒适的室内空间"和"关爱地球环境的新时代车站"为理念。车站共六层（地上一层，地下五层），采用双岛四线的站台设计，站台间用通道连接，方便乘客换乘。此外，车站的通风口设计也极具特色，不仅具有实际通风功能，还丰富了车站的视觉景观。

2. 品牌文化建设

（1）文化融合

东京地铁在促进文化融合方面发挥了重要作用，通过将地铁线路布局、站点设计与周边文化设施紧密结合，为乘客提供了丰富多样的文化体验和交

图19　东京地铁涩谷站剖面图

资料来源：https：//www. nikken. co. jp/cn/projects/mixed _ use/shibuya _ scramble _ square_ the_ first_ phases. html。

流平台。

东京地铁银座线浅草站在设计时保留了传统建筑文化的特点，如特有的弧形屋顶与斗拱结构、木栅栏形窗户与和式门扉等。这些设计元素不仅与地面景观相协调，还营造出浓厚的日本传统文化氛围。车站内部采用了浮世绘和暖帘等装饰手法，进一步强化了日本传统文化。站点周边分布着众多历史文化遗迹和旅游景点，如上野公园、东京国立博物馆、浅草寺等，乘客在乘坐地铁的同时可以方便地访问这些文化场所，促进了文化的传播与交流。

（2）艺术创新

东京地铁通过实施地铁站点的特色设计与装饰、车站公共艺术项目等，不仅为乘客提供了便捷的交通服务，还打造了一个充满艺术气息和文化魅力的公共空间。

在东京地铁的多个站点内均可以看到丰富多彩的壁画和浮雕作品，这些作品往往以日本传统文化、历史故事或现代艺术为主题，通过细腻的笔触和精湛的技艺，将地铁站点打造成了艺术的殿堂。东京地铁还积极推动车站公共艺术项目的实施，邀请国内外知名艺术家在地铁站点进行创作，它们不仅美化了地铁空间，还提升了地铁的文化品位和艺术价值。例如，上野站中央

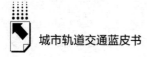

检票口正上方就有艺术家猪熊弦一郎创作的壁画"自由",该作品以独特的风格和深刻的寓意吸引了众多乘客的目光。

图 20　东京地铁上野站壁画"自由"

资料来源:https://at‐art.jp/japan/tokyo/taito/ueno/猪熊源一郎‐自由‐freedom/。

3.运营质量保障

(1)安全性及可靠性

东京地铁致力于完善发生自然灾害后减轻损害的措施,并快速实现运营恢复,其中地震和暴雨等自然灾害是重中之重。针对地震灾害,东京地铁同时运行两个用于列车紧急停靠的地震警报系统,以预防列车在运行时发生大地震的情况。一个系统通过地铁沿线6个位置的地震仪预测或测量超过特定水平的大幅震动,另一个系统接收日本气象厅(JMA)发送的地震预警。针对暴雨和洪水灾害,东京地铁在地上出入口处安装了木板,阻挡高达105厘米的水流,以防止因涨潮、大雨淹没地铁;在人行道上的通风口安装了防止淹没的遥控装置,该装置可以承受高达6米的水位,以确保对自然灾害的充分准备。①

（2）信息化

东京地铁在车站和列车信息化层面采取了多项举措，在提升运营效率的同时，也极大地改善了乘客的出行体验。在车站信息化层面，东京地铁广泛设置了实时信息显示屏，向乘客提供列车到站时间、换乘信息、列车运行状况等实时信息，为方便国际乘客，东京地铁在车站内提供了多种语言的标识、公告和语音提示。此外，东京地铁公司还开发了手机 App（如 Tokyo Metro App）和官方网站，提供列车时刻表、实时在线位置、晚点信息、票价查询等服务。在列车信息化层面，东京地铁的列车通过先进的列车控制系统实时监控列车的运行位置，确保列车能够按照预定时间表和路线行驶。此外，东京地铁还与三菱电机等企业合作，通过物联网和大数据技术，实现对车辆位置、车内温度、道路拥堵程度等信息的实时监控和可视化展示。

4. 乘客体验保障

（1）无障碍设施

在车站无障碍设施配置方面，东京地铁全面配备了自动扶梯、可使用轮椅的自动扶梯、带有轮椅升降机的台阶、通往站台的自动直梯、通往地面的自动直梯等无障碍设施。此外，车站内还设有低位售票机、宽幅检票口和触摸布告板，方便轮椅使用者和视障乘客。在三田线和大江户线车站的特定位置，还设有轮椅上升斜坡和便捷式轮椅坡道，确保轮椅使用者能够安全进出车厢。②

东京地铁在列车设施方面作了全面改进。车厢内设有轮椅空间、点字标识以及自动语音提示系统，帮助所有乘客了解站点信息。车厢内的优先座位不仅供老年人和残疾人使用，也为带婴幼儿的乘客及孕妇提供了便利。特别是在早高峰时段，部分地铁线路如新宿线和大江户线还设置了女性专用车

---

① https：//www.gov-online.go.jp/eng/publicity/book/hlj/html/201803/201803_06_en.html.

② https：//www.kotsu.metro.tokyo.jp/ch_k/tips/barrier_free.html.

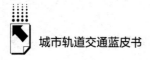

厢，为女性乘客提供更多选择和舒适体验。此外，东京都营地铁还为孕妇乘客设计了孕妇标志，以便其他乘客能够献出关爱之心。①

（2）便民设施

东京地铁充分利用车站的地理优势和人流优势，在车站内部及周边开发了商业综合体。这些综合体不仅包含传统的零售店铺、餐饮设施，还包括办公楼、酒店、住宅等多种业态，形成集交通、购物、办公、居住于一体的综合型开发模式，不仅为地铁公司带来了额外的收入，还改善了乘客的出行体验。② 例如，东京地铁新宿站通过完善的空中步行体系将车站与周边的多个大型商业综合体连为一体，在站点周边形成了庞大的商业街区，包括车站东口、西口、地下街等多个部分，满足了不同消费者的需求。此外，东京地铁还在主要地铁站和部分列车中提供免费 WiFi 服务，该服务通过加密和验证确保无线通信的安全性，乘客仅通过一次注册即可自动连接到世界各地的网络兼容点，以满足其对无缝连接的需求。③

（3）乘客意见反馈

东京地铁通过投诉电话、投诉邮箱和在线投诉平台等明确投诉渠道，方便乘客随时反馈问题和意见。在对应的官方网站和移动应用程序上提供多语言支持，使国际乘客也能轻松沟通和反馈。④

五 思考与建议

借鉴国际典型城市轨道交通系统建设先进运营服务品牌的成功经验，本文从文化建设与服务质量两大维度出发，探讨如何进一步推动我国地铁服务品牌的全面升级。

1.将流行文化、传统文化及主流文化融入地铁建设宣传中

目前，国内众多地铁公司尝试将各类流行文化或城市精神文化融入地铁

---

① https：//www.kotsu.metro.tokyo.jp/ch_ k/tips/consideration.html.

② http：//www.hswell.com/xytcwz/gdjt/182.html.

③ https：//www.kotsu.metro.tokyo.jp/ch_ k/tips/barrier_ free.html.

④ https：//www.tokyometro.jp/lang_ en/support/index.html.

建设和宣传中，但特色展现还不够鲜明，文化基因和精神意识也相对薄弱，宣传效果也有待提升。例如，一些艺术车站和主题列车在设计上仅有浮雕和平面图，显现出"泛而不精"的特点，缺乏内核和吸引力。对此，本文提出以下四点建议。

第一，深度挖掘品牌主题。借鉴莫斯科地铁经验，结合重大事件、商业品牌、影视游戏或城市独特文化，设计专属标识、线路图、车厢内饰及车站环境，如利用雕塑、壁画等营造特色氛围。

第二，进行文化纪念品开发。借鉴伦敦地铁经验，推出与历史文化相关的纪念品及活动，结合我国非遗、历史遗迹等，打造具有地方特色的纪念品系列。

第三，进行艺术与文化展览。借鉴伦敦地铁、香港地铁和莫斯科地铁经验，通过艺术装置和文化展览等手段，与当地艺术家团队合作，创新绘画、舞蹈、诗歌、音乐和图书等形式，共同打造地铁站点的特色艺术装置和文化展览项目。

第四，进行公众互动与品牌合作。鼓励地铁系统深入公众生活，例如，通过与企业合作举办体育赛事和开发智能购物体验等措施，增强地铁品牌的现代感与生活化，使地铁成为城市文化与生活方式的展现窗口。

国内部分城市地铁在品牌设计方面已初步尝试上述理念，如南京地铁公司在反腐倡廉的大环境下联合南京纪委打造的鼓楼清风车站，还有重庆的"廉洁文化车站"、天津的"共青团主题车站"等。未来应继续深化，旨在将地铁打造为传播城市价值观的平台，提升品牌形象至城市象征层面，增强社会影响与价值。

2. 筑牢地铁安全运营根基，提升地铁系统人性化服务体验

当前，我国地铁系统在提升运营质量和乘客体验上仍有显著提升空间，特别是在安全运营、无障碍设施建设和商业空间整合方面。近年来发生的一些安全事件为我国城市轨道交通运营安全保障敲响了警钟；部分站点台阶过多，限制了无障碍设施的全面配置；部分老旧线路的商业区域与城市环境融合不佳，影响高效利用。借鉴国际经验，提出以下四点建议以促进地铁服务

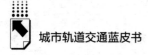

质量全面升级。

第一，强化安全运营体系，探索夜间运营服务。一方面，借鉴东京等地的安全防范经验，对硬件设施进行系统改造和升级。例如，在出站口和主要通道安装防淹装置，并进一步优化车站设计，同时加强人员培训，确保安全演练常态化，全面筑牢地铁安全防线。另一方面，灵活探索夜间运营模式，从节假日与周末等需求高峰时段入手，尝试延长运营时间或试行夜间地铁服务，以缓解夜间出行难题，同时提升品牌形象，助力夜间经济繁荣，但需审慎评估成本效益，避免盲目扩张。

第二，强化无障碍便民设施。借鉴纽约、伦敦和东京的运营模式，新建及改造站点应全面配置无障碍电梯、自动扶梯和通道等，并增设触摸布告板和引导提示音等辅助设施，确保所有乘客便捷出行。同时，优化车厢内无障碍设施与便民服务，如优先座位和 WiFi 覆盖等，展现现代化与人性化关怀。

第三，优化商业空间与环境。学习我国香港和新加坡的先进举措，引入多元商业设施，定期举办活动，增强车站吸引力。与地产合作开发综合物业，实现生活工作无缝对接。加强清洁与空气质量管理，引入高效通风系统、绿化设施和智能空调，确保乘客舒适体验。

第四，完善沟通机制与服务品牌。借鉴柏林、斯德哥尔摩和芝加哥等城市经验，建立多渠道沟通平台，定期收集乘客反馈，优化服务。设立乘客服务中心，构建完善的补偿机制，持续提升服务质量，打造具有国际竞争力的地铁服务品牌。

专家观点篇

B.13

城市轨道交通运营服务质量长效管理机制

何方 张凯*

摘 要: 成都地铁立足市民多元化的出行需求,创新推行"文明365"服务长效提升机制,用"365天如一日的文明服务",更好地满足市民对美好出行的向往。"文明365"服务长效提升机制涵盖"运营前置""标准管理""品牌牵引"三大机制,其中"运营前置"机制通过全过程参与、建立筹建标准、开展差异化筹备等方面以筑牢硬件基础,"标准管理"机制通过构建服务标准体系、完善公众监督、推行服务质量评价等措施以夯实服务规范,"品牌牵引"机制通过打造四大出行场景、特色主题车站、标杆人物团队等维度来提升出行体验,同时还从组织保障、人员保障、激励约束3个方面建立各项机制落地的保障措施,精益求精提升运营服务质量,将"文明365"服务长效提升机制转化为推动轨道交通事业高质量发展、提升群众幸福感的实际成效。

* 何方,高级工程师,现任成都地铁运营有限公司副总经理,主要从事地铁行车客运安全、客运服务品质、客运组织及风险管控、新线筹备等管理工作;张凯,高级工程师,现任成都地铁运营有限公司客运部副部长,主要从事地铁行车安全、客运组织、客运服务等管理工作。

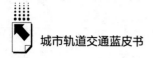

关键词： 城市轨道交通　地铁服务品质　运营服务

习近平总书记深刻指出，城市轨道交通既是现代大城市交通的发展方向，发展轨道交通既是解决大城市病的有效途径，也是建设绿色城市、智能城市的有效途径。近年来，随着城市化进程不断加快、成渝地区双城经济圈建设及成德眉资同城化发展加快，成都常住人口已超2100万人，成都市委、市政府正着力构建"轨道+公交+慢行"绿色交通体系，成都轨道交通在满足人民群众出行需求、优化城市结构布局、缓解城市交通拥堵、促进经济社会发展等方面发挥了越来越重要的作用，已成为改善城市居民生活品质、提升人民群众获得感和幸福感的重要载体，也是增强城市承载能力、实现城市可持续发展的重要支撑。随着我国经济由高速增长转向高质量发展，高质量发展要求成为我国服务业发展的重点方向，《交通强国建设纲要》《"十四五"现代综合交通运输体系发展规划》均对交通运输高质量发展作出重要规划，服务是交通运输的本质，实现具备引领价值的高水平运营服务是城市轨道交通高质量发展的必然趋势。

成都地铁牢牢把握时代使命，坚持"人民地铁为人民"的发展理念，以满足市民对幸福美好生活的向往为导向，创建"文明365"服务长效提升机制体系，立足"运营前置、TOD前置、资源开发前置、市政配套前置"的"四前置"工作理念，推行"运营前置""标准管理""品牌牵引"三大机制，全链条、立体化提高运营服务水平，不断满足市民日益增长和多元化的出行服务需求。

一　以"运营前置"机制为支撑，一体化筑牢硬件基础

城市轨道交通作为城市重要的生长轴，具有大容量、集约高效、节能环保等突出优点，同时也具有项目投资大、建设工期长、系统性强且不可逆性等局限特征，尤其需要把前置规划作为高质量运营的逻辑起点、重中之重。

成都地铁坚持以人为本、运营为要，实施"运营前置"机制，确保轨道交通项目建设运营全过程高度融合、全周期统筹协调，为优质运营奠定坚实硬件基础。

（一）全过程落实"运营前置"

以规划、建设、运营全过程管理有机统一为战略思想，以运营单位全过程参与为手段，将"乘客优先"的工作思路贯穿城市轨道交通规划、设计、建设全过程。在项目准备阶段，成立由运营单位参与的项目组，全面介入工可、初步设计的报告编制及成果审查，确保运营单位深度参与线路设计、车站布局、设备设施选型等重要前期工作，形成以运营为导向的工可及初步设计工作机制。在工程建设阶段，建立施工图运营单位前置审查机制，由建设单位组织运营单位参与车站平面图审查，对车站设备管理用房设置、车站设备设施布局等内容全面复核，确保满足运营单位生产组织需要。坚持信号、车辆、AFC、车辆段设备四大运营关键系统由运营单位自主负责招标建设和项目管理，运营关键岗位人员到建设单位进行轮岗学习，深度参与新线建设工作，取得了项目建设、创新创效、队伍建设协同推进的良好成效。在新线筹备阶段，开创全点位联调"成都模式"，建立由运营单位牵头、多部门和多系统全面参与的新线筹备和综合联调工作体系，创新建立异地调试组织模式，充分利用异地试车线及场段开展接口调试功能验证，最大限度减轻正线调试压力。充分考虑运营需求及实践经验，对生产环境、建筑布局、资源配置等方面提出合理化建议和改进措施，努力将问题、缺陷和隐患消除在开通运营前，推进开放式客服中心、高低位洗手台、无障碍卫生间等适老、适幼、适残设施，以及多媒体站台屏、电子门匾、换乘通道电子屏等智慧设备设施在新建设线路中落实落地，提升人本化需求下的出行体验。[1]

---

[1] 陈旭：《基于多元生产要素融合的城市轨道交通车站智能化转型与创新实践》，《中国企业改革发展优秀成果 2023》（第七届）下卷，2024 年。

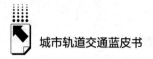

（二）全方位建立筹建标准

成都地铁不断归纳总结运营筹建经验，从筹建思路、架构、制度、机制等方面进行总结创新，逐渐形成了成都地铁运营筹建工作标准体系。通过制定运营工筹二级节点、新线筹备总体方案，明确了轨道交通建设工程项目设计、建设、联调、接管、演练、空载试运行及初期运营前安全评估等各阶段运营公司筹建工作任务目标及推进计划；通过建立《新线筹备全过程管理制度》《新线筹备标准化指导手册》《新线接管管理办法》《工程验收管理办法》《新线问题库消缺管理办法》等系列制度，明确新线筹建管理机制、工作流程、职责界面；配合成都市交通运输局编制《成都市轨道交通、市域（郊）铁路初期运营前安全评估技术条件》《成都市轨道交通全自动运行线路初期运营前安全评估技术条件》，作为成都市轨道交通市域线路、全自动运行线路初期运营前安全评估依据。

（三）差异化开展运营筹备

为有效应对普线、环线、Y 形线、机场线、市域快线、全自动运行线路、有轨电车等多制式、多样化线路带来的影响，制定"标准化+差异化"筹备模式，完善 PPP 线路管控机制，结合线路特点积极开展差异化筹备。针对环形线路、Y 形线路开展多交路行车组织、导向/PIS/PA 导乘系统、换乘应急联动专项优化；针对市域快线（机场线路）开展快慢车混跑、共线运营组织、超长区间设备维保、远郊线路应急联动、与机场高效换乘和应急联动研究；针对全自动运行线路开展场景联动、在线监测系统、应急预案体系、复合岗位培养等工作落实。同时，针对多线并行筹备的压力，差异化制定全自动线路、超长线路、市域快线系统联调工作方案，提前对应急、客服、调度、维保、人才、物资、资源共享等工作进行系统分析研究，提升新线筹备质效。成都地铁连续 21 个项目以最高标准开通，成功应对"五线齐发"的新线开通考验，创造并保持年度开通线路最多、里程最长的行业纪录。目前，成都已开通运营轨道交通线路 14 条，总里程达 601.715 公里，居全国城市轨道交通"第四城"，2024 年 9 月，四川首条跨市域轨道交通线路资阳线正式开通运营。

二 以"标准管理"机制为基准，精细化夯实服务规范

标准化是实现服务一致性的重要手段，城市轨道交通保持高标准服务水平和运营效率，离不开科学、统一、精细化的运营管理标准管理。成都地铁通过建立运营服务标准、公众监督标准、质量评价标准三大"标准管理"机制，对人员服务、乘客意见、综合服务质量进行标准化管理，为夯实服务基准面提供重要支撑，稳定培育员工服务意识及职业素养，系统提升地铁窗口服务质量。

（一）以服务理念为导向，构建规范标准体系

始终坚持"秉持真诚、服务大众，以客为尊、用心服务"的运营服务理念，将制度体系作为运营服务理念的承载，着力构建"标准化、规范化、精细化"的服务管理规范。严格贯彻落实国家法律法规和上级政策要求，按照《城市轨道交通运营管理规范》《城市轨道交通客运服务规范》《城市轨道交通客运组织与服务管理办法》等国家、省、市相关政策文件，细化制定内部《客运服务标准》《投诉管理办法》《线网导乘界面管理办法》《车站保洁管理规定》《标准化服务手册》等服务管理制度体系，明确行为标准、用语标准、着装标准、仪态标准等人员标准，详细规定行车服务、客运引导、票务服务、问询解答等具体业务流程，细致规范车站及列车环境卫生标准、设备设施服务标准、乘客界面维护标准，形成了有效指导窗口人员服务、车站运作等全流程客运服务工作的有机整体。

（二）以乘客思维为根本，完善公众监督机制

始终把"乘客满意"作为地铁工作的根本遵循和刚性标尺，健全常态

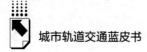

化公众监督机制，走好群众路线，用心用情办好民生实事。畅通乘客意见反馈渠道。通过网络理政（市长电话、省 12345、市长信箱等）、服务热线（热线电话、官方 App 留言、官网留言）、现场反馈（现场告知、乘客意见簿、电子意见簿）等平台与渠道广纳贤言，每年召开"开门评风·百姓听音"市民座谈会，开展"乘客满意度"调查，建立地铁文明监督员和"常乘客"监督机制，形成"线上+线下"的乘客意见反馈方式，建立 24 小时内受理的反馈机制，回复率达 100%，形成良好的信息回流闭环与公众监督导向体系。构建乘客意见管理体系。通过制定专项管理办法、深度追踪调查反馈结果、强化意见剖析维度、周期性总结分析等措施，形成以"乘客视角"为牵引的客运服务、设备设施、新线建设多领域协同机制，对乘客投诉按照"一事一分析"原则进行调查、分析、整改，确保责任层层落实、短板及时补齐。同时，对于乘客的合理诉求，积极开展探索研究，因地制宜制定整改优化措施，推动"同站过街""出闸换乘"等乘客意见应用精准落地，对市民诉求进行真诚回应。

（三）以长效提升为目标，推行服务质量评价

创新建立"文明 365"服务质量评价体系，将文明城市创建标准与地铁运营服务标准深度融合，构建大线网运营背景下可达标、可执行、可持续的长效评价体系，按季度开展线网服务质量评价，推动"干净、规范、正能量"形成常态长效。科学设立评价指标。按照目标清晰、指标量化、措施可执行的原则，从环境卫生、设备设施、人员服务等方面建立 4 项一级指标24 项二级指标，科学配比 1000 分的基准分值，组建综合评价体系（见表1）；利用"线下+线上+第三方"多方式开展质量评价，客观、全面地反映线网服务质量，为一线服务水平提升提供精确指导。合理运用评价结果。将阶段性服务质量评价结果形成专项分析报告，对薄弱环节进行准确定位、督促整改、专项提升，通过不断精调指标达标率、细化实地评价内容、完善人员检测标准，让评价机制运转更加切合运营生产实际，评价结果更具运用价值及指导意义；发挥激励导向作用，将服务质量评价结果适当引入组织绩效

考核，有效促进公司各下属单位自我管理、自我改进、自我提升，不断加大服务品质管控力度。

表1 服务质量评价达标指标

序号	一级指标	二级指标	目标值（%）	分值（分）	总分（分）	评价实施方式		
						线上	线下	第三方
1	环境卫生清洁率	地面清洁率	80	30	500		√	√
2		墙面（含消防设施、检修门）清洁率	80	50			√	√
3		天花板清洁率	80	30			√	√
4		卫生间清洁率	80	60			√	√
5		玻璃清洁率	80	50			√	√
6		安检设备清洁率	80	30			√	√
7		绿化达标率	80	40			√	√
8		风亭整洁度	80	40			√	√
9		乘降设备清洁率	80	40			√	√
10		AFC设备设施清洁率	80	40			√	√
11		垃圾收集站、转运站清洁率	80	40			√	√
12		列车清洁率	80	50			√	√
13	设备设施可靠度	故障修复及时率	80	40	200	√	阶段性提报	
14		卫生间设施完好率	80	40			√	√
15		天、地、墙完好率	80	30			√	√
16		导向标识完好率	80	40			√	√
17		缆线规范率	80	50			√	√
18	人员服务规范率	十字文明用语使用率	80	50	300		√	√
19		服务礼仪达标率	80	40		√	√	√
20		乘客问询有效率	80	50			√	√
21		文明出行劝导率	80	50			√	√
22		秩序规范率	80	50		√	√	√
23		列车服务规范率	80	60		√	√	√
24	文明出行推广率	暖心地铁活动	—	—	—	查验资料+现场检查		

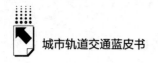

三　以"品牌牵引"机制为路径，多维度做优出行体验

成都地铁结合《交通强国建设纲要》"培育交通文明"相关方针及成都市全国文明城市创建背景，建设"文明365"服务品牌，将城市文明与出行服务叠加耦合，制发年度服务品牌发展纲要，打造四大出行场景，推动运营服务升级，并在2023年荣获全国第五届交通运输优秀文化品牌"榜样品牌"称号。

（一）创新场景牵引，构建品牌"新格局"

以改善乘客出行体验为根本，深入打造"文明、低碳、智慧、全龄友好"四大场景，以物化场景的方式全链条做优轨道交通出行体验。打造文明出行场景。立足乘客思维，推出"列车分区控温""厕所革命""春运暖程""两考保障""纳凉区""同站进出"等惠民服务，在每月11日"文明乘车日"，联合学校、社区、企业等单位开展形式多样的文明乘车活动，通过"线上媒体资源+线下运营场景"常态化开展文明出行理念宣传，以品牌效能引领提升文明服务水平。打造低碳出行场景。坚持建设践行新发展理念的公园城市示范区，积极强化多制式交通衔接，与公交、客运运输单位开展"绿色织网"行动，推动轨道与公交形成站名匹配、运营时间匹配、运力匹配的融合态势；与机场、国铁联合运作，实现铁路、航班到发信息共享、运营组织计划动态调整，做优春运、"五一"、国庆、大运会、世园会等重大节日及赛事的联动运输服务保障。打造智慧出行场景。构建"1COCC＋5OCC"现代化指挥控制体系，通过"大站空车"、混合交路套跑、错峰配置运能、国内首创双机场线"普线+直达"运行、18号线19号线"共线运营"等行车组织方式，提供多元化出行体验；搭建客运管理信息化平台（NCCC），包含客服信息发布系统、服务质量管理系统、客流监测与预警系统等12个子系统，实现乘客服务信息统一管理、客运生产信息规范管理；打造官方App，提供手机购票、列车位置实时跟踪、拥挤度显示、路径规划等多种功能；接连实现移动支付购票、二维码过闸、人脸识别过闸等智慧出行方式，与重庆、广州、上海等城市地铁及成都公交实现二维码互联互通，与国内航空公司联合推出航空地铁一票制联程运输服务，拓展轨道交通出行"朋友圈"。打造全龄友好场景。围绕儿童、老年人、母婴、特殊乘客等全龄阶段乘客多层次需求，打造80余间"地铁母婴室"、增设20余个高低位客服中心，实施无障碍设施改造提升行动，推进全龄硬件友好；上线"爱心预约"乘车服务功能，策划播出儿童节、母亲节等10余款"暖声随行"广播，推出"敬老爱老·与爱同行""一米高度看城市""有爱无碍·畅行无忧"等适老、适幼、适残服务手册，升级全龄服务友好；创新打造"儿童乘车体验馆""儿童友好主题车站""敬老服务区"等特色文化区域，发展全龄文化友好。

（二）凝练文化牵引，铸就品牌"驱动力"

在做优日常服务及出行场景的基础上，为更好地传承天府文化、承载城市精神，成都地铁通过打造特色主题车站、标杆人物团队，锻造可持续发展的故事性品牌，激发运营服务活力，提升城市形象与文化内涵。打造特色主题车站。契合金沙文化、三国文化、科技文明等蓉城历史底蕴及现代发展要素，打造"礼颂金沙"金沙博物馆站、"明礼车站"高升桥站、"礼好车站"孵化园站3个文明城市示范点和"五心"车站天府广场站，呈现天府文化与现代文明共融的蓉城风采，进一步拓展轨道交通精神文明创建深度。选树标杆人物团队。发挥品牌创建人物化的特色，多元创建"芙蓉班组""向蓉班组""巾帼车组""向日葵服务队""打call小姐姐"等特色班组，选树"微笑代言人""服务明星"等标杆人物，利用内部平台与外部媒体多渠道、多形式广泛宣传，发挥榜样员工"明星效应"，以服务理念引领员工思想和行为，使服务形象更加立体生动、真实可感。

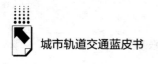

四　推行服务长效提升机制的保障措施

为有效推动服务长效提升机制落实落地，必须依靠科学的组织架构、严谨的工作流程以及高效的人员执行。成都地铁从组织保障、人员保障、激励约束3个方面建立系统保障措施，全过程推动各项任务落地。

（一）组织保障方面

通过专项工作组靠前站位、主动作为，细化部署服务长效提升工作，把机制落地作为核心任务，为其提供坚强组织保障。成立专项组织。成立"文明365"服务长效提升工作专项领导小组，公司主要负责人任组长，公司领导班子成员任副组长，由相关部门成立专项工作办公室，负责整体统筹和协调，形成领导有力、高效协同的组织保障机制。坚持目标引领。将"文明365"服务长效提升工作纳入公司年度重点工作目标，将服务提升融入目标规划和日常管理中，分模块制定工作任务清单，明确具体的工作计划、责任分工、完成时限；按照"每月一调度"定期召开专题会议，对当月完成情况进行分析，协调解决推进中存在的困难和问题，确保服务长效提升工作稳步推进。

（二）人员保障方面

人员服务水平是影响运营服务质量的关键一环，通过加强培训、提高内驱力，为服务长效提升工作提供良好的人员基础。强化人员培训。结合各岗位"必知必会"要求，开展规范化服务技能培训，定期开展服务质量提升月、强化双语服务水平等行动，加强员工主动服务意识，持续引导、推动一线人员提升服务技能水平，变常规服务为规范、主动服务，保持"高质量、高标准"成为地铁运营服务常态。完善内化驱动。通过学习文件、内外部宣传平台等途径，大力宣传服务长效提升动态、亮点服务措施、服务明星、先进集体、品牌文化等多方面内容，形成领导小组齐抓共管、全体员工积极参加、上下合力打造优质服务的良好氛围。向基层服务员工开放意见收集通道，鼓励员工提出工作建议，一线员工在直接服务乘客的日常中，可以收集到很多来自乘客的意见反馈，有助于发现细节问题并及时作出改进，同时增强员工工作认可度和主人翁意识，促使员工深化企业文化认同。

（三）激励约束方面

通过服务监督、绩效考核、季度评价等手段建立合理的激励约束机制，有效提升管理效能，确保服务长效提升机制和任务得到有效执行。强化服务监督检查。在"文明365"服务质量评价的基础上，通过乘客满意度评价、文明监督员、"常乘客"监督等方式强化服务监督检查，制度化、常态化保持运营服务品质，将服务长效提升工作纳入相关部门及下属单位组织绩效考评体系，推动运营服务工作标准及要求落地落实。开展客运季度评价。制定《客运专业季度管理评价标准》，围绕客运组织、生产管控、票务管理、乘客意见、服务质量5个维度对下属单位客运工作开展系统评价，全方位、立体解析客运生产工作成效，"对症"研究管理提升方向。发挥评价结果激励导向作用，对于评价结果较好的下属单位，总结其优秀实践经验，加以推广和应用；对于评价结果落后的下属单位，深入分析原因，有针对性地制定改进措施、跟进实施情况，从而有效促进各下属单位自我管理、自我改进、自我提升。

五　结语

"运营前置""标准管理""品牌牵引"三大服务长效提升机制精神同源、内核同质、目标同向。成都地铁始终把"人民满意"作为衡量工作的最高标准，精益求精提升运营服务质量，为轨道交通发展奠定更坚实的客运生产基础、提供更完善的客运服务保障、注入更强劲的客运发展动能，将"文明365"服务长效提升机制转化为推动轨道交通事业高质量发展、提升群众幸福感的实际成效，全方位展现服务城市发展战略、服务民生需求的国企担当和社会责任。

B.14
构建可持续的城市轨道交通运营服务提升激励机制

魏 松 魏国静 吴沙沙 吴德鑫*

摘 要： 城市轨道交通作为大运量骨干交通工具，面临乘客需求多样、运营成本高、管理结构复杂等问题，为实现城市轨道交通的高质量发展，需构建可持续的服务提升激励机制，青岛地铁建立了目标体系、班组建设和保障体系的"三位一体"系统推进路径，通过"1+6"目标体系牵引、品牌及班组建设的思想引领，实施"16+N"指标管控、"0分累积"与二次分配卓越绩效结合的绩效考核、全周期人才培养、揭榜挂帅及"五小"发明的创新赋能等具体激励举措，使应急事件响应更及时、乘客出行更舒适、人员配置更优化，实现运营服务高效优质、企业高质量发展。

关键词： 城市轨道交通 运营服务 青岛地铁

近年来，随着线网规模逐年增长，乘客对服务品质的要求不断提升，城市轨道交通运营公司逐渐出现员工执行力不强、管理成本增加、工作效率低下的问题，传统管理模式难以适应城市轨道交通高质量发展的要求。青岛地铁建立了目标体系、班组建设和保障体系的"三位一体"系统推进路径，

---

* 魏松，高级工程师，现任青岛地铁运营有限公司副总经理，主要从事城市轨道交通运营安全管理、服务管理、调度管理工作；魏国静，青岛地铁运营有限公司高级工程师，主要从事城市轨道交通运营服务管理工作；吴沙沙，青岛地铁运营有限公司工程师，主要从事城市轨道交通运营服务管理工作；吴德鑫，青岛地铁运营有限公司高级工程师，主要从事城市轨道交通运营安全、服务管理工作。

通过目标牵引、品牌引领，实施具体激励举措，构建可持续的服务提升激励机制，优化创新环境，降低运营成本，保障运营服务高质量发展。

一 目标牵引提升运营服务

为更好地服务乘客，发挥地铁骨干作用，承担社会责任，青岛地铁落实国家关于"加快建设世界一流企业"的要求，建立了目标体系、班组建设和保障体系的"三位一体"系统推进路径，系统保障、激励服务提升。

（一）目标体系牵引

2022年，青岛地铁从全面对接国家层面要求、全面对接行业层面要求、全面匹配省市发展战略3个维度，高标定位，打造了以创新为引领，以安全、优质、高效、绿色、智慧、和谐为子目标的"1+6"目标体系（见下图1）。动态调整设立30项一级目标、76项二级目标、202项三级目标，各专业逐级承接上级目标，围绕目标制订工作计划，使目标体系与工作计划紧密结合，将目标体系穿透至班组。

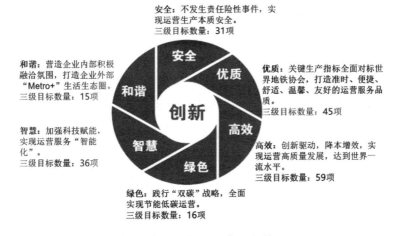

图1　青岛地铁"1+6"目标体系

资料来源：青岛地铁运营有限公司"1+6"目标体系相关资料。

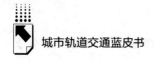
（二）班组建设落地

班组是运营生产的最小管理单元，是目标实现的基础，为此，青岛地铁借鉴"鞍钢宪法""三湾改编"等成功经验，以人为本，开展以民主自治管理为核心的班组建设，提出"两进三环四管五保"工作方法，将绩效考核与"小立法"和"二次分配"相结合，提倡参与式民主管理，让员工成为企业的主人，激发员工的积极性、主动性和创造性。

（三）保障体系赋能

目标达成、成果落地需要有力的系统支撑，为此，青岛地铁从组织文化、体制机制、人才队伍、安全质量、服务支撑、监督问效6个方面制定了保障体系，由职能模块逐级分解保障目标，制定保障措施，着力实现管理规范化、业务流程化，为后端职能保障向前端服务加分赋能。

二　思想引领提升运营服务

（一）品牌引领转变员工意识

青岛地铁以满足乘客服务需求、凝聚员工共识为目的，从国家、青岛市、地铁集团的愿景中提炼出"幸福"理念，构建了以"畅达幸福"品牌为核心，包含党建、志愿服务、班组等在内的六大类44个品牌的全链条品牌矩阵体系，① 将品牌意识渗透到运营服务的方方面面，以品牌引领塑造员工思想认知，提升社会担当责任感。

在服务领域全面渗透、践行品牌理念，引导员工形成抓品质就是建品牌的意识，激发和驱动员工潜能，鼓励各级员工不断提升服务标准、规范作业流程、确保服务质量，将业务工作做到极致、做到最优。创立"三米有真

---

① 本文关于青岛地铁的数据均来源于青岛地铁运营有限公司。

情"服务标准,打造雷锋车站、繁花车站等品牌车站,培育"畅行""浪花"等服务品牌团队,推出"绿波畅达"等品牌服务项目,以品牌效应激发员工创新服务举措的激情,员工根据车站及客流特点,创新推出菜农"蔬"送通道、小家电义修等服务举措,将每一个车站都打造成一个"地铁城市幸福空间",推动地铁服务为民形象深入人心。

聚焦品牌示范带动作用,由劳模工匠带头,各业务领域深耕高技能人才培育,组建科研攻关团队,形成了"尹星劳模创新工作室"等50余个创新工作室品牌,发挥劳模示范引领和辐射作用,营造人人创新的良好氛围,实现创新工作室示范引领、集智创新、协同攻关等,带动了一批科研创新项目、服务创新项目落地,获国家实用新型专利67项,以品牌引领创新突破。

积极为一线亮点和典型事迹搭建平台,每年组织开展班组故事会、品牌故事大赛等内部选送活动,深度挖掘日常生产过程中的优秀事迹;同时开展运营青年员工健康成长关爱工程,搭建"文化广场",组建"文化宣讲团",常态化开展"宣讲进一线",以文化反哺员工,使员工个人价值取向与企业品牌理念步调一致。涌现出见义勇为事迹百余例,累计收到乘客各类表扬万余件,员工事迹多次荣登中央电视台、《人民日报》等中央级媒体。2023年至今,成功抢救乘客生命13次,37人上榜见义勇为表彰名单,涌现了"全国劳动模范""全国城市轨道交通服务明星""山东省感动交通年度人物"等先锋典型,品牌激励员工勇担社会责任。

(二)班组建设转变管理模式

青岛地铁运营有限公司目前有员工1.4万多人、一线班组595个、委外班组454个,人员基数大、专业门类多、点位分布广、管理结构与模式相对复杂、安全基础管理压力大、"一刀切"管理模式难以激发活力、班组管理经验缺乏沉淀,为实现一流地铁目标穿透并转化为班组目标,青岛地铁开展了以民主自治管理为核心的班组建设,提出"两进三环四管五保"班组建设方法,构建了一套科学、民主的基层自治管理体

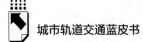

系，激发地铁一线内生动力。"两进"为党员进班组、领导干部进班组，是开展班组建设的组织保障。"三环"为"小立法+二次分配"、保障机制、考核评价，是推动班组民主自治的内生动力。"四管"为管思想、管关爱、管培训、管标准，是班组建设的基本要素。"五保"为安全更可靠、质量更优质、效率有提升、效益有提增、团队能自治，是班组建设要实现的根本目标。

班组建设过程执行"五个坚持"。坚持党建统领，将党建的"根"延伸到班组中，实现党建与班组建设融合发展，发挥党员的先锋模范作用，党员进班组做表率，与大家同吃、同住、同劳动。坚持群众路线，引导管理人员自觉做到"从群众中来、到群众中去"，推动管理人员参与一线生产，以问题为导向开展赋能帮扶。归纳整理群众的诉求主张，系统、科学、体系化研究形成系列政策方针在基层推广落地，反复优化，实现螺旋提升。坚持参与式民主管理，自下而上、全员参与，先民主再集中，通过管理权下放一线单元，引导班组结合自身特点，在民主协商的基础上制定"小立法"，而不是班组长一人主导，以加分、鼓励为主，让"多劳者多得"，同时结合工作需要协商开展"立法"条款修订，激发员工主人翁意识，引导一线员工参与企业管理，让集体的荣辱与一线班组的每位员工息息相关。坚持创新引领，充分尊重职工首创精神，注重发掘并推广一线班组好的做法，最大限度地激发职工创新创造热情，推动全员创新、全面创新。坚持目标与问题导向，发挥员工力量，主动承接"世界一流地铁目标"寻找差距，主动化解班组不同阶段面临的运作问题。

班组建设改变了自上而下"管与被管"的关系，让员工成为企业的主人，充分调动了员工的积极性，2023年员工主动离职率下降至1.26%。

案例1　青岛地铁青岛北站班组建设成果

青岛北站为1号、3号、8号线换乘站，与国铁无缝衔接，日最高客流达到24万人次，员工133人。为展现优质服务形象，青岛北站班组建设中充分发挥员工首创精神，让员工自主提出、讨论、制定班组"小立法"23

条，前后修订 26 次，个人二次分配差额最高达到 800 元，极大地提升了员工主动服务和服务创新意识。员工以与火车站相接的特点提出、创建"彩虹车站"品牌，逐步推出彩虹化妆间、彩虹指路条、彩虹雨伞等 16 项服务举措；结合与机场、火车站、公交等联动机制，衍生出"绿波畅达"的服务子品牌，推出"绿波通道""绿波无碍行"等举措，为赶飞机、赶火车的乘客提供一路绿灯的联动服务，"一个眼神助力乘客赶飞机获得百万大 V 点赞"等多项事迹被媒体报道、转载 60 余次；"彩虹车站"被中国交通报社、中国交通报刊协会表彰为"企业类十佳文化品牌"。

苏州地铁通过民主自治、特色小立法、高质量管理、成本管控与安全生产措施提升进行员工激励，引导员工内驱力的养成，激发员工自我责任意识的提升，从"让我做"到"我要做"。通过给一线组织增权赋能，充分激发轨道交通企业"小单元"生产、管理活力，激发基层组织自行优化作业标准，制定二次分配标准与工作质量、成效挂钩，整体运作、维修、服务水平不断攀升。员工深刻认同企业与员工命运共同体理念，自觉与企业共同发展成长，促进全公司挖潜增效，提升精细管理水平。

案例 2　苏州地铁黄天荡站班组建设成果

黄天荡站开展安全"五进"活动，拍摄安全宣讲视频，开创安全宣讲新阵地；积极开展"小 5 倾听"活动，对内积极采纳区域意见，形成《黄天荡区域提质降本节能实施方案》，实现节能降本。利用小立法制定员工培训手册，增加情景模拟和实操训练，通过区域包保制度，关注员工兴趣，助力成长；推出情绪温度计、心灵树洞等手段，结合员工需要情绪引导情况，实现"一对一"沟通。制定二次分配激励方案，优化区域员工年度积分评审方案，设立"最佳进步奖""卓越团队""妙笔生花"等奖项，形成"主动+被动"双管齐下的新模式，充分调动员工积极性，激发岗位活力，杜绝躺平。与民主自治充分结合，营造"个人年终考评全掌握在自己手中"的新风气，构建"一个班组的成败掌握在每一个员工手中"的团队荣誉感，形成"比、学、赶、超"的工作氛围，员工积极参加各项比赛，累计荣获5项分公司荣誉、4项市级荣誉、1项国家级荣誉。①

三　可持续的服务提升激励举措

（一）指标管控激励服务

青岛地铁承接上位标准、对标行业先进，从国标及行业指标体系中选取能客观评价运营生产服务质量的 16 项指标作为核心指标，并围绕核心指标触发因素及运营阶段性频发问题，设置 N 项扩容指标，形成了以 16 项指标牵引，以 N 项前置管理、统计观察的"16+N"指标管理体系（见图 2）。

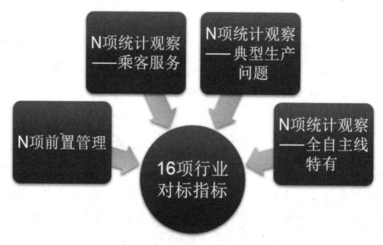

图 2　青岛地铁"16+N"指标管理体系

资料来源：青岛地铁运营有限公司"16+N"指标管理体系相关资料。

结合运营实际，梯度设置"16+N"指标年度目标，形成"卓越、达标"双层目标。其中，"达标"目标为刚性戒尺，不达目标则落实绩效考

---

① 数据由苏州轨道交通运营有限公司提供。

核；"卓越"目标为正向激励，达成目标则以竞赛形式颁发奖励。

"16+N"指标管理体系及"卓越、达标"目标设定后，将体系及目标融入组织架构，实现指标再分解、目标再分配，形成"指标穿透至班组、目标激励到个人"的指标管理业态。

以月度为单位开展预警分析，通过分析指标事件，寻找指标发生规律和根本诱因。以加密修程检修频次、现场保障、专项攻关治理、设备改造升级、技术与管理创新等措施落实系统整治。

通过体系构建—目标牵引—逐级穿透—系统整治的指标管理良性循环，激励运营服务提升。自实施以来，运营指标表现连续 5 年持续向好，列车晚点列次下降 85%，关键设备可靠度提升 83%。

案例 3　青岛地铁将道岔故障纳入 N 项指标

2023 年上半年，公司信号系统故障发生较多（4 起），经分析发现，触发因素中道岔失表问题占比 100%，对此以信号系统故障率与道岔失表故障率两项指标进行管控。其中，信号系统故障率为 16 项指标之一的核心指标，以"高标定位"为原则，选取行业协会指标达成最优企业进行对标，制定"卓越、达标"双层管控目标，"卓越"目标以行业第三作为下限用于员工激励，"达标"目标结合内部实际拟定纳入绩效考核。道岔失表故障率列入 N 项管控指标"从严从紧"管控。一是统计定义含正线及车辆段内全范围，同时不区分指标影响程度、不区分指标触发原因进行全因素统计。二是目标制定参照所保障指标（信号系统故障率）卓越目标进行拟定，一并纳入公司绩效考核，同时中心、部门、车间、班组层层承接，确保指标到班组、触发指标责任到人。

2023 年 8 月首次启用道岔失表故障率指标，启用后当年未发生道岔失表故障，信号系统可靠度明显提升，整体呈波动减少趋势，达成 N 项指标的前置管控作用。

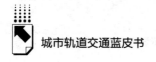

（二）绩效考核激励服务

匹配"三位一体"系统推进路径，深化目标责任的向下传导力，将服务提升的业绩目标层层分解承接，强化绩效激励体系支撑保障。

坚持结果导向，将省级、市级服务质量评价结果与组织绩效考核挂钩，倒逼各组织及个人落实服务责任，同时按月检查、按季度评价，强化过程管理。

坚持分级授权，充分发挥用人组织绩效管理自主性，匹配差异化需求，各级组织根据承接目标和专业特点自行制定内部绩效管理细则。

坚持以绩取酬，突出绩效考核中劳动工作量和工作业绩的比重，将原有的"100分倒扣制"调整为按业绩"0分起累积制"，通过工作任务"派单制""抢单制"增强员工积极性、主动性。结果上实行等级强制分布，综合运用"业绩评价+小立法排名"确定考核等级，注入浮动资金设置"卓越绩效奖"，扩大绩效浮动奖金比例，绩效奖金面向绩优等级员工进行二次分配，做到多劳多得，员工干事创业积极性得以激发。

探索容错纠错机制，坚持严管和厚爱相结合、激励和约束并重原则，强化制度执行力，杜绝消极"避事"、畏缩"避难"、推诿"避责"现象，为城市轨道交通可持续高质量发展营造宽容、包容、勇于试错的创新生态环境。

（三）人才培养激励服务

岗位管理坚持"前置培养、能上能下"。人才选拔开展前置培养，通过"以干代训、技术岗与班组长常态化双向轮岗"等方式，进行员工岗位适配性甄别；对绩效优异、表现突出人员进行破格提拔。对承担管理职能的岗位（管理岗、班组长），实施3年任期管理，期满开展任期考核与激励，全面评价其德、能、勤、绩、廉工作表现，实现岗位能上能下。

职级管理坚持"竞争择优、分级授权"。树牢择优和竞争导向，主管、技师等高职级设置职数控制；实行"聘期制"，设置差异化考核条件，实现职级能上能下，确保各职级与其岗位价值持续匹配；向优秀人员倾斜，设立破格、越级的快速晋升通道。授权用人单位自主管理，高职级晋升由公司统筹（高级主管、技师），中低职级晋升授权各二级单位自主制定晋升细则，择优晋级。

构建全周期人才培养机制。青岛地铁总结森林成长客观规律，结合人才培养需求和特点，建立"委培—新员工—骨干人才—拔尖人才"的全周期人才培养机制。目前，公司有员工1.4万余人，应届毕业生占比近80%，经过系统培养进入各序列骨干已近2000人，已基本实现人才的自给自足。线上系统实行智慧培训，"培训管理系统"为培训业务管理端，实现全生命周期的线上管理，"青e学"为自主学习端，通过课程学习、考试、学习地图等游戏化、智慧化功能，员工利用碎片时间"随时能学、随时能考、随时能分享"。实训平台实现场景化培训，建设集理论实操一体化教学、仿真实操训练和真实场景联合演练于一体的综合性仿真实训基地，打破"单兵作战"模式，满足应急条件下人员处置技能要求及多专业联合实训演练需求。

（四）创新赋能激励服务

构建可持续发展的创新平台及激励机制。出台《创新工作管理规定》《创新项目"揭榜挂帅"实施办法》《运营公司"五小"创新活动管理办法》等7部办法，以政策鼓励员工创新创效，营造全岗位科研攻关、全员争优创新环境。

揭榜挂帅围绕制约服务提升的生产安全等方面长期未决、难度较大、要求较高的"卡脖子"难题，以解决问题为揭榜评判标准，鼓励谁有本事谁揭榜，支持开放竞争、联合攻关。

案例4　青岛地铁员工揭榜技术难题"电扶梯卡异物故障整治"

经统计，2022年电扶梯卡异物导致故障比例达30%。异物卡滞整治纳入揭榜挂帅课题后，在中心创新工作室的支持及晋级晋档赋分与二次分配等多重激励下，由高级工程师带领检修工共8名员工成立攻关小组揭榜，历时一年通过异物隔离槽、异物收集装置、新型防卡阻滚轮结构等手段，分别选用10mm及15mm小石子模拟小尺寸异物，百余次测试均无问题，1号线王

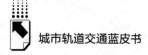

家港站单站因卡异物停梯故障及困人事件由年均 5 起下降至 0 起，线网推广后电扶梯故障率下降 100%，本项目于 2024 年 8 月通过公司验收。

"五小"创新门槛低，职工参与感与获得感强。职工立足本职岗位思考通过小发明、小创造、小革新、小建议、小设计，创新研究解决生产问题。"五小"活动开展 3 年来，累计征集"五小"创新项目 2104 项，选出优秀成果 1635 项，节约运营成本 2740.18 万元，现已成为青岛地铁解决技术难题、攻克技术壁垒、提高运营服务效能的前沿阵地。

案例 5　青岛地铁"五小"发明——员工自主研发无线场强测试小电车

蓝谷快线全长 58 公里，设 18 座高架站、4 座地下站。北方冬季低温降雨降雪天气多，高架车站的轨旁无线设备信号波导管接头多且连接安装复杂，受露天环境影响大，且无专业检测工具，在每次设备拆装维护或故障维护后，无法第一时间对设备状态进行确认，需要次日通过运营电客列车进行辅助验证。为解决该难题，通号维保部与总工办专业技术岗跨部门合作，通过对蓝谷快线车地通信原理进行深入研究，历时一年组织召开研讨会 6 次，现场勘查 10 余次，收集轨旁数据 30 余项，设计出可以替代电客列车辅助场强验证的信号无线场强测试小电车。自上线使用以来，因无线硬件设备故障造成车地通信异常影响列车运行的故障率同比下降 30%，故障修复率达 100%，节约验证列车 10 列次，单线每年可节省成本约 2.3 万元。该项目获得青岛地铁集团首届创新成果三等奖，申请"智速波导模拟检测装置"实用新型专利 1 项。

四　下一步工作展望

秉承"乘客至上"的服务理念，围绕"人享其行"的美好愿景，紧盯运营服务品质提升链条，以数智化赋能智慧决策，鼓励创新发展。

（一）以数智化支撑运营服务高质量发展

搭建智慧城轨云平台，应用云计算、大数据、人工智能等新技术，全面覆盖运行、客服、运维等领域，打造安全、便捷、高效、绿色、经济的新一代智慧城轨体系，实现运营数据的集约化处理，为运营组织提供精准数据支撑，赋能顶层智慧决策。以乘客需求优化新线线路功能，场景化乘客出行行为，实现精准识别、精准推送、精准服务，使事件响应更及时、乘客出行更无感、人员配置更优化。

（二）内外双循环推进融合发展

同行联合、跨界联合，探索轨道交通发展新模式。结合青岛旅游城市发展特点，推动青岛地铁文化和旅游深度融合发展，研究"交通+文旅"发展新模式，例如，地铁 App 与"海上巴士"联合，打造"轨道+海上观光"一站式服务，低峰期推行"公交+地铁""一元通城"。发挥地铁多节点、网格状、全覆盖的交通网络效能，开展集客引流工作，由客流应对向客流吸引转换，主动承担城市交通运输压力，加速地铁—公交"两网融合""小微循环"，推动郊区线路远端车站周边"P+R"停车场建设，推进城市交通一体化发展。

（三）精准化服务供给提升乘客出行幸福感

聚焦新时代公共服务的进阶发展，从服务受众全面化、服务主体多元化、服务内容丰富化、服务供给科学化、投诉渠道便利化、服务感知清晰化6 个方面发力，增强运营服务的均衡性和可及性。聚焦阻碍服务高质量发展的现实问题，从客流组织、信息发布等多维度进行精准化、精细化的路径探析，在人性化、适老化服务方面精准发力，为市民提供更贴心、更暖心的服务，真正践行人享其行。

B.15
西安地铁服务品牌创建及实施路径研究

卢剑鸿　王菲*

摘　要： 本文介绍了西安地铁"Ai畅行"服务品牌的创建与成效，从培育品牌理念、夯实品牌基础、强化品牌管理、打造品牌风采、推广品牌效应等方面讲述了西安地铁在创建服务品牌过程中的主要做法，为城市轨道交通行业的服务品牌建设提供了具有一定参考意义的经验与启示。实践表明，"Ai畅行"服务品牌的创建显著提升了运营服务水平，提高了乘客满意度，获得了社会各界的广泛好评。未来，西安地铁将坚持创新驱动，深化科技融合，拓展服务延伸，构建综合服务新体系，铸造城轨服务新典范。

关键词： 运营服务　品牌创建　西安地铁

引　言

企业品牌是高质量发展的重要载体，地铁运营服务品牌创建是推动地铁运营各项工作高质量发展的重要举措，加强运营服务品牌建设是满足人民群众美好出行生活的重要途径。西安地铁已经开通运营10余年，线网规模不断扩大，在拉大城市骨架、优化城市布局、方便群众出行、缓解城市拥堵、促进区域经济发展等方面作出了积极贡献，线网客运总量和客流强度长年居

---

* 卢剑鸿，正高级工程师，现任西安市轨道交通集团运营分公司总经理，主要从事城市轨道交通运营管理工作，在城市轨道交通运营管理、车辆管理、客运管理、企业管理等方面有资深的管理实践经验；王菲，高级工程师，现任西安市轨道交通集团运营分公司线网管控中心副总经理，主要从事城市轨道交通客运组织与服务管理、服务品牌建设、票务运作管理、标识管理等工作。

于全国前列，为乘客提供了安全、准点、舒适、便捷的轨道交通运营服务。

以"城市建设的引领者和生活方式的提供商"为企业愿景，秉承"为城市加速，让生活精彩"的使命与"地铁所至，爱心相随"的服务理念，西安地铁在安全生产、服务优化上持续发力，连续 12 年居陕西顾客满意度测评公共交通行业榜首，并荣获多项国家级荣誉，品牌形象日益提升，为全面加快国家中心城市建设和经济社会高质量发展贡献了力量。实施服务品牌创建，有利于进一步提升地铁运营服务品质、提升乘客满意度，同时也有利于凝聚共识，激发员工荣誉感、自豪感和创造感，提高企业知名度和美誉度，增强企业市场价值，推动地铁运营企业可持续高质量发展。

一 西安地铁服务品牌创建的做法

（一）创建背景及起因

西安地铁自 2011 年首条线路开通运营以来，陆续推出了一系列服务创新举措。2012 年 6 月，以"6·11"为契机，开展地铁文明礼让，排队出行，并将每月的 11 日定为"地铁排队日"，致力于引导乘客文明排队。2013 年，北大街站以"学雷锋、树标杆"为服务工作思路，成立了"锋巢服务队"，提出"锋巢服务，关爱一路"的口号，致力于提供优质服务。2016 年 11 月，作为西安通往咸阳西大门的后卫寨站，结合咸阳市民的乘车需求，成立了暖心主题车站，并设置便民服务台开展暖心服务，进一步促进西咸一体化。2017 年，随着西成高铁的开通，作为全国旅游大都市，西安地铁结合节假日外地乘客乘车需求，在北客站、钟楼、小寨等大客流车站设置了"爱心服务台"，提供多种爱心服务，并推出了针对特定群体的"爱心预约"特色服务，让地铁服务与城市发展交融并进。2018 年 1 月，西安地铁主动发力，以乘客需求为导向，推出"便民如厕"服务举措，所有车站的卫生间免费向公众开放；2019 年 5 月，五路口站成立了"小鸣驿站"，并推出"彩虹指引条"特色服务举措。

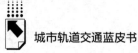

　　尽管西安地铁经过 10 余年的发展已具备一定的品牌效应，各项服务举措推陈出新，但服务管理及运作体系缺乏精准定位和顶层设计，各类服务举措、元素、创新项目以及软硬件资源和主题文化都亟须系统梳理和升级。

　　2020 年 11 月，在西安市举办"十四运""残特奥会"和创建国家中心城市、国际消费中心城市的背景下，西安地铁秉承"地铁所至　爱心相随"的服务理念，传承和坚持"爱心"服务措施和特色，紧扣智慧交通发展，着眼美好出行大局，开展服务品牌创建相关工作，针对服务品牌名称、品牌口号及品牌标识进行研究，形成了西安地铁"Ai 畅行"服务品牌，并于2021 年 9 月正式发布。

（二）西安地铁服务品牌概况

1. 品牌名称及内涵

　　西安地铁服务品牌名称为"Ai 畅行"，口号为"地铁所至　爱心相随"。"Ai"为"爱"的拼音，代表传承沉淀多年的西安地铁爱心服务特色；"Ai"也代表以人工智能、数字化、信息化为核心特征的地铁智慧交通发展方向，代表着西安地铁始终走在"用科技赋能服务"的前列；"畅行"是西安地铁服务品牌的初心，是一切服务乘客的根本，体现了轨道交通的特点和乘客美好出行的愿望，也是"Ai 畅行"服务品牌的庄严承诺。

2. 品牌标识

　　"Ai 畅行"标识设计采用"图形+文字"的形式（见图 1）。

图 1　品牌标识

资料来源：根据西安市轨道交通集团运营分公司提供的服务品牌相关资料整理。图 2 来源同此。

3.品牌内容

"Ai 畅行"服务品牌以"着眼整体服务水平、规范服务标准体系、做好特色服务文化、加强内部关键管控"为指导思想,全面辐射运营服务各环节,围绕"Ai 服务、Ai 形象、Ai 科技、Ai 保障、Ai 团队、Ai 城市和 Ai 生活"7 个模块,"七位一体"形成联动合力,在统一规范服务的基础上,拓展延伸服务内容,对外提升服务品质、升级设备设施,对内提高人员服务水平、规范服务管理,不断满足乘客日益增长的美好出行愿望,努力形成"品牌引领、一网统管、遍地开花"的服务工作新格局。

(三)西安地铁服务品牌基本做法

1.规范标准、强健设施,夯实品牌基础

以"Ai 保障——健全规范、统一标准,保障服务质量"为目标,通过"健全标准化服务管理制度""统一标准化服务监督管理""健全站、线、网三级服务评价机制"等举措,完善标准化服务体系。一是全面梳理不同场景下的信息、广播、环境、告示、PIS、服务人员用语等乘客感知范围内的服务标准,查漏补缺、整合完善,建立由技术标准、管理标准、岗位作业服务标准构成的标准化服务体系制度清单,确保标准化服务制度体系的闭合性、关联性和科学性,为全网服务管理和现场服务工作提供规则和指引,实现全网服务管理制度的规范和统一。二是按照专业模块统一各级服务监督检查标准,强化日常服务设施设备监督检查,开展多发、频发服务问题一线调查和研究分析,重点跟踪持续整改的服务问题,优化整改反馈流程,实现服务监督"检查、调查、整改、复核"四位一体的完整闭环管理。三是全面采用站、线、网三级服务评价机制,做细车站级服务评价内容、频次和方式,形成线网统一的车站级服务质量评价规范;优化线路级服务评价指标,科学、合理地设置评价指标,提升线路服务评价的适配性和有效性;定期开展线网级乘客服务满意度评价,创新采用车站调查、走访调查相结合的方式,收集乘客有效意见,阶段性检验现场服务效果,以结果为导向、以评价促服务,持续推动服务水平提升。此外,定期开展服务体系评估,针对服务

作业、运作流程、沟通衔接等机制体制建设、服务流程欠缺等问题，及时发现问题、及时整改优化，打造规范化作业的"服务—标准线"。

以"Ai科技——强健基础服务设施，夯实智能化管理基础"为目标，结合新线建设开通情况，探索"互联网+服务"新模式，主要研究现代智能科技在地铁行业中的应用，以"科技改变生活"为主旨提升乘客出行体验，全面推进智能客服中心在新开通线路中的广泛应用，逐步从"人工模式"向"智能化模式"转变，从升级和改造既有线路设施、优化服务设施功能体验、推进导向标识体系建设、实现乘客自助处理票务事务、制定地铁特色语音广播等方面提升智慧乘客服务水平，通过多维度的科技手段研究，确保各项工作抓出成效，打造传递文明力量的"城市—智慧线"。

2. 综合研判、个性服务，加强品牌管理

以"Ai城市——彰显城市形象和文化、Ai生活——提供轨道交通定制化生活服务"为切入点，从完善服务有形性、加速服务响应性、拓宽服务移情性、深化服务确定性4个维度形成个性化、多元化的"Ai服务"，打造不断进取的"线网—先锋线"。

完善服务有形性，一是开展服务环境优化提升工作，擦亮城市"窗口"形象，结合城市环境提升工作，对17座车站的"四小件"进行美化，改造1号、2号线的卫生间和92座车站的无障碍设施，同时优化了导向系统，使乘客出行更便捷。打造25个精品母婴室和4个移动母婴室，升级了服务功能和物资。二是打造基于城市资源禀赋和文化IP的服务内容，推广"彩虹指引条""长安E径""VR指路系统""列车LCD动态地图""萌版手绘"等多元化指引服务。依托自身文化资源，开展站徽主题打卡活动（见图2），同时开展文化主题车站建设，分别在钟楼站和西安站创建了"诗韵长安"唐诗主题车站和"乐润长安"音乐主题车站，成为城市文化的新地标，也为乘客提供了沉浸式的文化体验。

加速服务响应性，即审视服务传递和问题处理过程，广泛听取乘客建议，建立服务问题研判机制：围绕典型服务事项、争议问题进行交流研究和决策；对外充分利用客服热线、站长接待日等多个信息渠道，收集乘客意

图 2　站徽主题打卡活动

见，研究重点乘客建议；并充分考虑乘客服务诉求，建立乘客事务处理工单流转平台，创新采用智能工单转派功能，实现"存储、流转、查询、分析"一体的全电子化乘客事务处理系统。

拓宽服务移情性，即设置个性化服务举措，使服务更具生活温度：匹配乘客出行需求，优化完善客运组织管理；同步开展公交地铁衔接换乘研究，满足乘客换乘需求；创新开展排队日、站长接待日、节假日氛围营造等 11 项落地服务活动，重点落实爱心预约、文明引导、扶老携幼、特色指引、人员保障、区域联动等 18 项特色服务举措。

深化服务确定性，一方面，拓展现场人员提供服务时所需的知识、能力：围绕"分阶段、定制化、全覆盖"的阶梯式服务培训模式，以内部优秀讲师为主，以外聘讲师、行业专家为辅，打造多元化培训讲师，巩固深化服务培训成果；在新员工入职教育中，加大服务标准及礼仪等培训内容占比，固化培训课程，实现传承服务理念和经验的目的，打好服务工作坚实"地基"；对于在岗员工，综合现场服务工作实际需求，不断补充、完善服务培训内容并滚动组织实施，如新增司机岗广播用语规范培训，每月不低于 4 学时；每年从"深造专业人才、培育关键人才"两个维度，开展现场骨干人员（包括专业、乘务、站务、客服、安保等）服务知识培训，分层分类定制岗位个性化服务培训内容，与员工服务技能需求匹配，加速培养关键岗

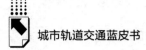

位服务技能,打造员工的"加油站""充电桩"。另一方面,持续优化改进服务项目,制定行之有效的改进措施,一是新增发布服务简报,纳入服务数据概况、典型服务事件和服务重点工作等项目,便于全面把控服务工作开展情况,精准定位服务改进项目;二是定期召开服务工作会议,明确会议组织模式,形成服务现场会、重大事件分析会、管理经验交流会、服务座谈会等多样化的会议形式,提升服务会议的针对性和有效性;三是完善服务考核机制,建立科学、规范的服务考核流程,全面、客观、公正地开展考核激励,持续助力服务质量改进。

3. 升级服务台、创建服务队,打造品牌风采

以"Ai 形象——升级爱心服务台、Ai 团队——组建 Ai 畅行服务队"的方式,更快地为乘客提供线路咨询服务、解决乘客出行困难,更好地展现品牌风采。其中,爱心服务台向乘客推广出行信息问询、爱心预约、失物招领、便民药箱等"十项"服务措施,另外还准备了胶带、皮筋、板车等工具,方便乘客对散落行李进行整装运送;"Ai 畅行服务队"完善服务队硬件配置标准及软性服务实力,规范服务队标准化管理,节假日开展服务队专项特色活动;通过评选"服务明星""为民服务先锋岗"、争创"人民满意示范窗口"等机制,树立服务标杆,促进服务水平提升,从而打造"便民零距离、服务有温度"的地铁风景线。

4. 内凝聚、外广宣,持续推广品牌效应

对"Ai 畅行"服务品牌进行系列推广,形成品牌推广方案,设计宣传展板、拍摄服务宣传视频,对内加强各岗位员工品牌理念宣贯,统一思想,凝心聚力,同时结合员工风采活动(如演讲、主持人、舞蹈、歌曲大赛等)充分融入服务品牌主题;对外围绕 7 个模块内容,组织开展"Ai 畅行·让爱先行""Ai 畅行·文明出行""Ai 畅行·微笑随行""Ai 畅行·与您同行""Ai 畅行·党员先行""Ai 畅行·快乐出行""Ai 畅行·安全出行""Ai 畅行·智慧出行"等系列主题活动,突出"Ai 畅行"特色服务主题;并结合每项服务提升活动制定具体实施方案,统筹策划各运营线路组织方式,做到活动标准统一,形成合围之势。讲好服务品牌故事,主动收集运营

服务先进事迹材料，树立典型人物形象，编制品牌故事，梳理国家、省级、市级共青团、总工会、文明办、妇联、残联、志愿者协会等部门举办的先进人物和集体的评选项目，积极联系外部推优平台，让运营优质服务形象"走出去"；结合西安市"西安因你而美"主题实践活动，推选8名文明大使，融合开展"Ai畅行"品牌服务活动，做到形象引领、升华"Ai畅行"，打造地铁文明窗口的"品牌—传播线"。

（四）西安地铁服务品牌主要成绩及社会评价

近年来，西安地铁致力于深化服务品牌管理的全过程研究，不断探索和实践品牌管理的创新策略，在实践中始终坚持品牌建设的稳定性和持续性，坚持一个品牌理念统领整体服务工作，树立长远发展思想，防止出现"一个时期一个品牌""一项工作一个品牌"，避免品牌形象和内涵不稳定；始终坚持品牌建设创新性，充分融合品牌建设工作与年度服务工作，不断创新，坚持做到稳中求变，不断探索新的服务措施，及时总结服务工作的先进做法，随时提炼品牌发展的新元素，为品牌注入新活力；坚持品牌建设工作的覆盖面和参与度，服务品牌建设内容涵盖运营服务的方方面面，需要全体员工凝聚思想，协同发力，这样才能大幅提升运营服务品质，更好发挥品牌效应。

"Ai畅行"服务品牌以独特的服务理念和品牌运营管理模式，不仅赢得了市民乘客的广泛好评，更在业界获得了一定的认可。西安地铁运行图兑现率、列车正点率、列车服务、自动扶梯、无障碍电梯、自动售票机、进出站闸机、乘客信息系统可靠度等运营服务关键指标均达到同行业较高水平，连续5年乘客满意度调查得分均在90分以上，处于非常满意水平，"Ai畅行"服务品牌先后获得市级优秀党建品牌、全国品牌创新大会暨第十一届全国品牌故事大赛第三名等荣誉，品牌价值得到显著提升。

西安地铁不仅为市民提供了更加美好、便捷的出行体验，而且为城市轨道交通行业的创新发展注入新的活力。这一品牌以卓越的竞争力，成为新时代城市交通发展的一个亮点，充分展现了西安地铁在服务品质提升和品牌战略实施方面的坚定决心。

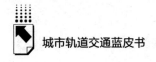

二 西安地铁服务品牌管理的思考与展望

（一）持续创新，探索品质服务新模式

推动构建一个充满活力和不断进化的服务品牌，在提供卓越运输服务的同时，不断追求技术设备、服务理念、管理模式和顾客体验等多维度的创新与完善。在技术和设备上，引入智能化系统和大数据技术以提高效率和优化运营组织。在服务理念上，提供更加个性化的服务，如针对特定群体的特色服务。在管理模式上，探索灵活高效的管理方式，如跨部门协作和员工能力提升。在顾客体验上，通过增加娱乐元素、提供免费 WiFi 等手段，提高乘车体验，赢得乘客的信任和支持，从而增强服务品牌的影响力。

（二）科技融合，引领智慧服务新升级

把尖端科技与地铁运营服务深度融合，持续提升西安地铁的服务质量并增强乘客体验。例如，引入人工智能实现更精准的客流预测和调度管理，借助 AI 客服和智能机器人，优化顾客咨询响应；利用大数据技术收集和分析乘客出行模式、车厢拥挤度、站点流量等信息，以实现精细化管理；借助物联网技术，实现车站与车辆的实时监控，确保运营安全；基于云计算实现数据的集中管理和共享，开发移动应用程序，提供个性化推荐和增值服务；等等。这些科技的融合与应用，将极大地提升服务水平和管理效率，把西安地铁推向智慧、高效的现代化轨道交通前沿。

（三）深耕文化，打造服务文化新展厅

将丰富的西安地方文化特色融入地铁服务中，增强服务品牌的文化魅力，打造具有独特地域特色的地铁服务品牌，致力于将西安地铁打造成为城市文化的传播者。例如，在地铁站台、车厢以及公共区域展示西安的历史遗迹、民俗艺术和非物质文化遗产，设置主题壁画、雕塑、展览等；定期举办

古乐演奏、汉服体验、书法展览等以"西安+地铁"文化为主题的活动；在列车播报、指示标识设计、宣传册等服务细节中巧妙融入西安地方语言和文化符号；开发与城市文化相结合的相关纪念品或文创商品；设立地铁图书馆，开展历史文化知识讲座和教育活动；等等。这些措施使西安地铁成为一个动态的博物馆和城市文化展览厅，让乘客在日常出行中感受到浓厚的历史文化底蕴，提升服务的亲切感和文化认同感，增强品牌的文化魅力，为西安地铁的长远发展增添持久动力。

（四）服务延伸，构建综合服务新体系

将地铁服务品牌的理念拓展至更广泛的服务领域，实现从单一的交通服务提供商向综合服务平台的转变，致力于成为城市生活的核心纽带。例如，与政府及社区合作，参与社区便民服务网络的建设，提供社区接驳巴士、共享单车等"最后一公里"的出行解决方案；提供旅游信息咨询、预订服务、行李托管等增值服务；与周边商圈、餐饮、娱乐等商业体进行深度合作，推出联合优惠、一站式消费体验等服务；建立快速反应的应急救助体系，为乘客提供急救医疗、紧急疏散等服务；持续优化无障碍设施，为老年人、儿童、残疾人等特殊群体提供更加周到的服务；等等。这些努力旨在构建更加全面便捷的生活服务体系，力争将西安地铁打造成提升居民生活品质、促进城市可持续发展的关键力量，使其成为连接人与城市各方面的重要桥梁，全面提升西安地铁的服务品牌价值。

（五）合作共赢，铸造城轨服务新典范

在全球化和信息化的大环境中推动城市轨道交通的发展，与国内外的地铁行业同仁分享经验，探讨创新思路，携手合作，共同推进城市轨道交通服务品牌向前发展。例如，积极参与国际城市轨道交通行业的交流活动，借鉴国际先进城市的运营管理模式和服务创新实践；与其他城市的地铁管理机构建立长期的合作关系，形成互利共赢的合作联盟；与高校、科研机构共同开展轨道交通领域的科研项目和人才培养计划；参与或主导制定行业标准和规

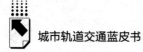

范，推动服务品质和管理效率的整体提升；等等。通过这些合作共赢的策略，不断学习和吸收国内外先进的管理理念和实践经验，与全球同行共同提升城市轨道交通的服务水平和品牌价值。

三 结语

服务品牌创建是提升地铁运营服务品质，实现运营服务工作高质量发展、可持续发展的必由之路。西安地铁服务品牌的创建和发展不仅是一项系统工程，更是一个持续蜕变的探索之旅，要求企业不懈地进行创新探索，深度融合前沿科技，丰富和弘扬城市文化，不断拓展服务的边界，努力为市民乘客提供体验感更佳的出行服务，让城市轨道服务更有温度、更有深度，为城市形象加分。

Abstract

Report on The Development of Urban Rail Transit Operation in CHINA (2023~ 2024) is structured around urban rail transit services and consists of five sections: General Report, Service Branding Creation Chapter, Service Quality Improvement Chapter, Reference Chapter, and Expert Opinions Chapter.

In 2023, China operated 308 urban rail transit lines with a total mileage of 10158.6 kilometers, an increase of 604 kilometers from the previous year. Passenger boarding was 29.39 billion, and passenger journey was 17.72 billion, representing year-on-year growth of 52.2% and 51.6%, respectively. The urban rail transit operation and management system saw significant improvements, with the Ministry of Transport of the People's Republic of China issuing six regulatory frameworks and implementing three national and industry standards. Wuhan and Luoyang established local operational standards, while Beijing and Shanghai introduced 28 local standards. Innovations in passenger service, train scheduling, facility management, and sustainable development have resulted in multiple technological awards. Notable service brands, such as Chengdu Metro's "Civilization 365", Xi'an Metro's "Ai Changxing", and Qingdao Metro's "Smooth Happiness" have enhanced public satisfaction.

For operating enterprises, the economic benefits of urban rail transit are a crucial guarantee for improving operation services. Many cities have conducted explorations and practices in passenger flow cultivation. Practice shows that passenger flow levels are influenced by factors such as socio-economic development, urban spatial planning, land development along transit routes, station accessibility, and operation and management services. Cultivating passenger flow requires a comprehensive approach, including matching social development

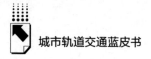

levels, coordinating urban spatial structures, accelerating land development along transit routes, enhancing station accessibility, and improving management service levels. Some cities have utilized surplus capacity of urban rail transit lines to explore small-item logistics transport. However, challenges such as incomplete regulatory frameworks, high costs of freight adaptation, inadequate logistics facilities, and safety concerns need to be resolved before broader implementation.

While China's urban rail transit continues to meet the growing and evolving transportation demands of the public, certain challenges remain. Establishing and improving the operation service quality management system and innovating service measures guided by passenger demand are effective ways to solve the problem. A service quality management system encompasses key elements such as service standards, regulatory mechanisms, monitoring systems, passenger feedback mechanisms, personnel training, service promotion, technical support, and innovative applications. Operators should focus on implementing quality evaluations, addressing passenger needs, fostering service innovation, and tackling issues related to an aging population. Notable efforts include optimizing the entire passenger travel process, aligning transport services with passenger needs, and exploring rail integration in urban clusters. Practice shows that optimizing station entry, inquiries, and security checks, as well as adjusting train schedules and improving connectivity, effectively meets diverse passenger needs such as commuting, rapid transit, short transfers, and leisure travel. The integration of metropolitan rail transit requires systematic planning in areas such as network design, construction, renovation, and service standards.

Keywords: Urban Rail; Service Brands; Service Quality; Passenger Demand; Passenger Flow Cultivation

Contents

I General Report

B.1 Review of the Development of Urban Rail Transit

Operations in China in 2023

Wang Xianjin, Lu Wenxue, Yang Xinzheng, Liu Shuhao and Wu Ke / 001

Abstract: In 2023, China's urban rail transit operation scale continued to expand, with an additional 604 kilometers of operational mileage, bringing the total to 10158.6 kilometers with 5923 stations. The total passenger boarding was 29.39 billion, and passenger journey was 17.72 billion, representing year-on-year increases of 52.2% and 51.6%, respectively. The urban rail transit operation and management system saw further improvement, with significant achievements in corporate management and technological innovation. The Ministry of Transport of the People's Republic of China issued six operational management policies and three standards, while local authorities introduced multiple operational management regulations and standards, further strengthening the foundation of industry operation and management. Operating enterprises explored and practiced diverse initiatives in passenger flow management, train scheduling, facility and equipment management, and sustainable development, earning widespread passenger recognition and winning over 30 scientific and technological awards.

Keywords: Urban Rail Transit; Operational Service; Management Innovation; Technological Innovation

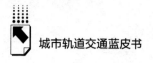

II   Service Branding Creation Chapter

B. 2   Challenges and Opportunities Faced by Urban Rail Transit
Operation Services

Qian Shujie, Liang Jun, Ding Bo, Hu Yuan and Zhu Bingqin / 034

Abstract: In 2023, the development trend of urban rail transit operation service quality in China showed a steady increase. By combing the research questionnaire, the effect of comprehensively improving passenger convenience, experience, feeling and response based on cultural and tourism integration, station-city integration, functional integration and business integration is analyzed. In the face of the many uncertain challenges affecting the quality of operation services, the shortcomings of the high-speed development and the operation service entities were identified, and corresponding recommendations were put forward. Looking ahead, digital empowerment remains the main line of high-quality development of urban rail transit. Taking the digital transformation of Suzhou rail transit as an example, the way of exploring the high-quality development of operation services is introduced. Through the in-depth analysis of new opportunities and new challenges in the digital era, relevant initiatives to reshape the core competitiveness of operation services across the board are proposed to help improve the governance level of operation services.

Keywords: Urban Rail Transit; Operational Service; Service Digital Transformation

B. 3   Analysis of the Quality Management System for Urban Rail

Transit Operation Services

Guo Jingfan, Song Yujie and Yang Yune / 060

Abstract: As urban rail transit networks expand and mature, citizens are getting more and more reliant on rail transit, highlighted by their demands for more refined, diversified, and specialized transit services. Hence, establishing a quality management system for urban rail services and sustaining high-level service competitiveness have emerged as pivotal tasks for rail transit operators. The building of a quality management system for urban rail transit services hinges on several pivotal components, such as establishing well-conceived service standards, fostering an effective regulatory framework, implementing a comprehensive monitoring system, creating avenues for passenger feedback, investing in staff training and service promotion, and embracing technical support and innovative applications. Consider Guangzhou Metro as a case in point. To sustain its competitive edge in service delivery, it's imperative to continually refine and enhance the service quality management system by rigorously enforcing quality assessments to bolster foundations, prioritizing passenger feedback and taking proactive measures, fostering a culture of service innovation to stay at the forefront, and addressing the needs of all age groups, particularly the elderly, to ensure an inclusive and age-friendly environment. These efforts are geared towards elevating the service quality of the urban rail transit sector to new heights.

Keywords: Urban Rail Transit; Management System; Transit Operation Services

B. 4 Research on the Evaluation Index System of Urban Rail Transit Operation Service Brand Lines

Zeng Cuifeng, Ma Yu, Li Guocheng, Cao Qiong and Cao Jing / 076

Abstract: The research on the establishment of the evaluation index system of operation service brand lines can effectively guide the urban rail transit operation units to rationally allocate various service resources, improve service guarantee measures, innovate service methods, and better meet the needs of passengers according to the specific performance of the evaluation indicators. This paper mainly discusses the main factors affecting the operation service brand lines, starting

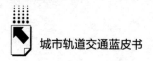
城市轨道交通蓝皮书

with the performance of indicators concerned by industry authorities, urban rail transit operating units, passengers and other benchmarking industries, and adopts frequency analysis and other methods to select 2 first-level indicators and 23 second-level indicators for the evaluation of urban rail transit operation service brand lines. The establishment of the evaluation index system of the operation service brand line has been preliminarily completed.

Keywords: Urban Rail Transit; Operation Service; Brand Line; Index System

B.5　Service Optimization Measures Based on Passenger Travel Process

Peng Hang, Wang Lulu, Li Xiao, Yuan Zhuangling and Li Zhuang / 091

Abstract: Urban rail transit as a major means of transportation for passenger service, passenger travel is the process of rail transit to provide transportation services, but also the main scene of interaction between rail transit and passengers. Service optimization initiatives based on the passenger travel process is a series of service optimization measures taken around the goal of high-quality development of rail transit, subdivided according to the passenger travel process, through the analysis of the needs of each segment of the passenger travel process, to take corresponding enhancement and optimization initiatives to improve the passenger travel experience and enhance the quality of rail transit services.

Keywords: Urban Rail Transit; Passenger Travel Process; Passenger Travel Service

B.6　Methods for Cultivating Passenger Flow in Urban Rail Transit

Lin Ruihua, Yue Xiaohui, Cui Jianming, Chen Wei and Shen Ying / 112

Abstract: In recent years, China's urban rail transit has developed rapidly. In order to better play the supporting and leading role of rail transit in social and economic development, this paper conducts a special study on the passenger flow of rail transit. Through investigation and data comparison, the law of urban rail transit passenger flow development is analyzed, and five main factors affecting passenger flow efficiency, such as economic development, spatial planning, land development, station accessibility, and operation services, are extracted from macro to micro. Based on the analysis of actual cases, this paper proposes cultivation strategies such as synergizing the development of urban spatial structure, implementing TOD development, improving station accessibility, improving service quality, and promoting the integration of culture and tourism.

Keywords: Urban Rail Transit; Passenger Flow Benefits; Influencing Factors; Cultivation Methods

Ⅲ Service Quality Improvement Chapter

B.7 Comparison and Optimization of Transfer Modes for

Urban Rail Transit

Li Dan, Zhang Qi, Zhou Chuanyu,

Jiang Yanlin and Ma Yuting / 138

Abstract: This paper discusses the advantages and disadvantages of five different transfer modes and their impacts on passengers' travel experience. It analyzes the current situation of transfer conditions in major urban rail transit systems and introduces relevant experiences in enhancing transfer experiences from aspects such as passenger flow organization, information guidance, and personalized service measures . Through specific cases, it demonstrates effective measures in optimizing transfers in urban rail transit and provides suggestions on improving planning rationality, conducting thorough passenger demand research, and innovatively adopting emerging technologies.

Keywords: Rail Transit; Transfer Method; Transfer Experience

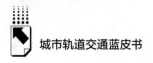

城市轨道交通蓝皮书

B . 8 Optimization of Urban Rail Transit Transportation Organization
Based on Passenger Demand

Research Group on Optimization
of Urban Railway Transportation Organization / 165

Abstract: The most basic task of urban rail transit is to transport passengers
safely, rapidly, accurately and conveniently, to meet the needs of the general
public to the maximum extent possible and to provide high-quality transportation
services. With the rapid development of urban rail transit, passengers' travel demand
has also advanced from basic point-to-point commuting to diversification. This
paper summarizes the effectiveness and experience of the urban rail transit units to
take passenger travel demand as the guide, to take the adjustment of the departure
interval, running large station empty train, the organization of direct trains, extend
the operating time, common line operation, fast and slow mixed running, flexible
grouping and other initiatives to optimize the transport organization program, to
maximize the adaptability of the different passenger travel demand, and lists the
Beijing Metro through the operation of Shanghai Metro flexible grouping, the
Chengdu Metro Co. It also cited Beijing Metro's through operation, Shanghai
Metro's flexible grouping, Chengdu Metro's common line operation, Chongqing
Metro's three-lane interconnection and other excellent transportation organization
cases.

Keywords: Transportation Organization; Passenger Demand; Urban Rail
Transit

B . 9 Research Group on Optimization of Urban Railway
Transportation Organization

Urban Rail Transit Accessibility Service Practice Research Group / 185

Abstract: With the increasingly large scale of China's aging population and the increasing travel needs of people with disabilities, society as a whole has been paying more and more attention to special groups of people with mobility impairments, and the state and the industry have attached great importance to the improvement of barrier-free and ageing-adapted services, with urban rail transit operators actively exploring and practicing them. Based on the relevant requirements of laws, regulations and standards, urban rail transit barrier-free design and construction standards have been issued in various places, and urban rail transit operators have equipped all kinds of barrier-free facilities in stations and trains, and have continuously upgraded their operation and service initiatives, which have greatly facilitated the travel of special groups. Subsequently, urban rail transit operators will continue to make efforts to unify the barrier-free construction and acceptance standards of new lines, improve the renovation and daily maintenance of barrier-free facilities of existing lines, pay attention to the convergence of blind alleys inside and outside stations, and improve the quality of barrier-free services at stations, so as to promote the development of barrier-free services of urban rail transit to be better and more excellent.

Keywords: Urban Rail Transit; Accessible Facilities; Accessible Services

B. 10   Practice of Integrated Development of Rail Transit in Urban

Agglomerations and Metropolitan Areas

Hu Yuan, Zhang Zhiqing, Chen Yueqin,

Zhu Jie and Lu Jiegang / 202

Abstract: With the rapid rise of urban agglomerations and metropolitan areas, China's urbanization has entered a new stage of development, and rail transit is facing the new mission of building urban agglomerations and metropolitan areas on rails. This paper combines the demand for integrated development of rail transit in city cluster metropolitan area, combs through the practical experience of integrated development of rail transit in many places, and summarizes and analyzes

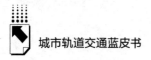

the current existence of multiple operation guardianship subjects, fare clearing not interoperability, service policy is not unified, emergency linkage is not interoperability, lack of leading authorities and other issues, and finally puts forward the future integrated development of rail transit, which needs to be from the promotion of network convergence, improve the planning system, research technical standards, and collaborative integrated development in four directions. system, research on technical standards, and synergistic integration and development in four directions.

Keywords: Urban Agglomerations; Metropolitan Area; Rail Transit

B.11　The Feasibility and Development Prospects of Subway

Surplus Capacity Utilization for Small Parcel Logistics

Chen Xiao, Guo Cen, Jiang Guo,

Yue Xiaohui and Cui Jianming / 214

Abstract: Traditional freight transportation methods face severe challenges such as traffic congestion, environmental pollution, and high logistics costs. Developing subway freight transportation has become an innovative solution to alleviate urban logistics pressure. This article takes subway freight as the theme, explores the unique advantages of subway freight and its positioning in the urban logistics system from multiple perspectives such as politics and law, it argues that it is feasible for metro to conduct small parcel logistics transportation, and Through investigation, the current operation status of subway freight pilot projects in some leading cities in China was summarized, and countermeasures and suggestions were proposed for the problems faced. Meanwhile, taking Nanjing Metro as an example, key factors that need to be considered for urban subways planning to carry out logistics business were elaborated, including but not limited to logistics processes, resource matching, revenue models, etc. Finally, the opportunities and challenges for the future development of subway freight transportation in the new era were revealed, aiming to provide a solid theoretical basis and practical guidance for exploring more efficient and environmentally friendly small parcel logistics solutions in China's urban rail transit field.

Keywords: Metro Freight; Surplus Transportation Capacity; Small Parcel Logistics

Ⅳ   Reference Chapter

B.12   Experience Reference for Creating International Advanced
Urban Rail Transit Operation Service Brands

Chen Shaokuan, Chen Zhexuan,

Shi Mengtong, Xiao Di and Wang Yao / 233

Abstract: The urban rail transit system in China faces challenges in passenger flow growth, service quality improvement, and passenger experience optimization. Drawing on the experience of creating internationally advanced urban rail transit service brands, this paper summarizes application cases and implementation effects of typical urban rail transit from the following four aspects: Firstly, brand image design, encompassing logo design, guide diagram design, and architectural design; Secondly, brand culture construction, emphasizing cultural integration to foster community interaction and artistic innovation; Thirdly, operational quality assurance, aimed at enhancing transport efficiency, safety, and informatization levels; Fourthly, passenger experience assurance, which involves optimizing accessibility and convenience facilities, ensuring cleanliness and comfort, and valuing passenger feedback. Based on these insights and China's actual development of urban rail transit, the paper puts forward specific recommendations for the construction of urban rail transit service brands in terms of image design, cultural development, operational quality, and passenger experience.

Keywords: Urban Rail Transit; Service Brand; Image Design; Passenger Experience

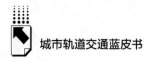
城市轨道交通蓝皮书

V   Expert Opinion Chapter

B.13   Long Term Management Mechanism for the Quality of Urban
Rail Transit Operation Services

He Fang, *Zhang Kai* / 273

Abstract: Chengdu Metro has been committed to meeting the diverse travel
needs of its citizens by innovative implementation of "civilization 365" service
long-term enhancement mechanism, with "365 days of civilized service", to better
meet the citizen's aspirations for better travel. The "civilization 365" service long-
term enhancement mechanism covers "operation front", "standard management"
and "brand traction". "The "operation front" mechanism builds a solid
hardware foundation through participation in the whole process, establishment of
preparatory standards, and differentiated preparations, while the "standard
management" mechanism builds a service standard system, improves public
supervision, and implements service quality evaluation. The mechanism of "standard
management" is based on the construction of a service standard system,
improvement of public supervision, implementation of service quality evaluation and
other measures to consolidate the service norms, and the mechanism of "brand
traction" is based on the creation of four major travel scenarios, special theme
stations, and a team of benchmarking characters to enhance the travel experience
with a view to further improving service quality, The long-term enhancement
mechanism of "Civilization 365" service has been transformed into the practical
effect of promoting the high-quality development of rail transportation and
enhancing the citizen's sense of well-being.

Keywords: Urban Rail Transit; Metro Service Quality; Operation Service

B . 14 Building a Sustainable Urban Rail Transit Operation Service and

Enhancing Incentive Mechanism

Wei Song, Wei Guojing, Wu Shasha and Wu Dexin / 284

Abstract: As a large capacity backbone transportation, urban rail transit is faced with diverse passenger demand, high operating costs, complex management structure and other issues, in order to realize the high-quality development of urban rail transit, it is necessary to build a sustainable incentive mechanism for service enhancement, Qingdao Metro has established a "three-in-one" system with a target system, team building and a guarantee system. To promote the path, through the "1 + 6" target system traction, brand and team building thought leadership, the implementation of the "16 + N" index control, "0 points accumulation" and the second allocation of excellence, the performance appraisal of the whole company. Performance assessment combining "0 points accumulation" and secondary distribution of excellence, full-cycle talent training, unveiling the list of marshals and five small inventions of innovation and empowerment and other specific incentives, so as to make the response to emergencies more timely, more comfortable for passengers to travel, and more optimized staffing, to achieve high efficiency and quality of operation and service, and high-quality development of the enterprise.

Keywords: Urban Rail Transit; Operation Services; Qingdao Metro

B . 15 Exploration and Reflection on the Creation of Xi'an

Metro Service Brand

Lu Jianhong, Wang Fei / 296

Abstract: This article introduces the creation and effectiveness of the "Ai Changxing" service brand of Xi'an Metro, and discusses the main practices of Xi'an Metro in creating service brands from the aspects of cultivating brand

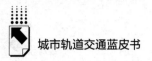
concepts, consolidating brand foundations, strengthening brand management, creating brand style, and promoting brand effects. It provides valuable experience and inspiration for the construction of service brands in the urban rail transit industry. Practice has shown that the creation of the "Ai Changxing" service brand has significantly improved the level of operational services, increased passenger satisfaction, and received widespread praise from all sectors of society. In the future, Xi'an Metro will adhere to innovation driven, deepen technological integration, expand service extension, build a new comprehensive service system, and forge a new model of urban rail service.

Keywords: Operation Service; Brand Creation; Xi'an Metro

支持单位

本蓝皮书的主要观点是根据城市轨道交通运营服务品牌创建专题调查成果提炼形成。在调查过程中，得到了以下 32 个委员单位的高质量问卷回复，在此表示衷心的感谢！

苏州市轨道交通集团有限公司

济南轨道交通集团有限公司

西安市轨道交通集团有限公司

宁波市轨道交通集团有限公司

青岛地铁集团有限公司

重庆市轨道交通（集团）有限公司

洛阳市轨道交通集团有限责任公司

上海申通地铁集团有限公司

成都轨道交通集团有限公司

杭州市地铁集团有限责任公司

天津轨道交通集团有限公司

无锡地铁集团有限公司

南宁轨道交通集团有限责任公司

厦门轨道建设发展集团有限公司

深圳市地铁集团有限公司

徐州地铁集团有限公司

北京京港地铁有限公司

福州地铁集团有限公司

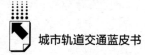

石家庄市轨道交通集团有限责任公司

北京市轨道交通运营管理有限公司

广州地铁集团有限公司

呼和浩特城市交通投资建设集团有限公司

南京地铁集团有限公司

合肥市轨道交通集团有限公司

武汉地铁集团有限公司

常州地铁集团有限公司

长春市轨道交通集团有限公司

南通轨道交通集团有限公司

沈阳地铁集团有限公司

芜湖市运达轨道交通建设运营有限公司

重庆市铁路（集团）有限公司

太原轨道交通集团有限公司

社会科学文献出版社

皮 书

智库成果出版与传播平台

❖ 皮书定义 ❖

皮书是对中国与世界发展状况和热点问题进行年度监测，以专业的角度、专家的视野和实证研究方法，针对某一领域或区域现状与发展态势展开分析和预测，具备前沿性、原创性、实证性、连续性、时效性等特点的公开出版物，由一系列权威研究报告组成。

❖ 皮书作者 ❖

皮书系列报告作者以国内外一流研究机构、知名高校等重点智库的研究人员为主，多为相关领域一流专家学者，他们的观点代表了当下学界对中国与世界的现实和未来最高水平的解读与分析。

❖ 皮书荣誉 ❖

皮书作为中国社会科学院基础理论研究与应用对策研究融合发展的代表性成果，不仅是哲学社会科学工作者服务中国特色社会主义现代化建设的重要成果，更是助力中国特色新型智库建设、构建中国特色哲学社会科学"三大体系"的重要平台。皮书系列先后被列入"十二五""十三五""十四五"时期国家重点出版物出版专项规划项目；自2013年起，重点皮书被列入中国社会科学院国家哲学社会科学创新工程项目。

皮书网

（网址：www.pishu.cn）

发布皮书研创资讯，传播皮书精彩内容
引领皮书出版潮流，打造皮书服务平台

栏目设置

◆ **关于皮书**

何谓皮书、皮书分类、皮书大事记、
皮书荣誉、皮书出版第一人、皮书编辑部

◆ **最新资讯**

通知公告、新闻动态、媒体聚焦、
网站专题、视频直播、下载专区

◆ **皮书研创**

皮书规范、皮书出版、
皮书研究、研创团队

◆ **皮书评奖评价**

指标体系、皮书评价、皮书评奖

所获荣誉

◆ 2008 年、2011 年、2014 年，皮书网均
在全国新闻出版业网站荣誉评选中获得
"最具商业价值网站"称号；

◆ 2012 年,获得"出版业网站百强"称号。

网库合一

2014年，皮书网与皮书数据库端口合
一，实现资源共享，搭建智库成果融合创
新平台。

皮书网

"皮书说"
微信公众号

权威报告·连续出版·独家资源

皮书数据库
ANNUAL REPORT(YEARBOOK)
DATABASE

分析解读当下中国发展变迁的高端智库平台

所获荣誉

- 2022年，入选技术赋能"新闻+"推荐案例
- 2020年，入选全国新闻出版深度融合发展创新案例
- 2019年，入选国家新闻出版署数字出版精品遴选推荐计划
- 2016年，入选"十三五"国家重点电子出版物出版规划骨干工程
- 2013年，荣获"中国出版政府奖·网络出版物奖"提名奖

皮书数据库

"社科数托邦"
微信公众号

成为用户

登录网址www.pishu.com.cn访问皮书数据库网站或下载皮书数据库APP，通过手机号码验证或邮箱验证即可成为皮书数据库用户。

用户福利

- 已注册用户购书后可免费获赠100元皮书数据库充值卡。刮开充值卡涂层获取充值密码，登录并进入"会员中心"—"在线充值"—"充值卡充值"，充值成功即可购买和查看数据库内容。
- 用户福利最终解释权归社会科学文献出版社所有。

数据库服务热线：010-59367265
数据库服务QQ：2475522410
数据库服务邮箱：database@ssap.cn
图书销售热线：010-59367070/7028
图书服务QQ：1265056568
图书服务邮箱：duzhe@ssap.cn

社会科学文献出版社 皮书系列
SOCIAL SCIENCES ACADEMIC PRESS (CHINA)

卡号：565884836765
密码：

S 基本子库
SUB DATABASE

中国社会发展数据库（下设 12 个专题子库）

紧扣人口、政治、外交、法律、教育、医疗卫生、资源环境等 12 个社会发展领域的前沿和热点，全面整合专业著作、智库报告、学术资讯、调研数据等类型资源，帮助用户追踪中国社会发展动态、研究社会发展战略与政策、了解社会热点问题、分析社会发展趋势。

中国经济发展数据库（下设 12 专题子库）

内容涵盖宏观经济、产业经济、工业经济、农业经济、财政金融、房地产经济、城市经济、商业贸易等 12 个重点经济领域，为把握经济运行态势、洞察经济发展规律、研判经济发展趋势、进行经济调控决策提供参考和依据。

中国行业发展数据库（下设 17 个专题子库）

以中国国民经济行业分类为依据，覆盖金融业、旅游业、交通运输业、能源矿产业、制造业等 100 多个行业，跟踪分析国民经济相关行业市场运行状况和政策导向，汇集行业发展前沿资讯，为投资、从业及各种经济决策提供理论支撑和实践指导。

中国区域发展数据库（下设 4 个专题子库）

对中国特定区域内的经济、社会、文化等领域现状与发展情况进行深度分析和预测，涉及省级行政区、城市群、城市、农村等不同维度，研究层级至县及县以下行政区，为学者研究地方经济社会宏观态势、经验模式、发展案例提供支撑，为地方政府决策提供参考。

中国文化传媒数据库（下设 18 个专题子库）

内容覆盖文化产业、新闻传播、电影娱乐、文学艺术、群众文化、图书情报等 18 个重点研究领域，聚焦文化传媒领域发展前沿、热点话题、行业实践，服务用户的教学科研、文化投资、企业规划等需要。

世界经济与国际关系数据库（下设 6 个专题子库）

整合世界经济、国际政治、世界文化与科技、全球性问题、国际组织与国际法、区域研究 6 大领域研究成果，对世界经济形势、国际形势进行连续性深度分析，对年度热点问题进行专题解读，为研判全球发展趋势提供事实和数据支持。

法律声明

"皮书系列"（含蓝皮书、绿皮书、黄皮书）之品牌由社会科学文献出版社最早使用并持续至今，现已被中国图书行业所熟知。"皮书系列"的相关商标已在国家商标管理部门商标局注册，包括但不限于LOGO（▨）、皮书、Pishu、经济蓝皮书、社会蓝皮书等。"皮书系列"图书的注册商标专用权及封面设计、版式设计的著作权均为社会科学文献出版社所有。未经社会科学文献出版社书面授权许可，任何使用与"皮书系列"图书注册商标、封面设计、版式设计相同或者近似的文字、图形或其组合的行为均系侵权行为。

经作者授权，本书的专有出版权及信息网络传播权等为社会科学文献出版社享有。未经社会科学文献出版社书面授权许可，任何就本书内容的复制、发行或以数字形式进行网络传播的行为均系侵权行为。

社会科学文献出版社将通过法律途径追究上述侵权行为的法律责任，维护自身合法权益。

欢迎社会各界人士对侵犯社会科学文献出版社上述权利的侵权行为进行举报。电话：010-59367121，电子邮箱：fawubu@ssap.cn。

社会科学文献出版社